浙江大学金融研究院
Academy of Financial Research, Zhejiang University

"AFR浙江金融实践"系列丛书

浙江金融改革发展历史回顾丛书

·第三卷·

宁波金融改革发展二十年

（1992-2012）

主编　蔡惠明　谢庆健　陈国平

ZHEJIANG UNIVERSITY PRESS
浙江大学出版社

图书在版编目(CIP)数据

宁波金融改革发展二十年：1992—2012 / 蔡惠明，谢庆健，陈国平主编.—杭州：浙江大学出版社，2018.5

（浙江金融改革发展历史回顾丛书 / 蔡惠明，谢庆健，陈国平主编；第三卷）

ISBN 978-7-308-16556-3

Ⅰ.①宁… Ⅱ.①蔡…②谢…③陈… Ⅲ.①地方金融—金融改革—宁波—1992—2012 Ⅳ.①F832.755.3

中国版本图书馆 CIP 数据核字（2016）第 304784 号

宁波金融改革发展二十年(1992—2012)

蔡惠明　谢庆健　陈国平　主编

丛书策划	胡　宁　赵　静
责任编辑	赵　静　冯社宁
责任校对	杨利军　刘　郡
封面设计	杭州林智广告有限公司
出版发行	浙江大学出版社
	（杭州市天目山路 148 号　邮政编码 310007）
	（网址：http://www.zjupress.com）
排　　版	杭州林智广告有限公司
印　　刷	浙江印刷集团有限公司
开　　本	787mm×1092mm　1/16
印　　张	20
字　　数	260 千
版 印 次	2018 年 5 月第 1 版　2018 年 5 月第 1 次印刷
书　　号	ISBN 978-7-308-16556-3
定　　价	36.00 元

浙江金融改革发展历史回顾
丛书编委会

主　编　蔡惠明　谢庆健　陈国平

副主编　王去非　许奇挺　宋建江　章　华

成　员　（按姓氏笔画排序）：

　　　　王永明　吕临华　朱培金　李庚南

　　　　吴登宽　余津津　沈　杭　周长春

　　　　胡迪明　贺　聪　贾　婕　常　青

宁波金融改革发展二十年

（1992—2012）

编委会

主　　编　宋建江

编委成员　张　鹤　周　豪　王枚良　张文元

　　　　　　鲍　雯　梁国平　张洪萍　项秀强

　　　　　　余霞民　胡飞涯　陈　科　郑　晟

　　　　　　徐天伦　李晨波

序

　　浙江大学金融研究院组织编纂的《浙江金融改革发展历史回顾丛书(1992—2012)》回顾总结了1992—2012年间浙江金融改革发展的历史。它的问世是一件很有意义的事。

　　这套丛书不仅比较系统地记录了这二十年间金融改革不断探索、创新的轨迹,还动员了不少当时在金融领域具体负责这一方面工作的同志,以亲历者的身份回顾这一段不平凡的历程,为后人留下了生动而宝贵的史料。

　　1992—2012年是市场经济奠基、探索、拓展的二十年。2003年前我在省政府领导岗位上任职十余年,亲身参加了浙江经济、金融改革发展的实践。

　　在中国改革开放历程中,1992年是市场化改革的重要转折年。在该年年初,邓小平南方谈话的发表,吹来了推进改革开放的强劲春风。年底,党的十四大明确了市场在国家宏观调控下对资源配置的基础性作用,提出了建立社会主义市场经济体制的改革目标,标志着中国的改革开放进入了一个新的阶段。处于改革开放前沿的浙江人民备受鼓舞,抓住机遇,大胆创新,在已经取得的改革开放成果的基础上,进一步把党中央关于建立社会主义市场经济体制改革目标的一系列方针政策与浙江的实际情况结合起来,在实践中深化了富有浙江特色的发展道路。其主要特征是:从浙江实际出发,尊重基层和群众的首创精神,从市场取向、结构多元入手推动经济持续快速发展。在市场取向方面,资源配置的范围逐步从省内市场向全国市场拓展,再融入国际大市场;资源配置的对象逐步扩大到资金、技术、人才、信息等各种生产要素。在结构多元方面,从产权制度改革入手,鼓励发展个私经济,推动国有、集体企业改制,积极探索股份合作制,推行以股份制为主要形式的现代企业制度,形成所有制结构、产业结构、投资结构、企业组织结构的多元化,从而取得体制性先发优势,将城乡一切积极因素调动起来发展生产力,推动浙江经济发展驶上快车道。全省国内生产总值以年均两位数的速度增长,逐步实现了传统计划经济向市场经济体制的历史性转变。

金融是支撑经济运行的血脉。经济的改革发展必然伴随金融的改革发展。这不仅是经济学的理论知识,还是改革开放的宝贵实践经验。

基于这样的认识,浙江省委、省政府切实加强了对金融工作的领导,通过连续多年由省政府召开,省人民银行承办的有市、地政府分管领导、省级有关部门和各级金融机构负责人参加的全省金融工作会议,举办市、县长金融知识学习班,提出"金融要为浙江经济快速发展提供优质服务,政府要为金融工作创造良好外部环境"的工作方针,使之成为全省各级政府和金融机构的共识,提高了各级政府领导指导金融工作的水准,增强了金融机构的服务意识,建立起政府与金融机构良好的合作关系。

在金融工作的具体实践中,省政府十分注重发挥人民银行的综合协调作用,各级政府与各金融机构密切配合,坚持从浙江实际出发,强调金融调控要支持和配合全省经济结构的全局性、战略性调整,注意把握调控的力度和方法,"紧"中求"活",不搞"一刀切"。对农副产品收购资金,加强协调,给予保证,不打"白条";对重点企业和重点建设项目、企业技术进步和出口创汇资金尽力给予保证;对企业合理的资金需求,择优给予支持;与此同时,对违规吸收存款、发放贷款、非法集资等现象,及时坚决地予以制止;对个别地方出现的挤兑风波,采取有力措施,稳妥地予以平息。在亚洲金融危机期间,根据国务院部署整顿金融"三乱"现象,各级政府清理整顿了农村合作基金会,停止了场外股权交易,消除了存在的隐患,切实避免了地区性的金融风险,保证了金融机构的正常运行。

尤其值得肯定的是,浙江的金融界不辱使命,主动顺应浙江的特色发展道路,进行了一系列可圈可点的改革创新实践,并取得了不俗的成就:

——起步于1992年的金融市场化改革,由工、农、中、建四大国有银行向商业银行转轨拉开序幕,其在浙江的分行顺势而为,在改革路上走在全国前列,纷纷取得规模、利润、资产质量在各行系统领先的漂亮业绩。

——中国农业发展银行在浙江成立全国第一家政策性银行的省级分行。国家开发银行也相继在浙江设立分支机构。随后农村信用社与农业银行顺利脱钩,农村金融改革在全国率先试点。

——经多方争取,省内首家中外合资银行浙江商业银行和首家外资银行宁波国际银行成立;继交通银行率先入浙之后,浦发、中信、华夏、招商、广发、深发展(平安)、光大、民生、兴业等股份制商业银行相继入驻浙江;1996年,我省首家城市商业银行——杭州银行成立;2004年,我省第一家以民营为主体的全国性股份制商业银行——浙商银行经过多年酝酿、筹划,终于破土诞生;2007年,宁波银行成为深圳中小板第一家挂牌的上市银行。

——以中国人民财产保险公司和中国人寿保险公司在浙江设立分公司为开端,中国平安、太平洋保险等一大批股份制保险公司也随之跟进,在浙江设立分支机构,从此保险的意识逐步在全省普及,保险的功能得到发挥。

——海宁市率先在全国开展农村信用社改革试点,将原先单一的由农民入股组成的合作制模式,根据新阶段新情况,调整为入股对象向老社员、骨干个体经营户、重点乡镇企业、重点私营企业倾斜的合作制模式,使农村信用社真正成为为农民、农业和农村经济服

务的合作制金融组织。2003年，随着改革进一步深化，全省首家农村合作银行——鄞州农村合作银行诞生。

——为保证城市信用社整顿任务的完成，同时又有利于民营金融机构的培育，省、市政府向人民银行争取保留了路桥银座、泰隆、义乌稠州、温岭城信社和象山绿叶这5家经营管理和资产质量好的城市信用社，后来均发展成为民营商业银行。

——浙江经济的快速发展与浙江民间资本的充裕，促进了浙江证券业的兴起，创造了一个又一个的第一。"浙江凤凰"是国内首家异地上市公司，也是上交所第一批挂牌的"老八股"之一；"沪杭甬"是省内首家在香港上市的H股公司；"东南电力"是省内首家在上交所上市的B股公司；"天通股份"是国内首家以自然人为第一大股东的A股上市公司；"腾达建设"是国内首家全部自然人持股的上市公司；"新和成"、"精功科技"、"伟星股份"是国内首批在深交所中小板挂牌的上市公司；"银江股份"、"华兴创业"、"华谊兄弟"三家民营企业成为全国首批挂牌的创业板上市公司。在此基础上，逐步在证券市场中形成了具有地方印记的"浙江板块"，使浙江快速发展为上市公司大省。

——以构建"金融强省"为目标，着力于健全、完善富有创新和竞争力的金融体系。地方金融在风险化解中整顿重组或创新设立；中小企业金融服务和财富管理"两中心"建设及温州金融综合改革试点、丽水农村金融改革试点、台州小微金融服务试点、义乌国际贸易金融专项改革取得突破；阿里巴巴大胆探索，成功地研发了支付宝、阿里小贷等崭新的金融服务工具。

——在服务于浙江经济建设的过程中，全省各级金融机构自身也得到了长足的发展，并因成绩斐然而成为各自系统中的标杆或典型。一大批干部在金融改革创新实践中锻炼成长，不少干部被提拔到更重要的领导岗位上发挥作用。

经过二十多年的市场化改革，浙江金融业在实践中探索，在创新中前进,基本形成了门类齐备、运行健康的金融体系,为浙江经济的发展提供了强有力的支撑。

回顾浙江经济和金融的这二十年,我觉得可以用这样两句话来概括:是波澜壮阔发展的浙江经济,成就了浙江金融事业的蓬勃兴起;是不断改革创新的浙江金融,助推了浙江经济的展翅腾飞。

当前,举国上下都在以习近平总书记为核心的党中央领导下,为实现中华民族伟大复兴的中国梦而努力奋进。浙江围绕实施"八八战略",努力"秉持浙江精神,干在实处、走在前列、勇立潮头",继续发挥先行和示范作用。我相信,丛书所反映的金融改革发展实践和历史经验,可为今后浙江金融事业的发展提供借鉴。

2017 年 10 月 16 日

序

前　言

从 1992 年到 2012 年,宁波市经历了两轮从经济高位增长到应对金融危机的历程。回顾这 20 年宁波金融业的改革发展史,既有"干在实处、走在前列"的生动实践,又充满了复杂、风险和挑战。作为金融改革与发展的前沿地区,宁波金融人有独到的经验、观察与体会,也经历了痛苦的过程。为了做到总结规律,归纳特点,深化思想,推动发展,本书采取了"纵横结合""理论与实践结合"的方法。

本书在结构上采取纵横结合,以时间为纵,以专题为横的模式,全面地反映了宁波金融 20 年改革发展的实际进程。在内容上采取理论与实践结合的方法,既有"做改革开放的排头兵、创新发展先行者"意义上的 16 项实践探索成果,又有把金融置于"经济发展本质是一个技术、产业不断创新,结构不断变化的过程"这个逻辑框架下去思考和把握的 16 个问题。本书包括历史的足迹、实践的探索与理性的思考三大部分。

第一部分,历史的足迹,叙述了 1992—2012 年间重大事件的来龙去脉。

从时间序列上看,划分为 4 个阶段:第一阶段,1992—1996 年的高速增长期。这一阶段包括了 1992 年改革重启,1993 年执行"约法三章",1994 年实施五大改革联动,1995 年贯彻落实"五法一决定",1996 年实现"软着陆"。第二阶段,1997—2002 年应对亚洲金融危机期。这一阶段经历了 1997 年亚洲金融危机爆发,1998 年金融风险加速显化,1999 年经济增长持续回落,2000 年化解区域

性金融风险见实效,2001 年时任中国人民银行行长戴相龙来甬考察调研并充分肯定了宁波金融工作,2002 年宁波经济增速明显回升。第三阶段,从 2003 年房市大牛之年到 2007 年股市大牛之年,宁波经济再度回到高位运行平台。期间经历了 2004 年一行三局共签业务合作备忘录,2005 年金融生态环境列为全国第二,2006年“十一五”规划开局良好。第四阶段,2008—2012 年应对全球金融危机期。从 2008 年全球金融危机爆发、2009 年危机影响加深,到 2010 年宁波经济增速回升,以及 2011 年经济增速再度回落,2012 年经济增速见底。

第二部分,实践的探索,记述了 1992—2012 年间宁波金融在改革创新上 16 个先行先试的实践成果。

在金融科技引领上,从信贷登记系统、实时清算,到提高行政效能的信息服务系统推进、普惠金融的技术路径的形成。在反金融脆弱性方面,从创建金融安全区、打造良好金融生态环境及区域金融稳定协调机制建设,到不良贷款证券化的最先探索。在组织机构创新上,从宁波银行上市之路、鄞州银行合作制改革、宁波股权投资试点,到国家高新技术金融企业的形成。在外汇管理改革上,从搭建交易平台、支持企业“走出去”外汇政策体系的创新、跨境融资的实践,到精准化管理的探索。这些实践探索的成就,体现了以发展为主线、以创新为驱动的宁波金融人务实作风和敢为人先的精神。

第三部分,理性的思考,记录了宁波金融人在改革发展过程中的问题导向的思想轨迹。

所列 16 个问题,从“什么样的结构是好结构”到“什么样的金融是好金融”,从“结构为什么调不动”到“金融如何反锁定”,揭示了优化结构、提高效益对经济金融发展相互促进、良性互动的规律,以及区域金融改革发展的路径选择。

本书的写作缘于 2015 年 11 月 16 日,在中国人民银行杭州中心支行七楼会议室,召开了“浙江金融改革发展历史回顾”丛书编委工作会议。会上,蔡惠明、陈国平、谢庆健等老领导对宁波提出了殷切的希望;殷兴山、吕逸君等领导对宁波也给予亲切的关怀。会议决定把《宁波金融改革发展二十年》作为"浙江金融改革发展历史回顾"丛书之一,单独编撰。

宁波市正在致力于创建金融生态综合示范区、普惠金融综合示范区、保险创新综合示范区,以及移动金融试点、外汇政策先行先试等多项改革。本书旨在通过回顾总结1992—2012年宁波金融改革发展的经验,为宁波金融业今后的改革发展提供带有规律性的认识,为金融业界和学界推进、研究金融改革发展提供参考。

编　者

2016 年 3 月 10 日

前言

CONTENTS
目
录

第一部分
历史的足迹
（1992—2012）

第一章 高速增长期（1992—1996）

第一节 改革的重启：1992年

1992年，宁波经济呈高速发展态势，同时金融总量控制的难度加大，地方投资、发展、改革的热情高涨。

1月8日，中国人民银行宁波市分行行长毛绳祖及各专业银行行长、保险公司总经理赴京参加全国银行分行行长、保险分公司总经理会议。在会议上，中国人民银行行长李贵鲜提出1992年的金融工作：一方面，要紧紧围绕调整结构、提高效益的要求，支持国民经济继续稳定发展；另一方面，要巩固和发展治理整顿成果，控制货币、信贷总量，防止出现新的经济过热和通货膨胀。

1月9日，宁波市召开计划经济工作会议，人民银行宁波市分行向大会报告《1991年信贷、外汇、现金计划执行情况和关于1992年金融工作任务与信贷计划安排》。在报告中，提出贷款预期目标增加22亿元，增长16％。在金融体制改革上，已向人民银行总行上报3个方案：一是扩大农村信用社与农业银行脱钩试点，在鄞县信用联社与农业银行脱钩四年试点的基础上，把试点扩大到其他五个区和五个县（市）；二是开展投资信托受益证券的发行和转让业务，以受益证券试点来拓宽融资和投资渠道；三是逐步试行现汇留成制度，促进外贸企业加快外汇资金的周转。

"洋洋东方大港，改革开放前哨"，这是李鹏总理视察宁波时的题词，简洁明了地点出了宁波所处地理位置的重要性和其在改革开放中的地位。1992年6月，国务院召开了长江三角洲及沿江地区经济规划座谈会，专题研究如何加快以浦东为龙头的长江三角洲和沿江地区改革开放和经济发展的重大问题，进一步明确了宁波市在实施这一战略中的地位和作用。会议提出要把宁波港作为长江三角洲及长江沿江地区的重点深水港上海港群的重要组成部分进行规划和开发；加快以港口为中心的交通集疏运网络建设，把宁波作为华东地区重要对外贸易口岸，要求在促进赣、湘、鄂、皖等内陆省份外贸物资走向国际市场中发挥积极的作用；把宁波市的北仑区域确定为长江三角洲沿海重要的重化工业基地。在这样的背景下，宁波的资金压力相当大，银行更是矛盾的焦点。

从实际操作层面来说，资金压力，一方面在很大程度上来自地方政府；另一方面控制信贷规模也在很大程度上要得到地方政府的支持。中国金融学会副秘书长秦池江在宁波做学术报告时说："我国目前还处于从计划经济向市场经济过渡之中，中国金融所面临的宏观经济环境还不具备充分的市场化条件，金融体制改革要依靠政府的积极干预，但改革的自身，又要求排除政府的消极干预。""金融体制的改革，没有政府的积极干预是不可能实现的。但目前很多政府部门只关心金融部门提供多少货币和资金，而不关心金融机构资产恶化程度；只关心多建金融机构、多开辟几条融资渠道，而不关心对金融机构和金融市场的风险管理与效率监管；更有甚者，个别地方和部门出现强化金融的地方化、部门化倾向，这显然有违改革的初衷。"

从宁波的经济金融运行的结果看：全市国内生产总值208亿元，比上年增长20.2%（初步统计数，调整后为17.9%）；人民币贷款余额160.4亿元，比年初增加37.7亿元，增长49%；保险业务收入2.81亿元，增长52%；全市净投放货币14.2亿元，增长78%。

尽管中国人民银行行长李贵鲜在1992年年初就提出"防止出现新的经济过热和通货膨胀"，但很快被各地大投入、大发展与改革大突破的高涨热情所湮没。在大改革、大发展浪潮中,李鹏总理于7月18日召开人民银行全国分行长会议代表的座谈会。他说:"今天的座谈会是表明一个态度,就是国务院支持银行的工作,支持你们按照中国人民银行规定的贷款计划来执行,现在只能这样做,没有别的更好的办法。""国务院要发个文件或发个电报给各省市,要求各省市支持银行的工作。"他强调两句话:一句是金融要改革,更多地发挥金融市场的作用;另一句是宏观要管住。在形势判断上,他说,上半年的经济形势是好的,处于高速发展状态。在现在的大好形势下,比较突出的一个问题是金融问题,金融问题首先是信贷和货币发行总规模的问题,也包括乱发股票和炒房地产的问题。他旗帜鲜明地提出,在社会主义商品经济条件下,银行是国家进行宏观调控的最重要的手段,绝不能丢掉。

说的是两句话,一句是改革、发展,一句是管住、管好。但在执行中,更多的是体现大改革、大发展、大投入以及思想大解放的热情。

在两种声音的此起彼伏中,比较能达成共识的是大力组织资金。1992年存款市场的同业竞争激烈,"四季乐""金猴迎春"等新储种不断涌现,站立服务、微笑服务、挂牌服务等"服务新招"竞相推出。全市人民币存款余额160.5亿元,比年初增加42.5亿元,增长36%。与此同时,在改善信贷规模管理上也推出了一些"微改革"措施:对专业银行实行贷款规模管理,并在控制总规模基础上,选择了北仑区农业银行进行资产负债比例管理的试点;对非银行金融机构推行了资产负债比例管理和规模管理相结合的办法;对农村信用社试行了比例管理为主和规模指标到县(市)联社的办法,使基层信用社逐步实行多存多贷。这对地方来说,也是开辟了一个新的融资渠道。

发展金融市场作为金融体制改革的重点,全年发行各类有价证券12亿元,其中,地方企业债券2.2亿元,短期融资券3.3亿元,内部债券1.9亿元,分别比上年增长100%、200%、72.7%。积极慎重

地进行了信托投资受益证券试点工作，先后发行信托投资受益证券两期，计 7000 万元，并全部上柜交易。有 7 家企业发行了 1 亿多元内部股票，在慈溪、象山、余姚、镇海、宁海、奉化等 6 地设立了证券交易营业部。

全市资金市场同业拆借成交额达 250 亿元，比上年增长 1.5 倍。尤其是会员制的宁波金融市场业务发展较快，在各县（市、区）建立了金融市场代理处。一年来，会员制的宁波金融市场同业拆借成交额达到 90.5 亿元，是上年的 5.6 倍。外汇调剂市场推行会员制竞价交易方式，外贸公司和创汇、用汇大户为自营交易员，市级金融机构和下辖外汇支局为代理交易员，对自营交易员和代理交易员的经办人员进行操作培训，规范操作行为。买卖双方实行复式竞价的交易方式，按"价格优先、时间优先"原则竞价交易，并实行交易电脑操作，增强准确性、透明度，提高工作效率。全年外汇调剂成交 7.03 亿美元，比上年增长 106.8%。

从指导思想上来说，地方加快改革、加快发展的机遇意识很强。1 月 27 日，浙江省省长葛洪升在省、地（市）银行行长、保险公司经理座谈会上讲："考虑到治理整顿的任务已经基本完成，今年改革的步伐要适当地加快，开放的步伐也要适当地加快，在开放和改革方面要有一些像样的动作。"8 月 2 日，中国人民银行浙江省分行行长王越在全省人民银行行长会议上讲："要进一步学习邓小平同志南方谈话和中央有关文件精神，抓住有利时机，加快改革开放的步伐，促进经济更快更好地上新台阶，这是各级人民银行面临的中心任务。"他说，现在的机遇很好，今年以来全国的改革开放和经济发展出现了新的浪潮，特别是最近中央又决定，以上海浦东为龙头，江浙为两翼，开发开放长江三角洲和沿长江地区。这一战略决策的实施，标志着全国的对外开放进入了一个新的历史阶段。王越行长还传达了葛洪升省长在省政府全体会议上的要求："我们浙江地处沿海开放地区，与上海是近邻，条件十分有利，一定要抓住千载难逢的历史性机遇。这次机遇可能是本世纪最后一次机遇，抓住了就发展，抓不住就要落伍。如果我们错过了这次机遇，就会犯历史性的错误，就是我们各级领导干部的最大失职。"

纵观1992年的金融运行，不仅增速高位，而且贷款、货币、市场三者，一个比一个猛，这对学界和业界都形成了很强的思维撞击。中国金融学会副秘书长秦池江来宁波做学术报告称，从1992年春以来，整个金融行业面临着大冲击、大振荡、大改观的考验：直接融资的发展已构成了对集中的资金管理体制的大冲击；全国资金向股票、房地产和开发区的聚集，使原有的资金分布格局产生了大振荡；各种金融机构的兴起，特别是外资银行的引进，使得现存的金融体系也将不得不接受市场的选择，按照市场经济规律进行大改观。如果忽略或轻视这种现实的变化，在市场经济蓬勃兴起的大潮面前犹豫不前，就会失去金融体制改革的时机。上海金融学会副会长洪葭管在宁波也谈到，现在银行处于矛盾的焦点，商品是一极，货币是另一极，各部门、各地区都要资金。

宁波市政府在处理加快改革发展与落实金融宏观的关系上，是富有艺术的。宁波市副市长章猛进于3月18日参加了由人民银行宁波市分行召集的银行行长联席会议。他提出："宁波的经济要加快发展，金融体制改革必须要有一个突破性的进展。对此，市委、市政府寄予很大的期望，我们要全面、完整、正确地领会邓小平同志南方谈话重要精神，解放思想，振奋精神，务实、求实，研究新办法，探索新路子。"会议认为，当前宁波市金融系统在业务发展中存在的主要问题：一是金融资产质量不高；二是金融市场发育不完整；三是金融对外开放不够；四是金融机构缺乏活力。针对上述问题，深化金融体制改革的基本思路应是：①以提高信贷资产质量为中心，促进企业经营机制的转换；②以搞活金融市场为重点，深化金融体制改革；③发展金融涉外业务，扩大金融对外开放；④探索专业银行企业化的路子，积极拓宽业务经营的领域。会后，由人民银行宁波市分

7

行组织起草《宁波市1992年金融体制改革实施意见》(以下简称《实施意见》)，并于4月21日递交银行行长联席会议讨论通过。《实施意见》提出的1992年金融改革的重点是，要在加强中央银行宏观调控能力，改善专业银行经营体制，大力开拓发展金融市场，努力扩大金融对外开放，促进调整产业结构，提高资金使用效益等方面取得新的突破。

8月29日，章猛进副市长参加由市级人民银行、专业银行、交通银行、保险公司、证券公司、中信宁波分公司、宁波国际信托投资公司、中农信宁波信托代理处负责同志参加的联席会议。会议肯定了宁波金融形势呈现"高、快、旺、活、好、稳"的特点，这是金融系统广大干部职工认真学习、贯彻邓小平同志南方谈话精神，进一步解放思想，加强金融宏观调控，加大金融改革分量的结果，从而有力地支持了宁波的经济发展和改革、开放。会议分析了当前金融工作中出现的新情况、新问题，如信贷增加较快、信贷资产质量不高、货币投放形势严峻、信贷规模控制难度较大、资金供应日见困难等。章猛进副市长在会议最后强调："当前经济、金融形势发展变化很大，新情况、新问题层出不穷，许多理论和实际问题还处在探讨摸索阶段。为此，各级金融机构的领导同志要密切注意经济、金融发展的动向和苗头，进一步加强学习，深入基层，多搞调查研究，为进一步繁荣我市金融事业，支持经济更好、更快发展，做出应有的努力。"

但是，各地高涨的大投资、大发展、大改革以及思想大解放的热情，显然对信贷规模的"微改革"不过瘾，在"规模外"融资的渠道、机构、方法不断被"变通"出来。为此，人民银行宁波市分行组织开展了对辖内金融机构的业务稽核，先后组织力量对市农业银行、国际信托投资公司、农业银行信托投资公司进行常规稽核，对人民银行系统专项贷款资产质量、农业银行系统信贷资产质量进行了专项稽核，对全市金融机构执行金融政策的情况进行了抽查。

在金融的"两大闸门"中，如果信贷闸门在控制上还存在"规模外融资"的"变通"问题,那么,在现金闸门上的可控性则更差。1992年全市净投资货币14.2亿元,比上年多投放6.2亿元,增长78%。如何控制货币投放,比较可接受的方法是:大力改进银行结算工作,增加和发展结算工具与手段,使转账结算真正达到方便、快捷、安全、经济,尽可能减少现金支付数量,尤其是减少携带巨额现金采购现象。为此,如何推进金融电子化建设被提到突出位置。1992年,金融电子化租赁第一期工程经国家级鉴定通过验收,初步形成了一个由7个分系统联结250个网点、207台主机及其600余台配套设备组成的网络系统,实现了储蓄、对公存款等柜台业务处理的自动化和储蓄通存通兑业务;研究开发了密码取代印鉴方式的电子同城清算系统,实现了国库、货币发行、金融管理、计划统计、会计报表等管理业务的自动化,开通了信息查询系统。在计算机应用上,在会计核算、调查统计、国库、金融管理、货币发行、办公自动化等8个系统使用S机,电子联行、国债核算等15个系统使用微机,极大地提高了工作效率。

第二节 执行约法三章:1993年

虽然,如李鹏总理所说:"两句话,一句是金融要改革,更多地发挥金融市场的作用;另一句是宏观要管住。"但在实际执行中,后一句话经常被淹没在巨大的发展与改革热情之中,这就造成了1993年宁波金融业在年度内呈现阶段性起伏。上半年,全市经济持续高速增长,生产、流通、消费等各个领域全面高涨。工业生产超常增长,市场空前活跃,固定资产投资增势强劲。伴随着经济持续高速增长,一方面,社会各方对资金需求日益旺盛,各种形式的乱拆借、乱集资、乱投资时有发生,严重地干扰了正常的金融秩序;另一方面,制约经济发展的交通、能源、原材料"瓶颈"进一步加剧,投资膨胀引

发了生产资料价格上扬,牵动物价上涨。

7月份以后,全市金融系统坚决贯彻落实党中央、国务院关于加强宏观调控的各项政策措施和全国金融工作会议精神,严格执行"约法三章",整顿金融秩序,清理违章拆借,大力组织存款,积极盘活存量,优化增量,确保重点资金需求,使金融运行重新纳入正常的轨道。一方面,通过整顿金融秩序,及时刹住了违章拆借和各种非法集资,清收了违章拆借资金,查处和通报了非金融机构经营金融业务与擅自设立金融机构的错误做法。另一方面,全市金融机构坚持从实际出发,把握宏观调控的力度,按照国务院关于"堵邪路,开正门"的指示精神,深入开展调查研究,及时增加信贷资金投入,支持农业、农副产品收购、外贸进出口、重点大中型企业和重点建设项目的资金急需,促进了经济发展。全市国内生产总值316亿元,增长40%(初步统计数,调整后为20.8%),是改革开放15年来经济发展最快的一年(统计数据调整后低于1978年的22.8%,1985年的28.1%,1991年的24.9%)。

金融改革是推进金融事业发展的强大动力。按照金融服务于经济的指导思想,发挥宁波对外开放和金融体制改革试点城市的优势,经过多方共同努力,1993年宁波先后成立了全省第一家中外合资银行——浙江商业银行和全省第一家外资银行——宁波国际银行,标准渣打银行也在宁波设立了金融代表机构。为进一步发展金融市场,扩大融资功能,先后组建了宁波信誉评级委员会、宁波证券登记中心、宁波资金融通中心,同时增设了中国银行、交通银行县级支行和一批城市信用社等金融机构。在金融市场建设方面,初步形成了同业拆借市场、有价证券交易市场和外汇调剂市场"三位一体"的金融市场体系,市场交易量成倍增长。市、县两级人民银行分支机构开始转换职能,把工作重点转移到加强金融管理,加强对辖区内金融机构的监管检查,加强宏观调查统计分析上来。各专业银行、城乡信用社和保险公司,在强化内部管理,提高信贷资产质量和

改善服务方面,取得了较好成效。农村信用社实行在信贷规模限额控制下的资产负债比例管理得到进一步完善;对部分城市信用社和金融性公司,实施了资产负债比例管理和风险监督管理的试点。

从1993年年初工作部署上说,李鹏总理、朱镕基副总理都强调了银行要把住闸门,要严格控制总量。1月16日在全国银行分行行长、保险分公司总经理会议的闭幕会议上,李鹏总理、朱镕基副总理分别做了讲话。李鹏总理特别强调要把住两个总闸门:一个是贷款发放的闸门,包括各种债券、各类股票和国外的贷款;另一个是货币投放的闸门,总量一定要从严控制,不能突破。并说现在中央明确提出,在大好形势下,要防止经济过热。朱镕基副总理指出,要严格进行总量控制,从严进行宏观调控。他说,金融是国民经济总量控制的最后一道关口,一开始就应该从严进行把关;强调银行不仅要控制贷款规模,还要控制货币发行,要严格控制债券、证券的发行和新建金融机构。

但在执行过程中,宁波市金融领域出现了乱拆借、乱集资、乱投资现象,金融机构备付金频频"翻红",贷款不进"笼子",特别是银行违章拆借相当普遍,5月末全市银行违章拆借资金余额16.3亿元。从全年对全辖263家独立核算金融机构拆借资金情况的专项稽核,以及对金融宏观调控政策执行情况专项稽核等36项稽核项目看,查出的违规金融业务金额达44.1亿元。

7月5日,国务院副总理兼中国人民银行行长朱镕基主持召开全国金融工作会议。会议的宗旨是:肯定成绩,检讨缺点,整顿秩序,推进改革,扭转当前资金紧张局面。朱镕基副总理指出,由于金融在国民经济中处于重要的枢纽地位,同时在金融管理和金融纪律方面存在的问题又相当多,因此党中央、国务院决定从整顿金融秩序,严肃金融纪律入手,通过进一步加快改革开放步伐,强化宏观调控,尽快建立社会主义市场经济体制的办法来解决前进中的问题。在全国金融工作会议闭幕会上,朱镕基副总理指出,整顿金融秩序,严肃金融纪律，把金融混乱的局面扭转过来，是当前强化宏观调控的关键。他要求金融系统的各级领导干部带头执行"约法三章"，这就是：（1）立即停止和认真清理一切违章拆借，已违章拆出的资金要限期收回；（2）任何金融机构不得变相提高存贷款利率，不准用提高存款利率的办法搞"储蓄大战"，不得向贷款对象收取回扣；（3）立即停止向银行自己兴办的各种经济实体注入信贷资金，银行要与自己兴办的各种经济实体彻底脱钩。他说，各级银行要认真贯彻执行"约法三章"，否则，将严肃追究当事人和主要负责人的责任。

全国金融工作会议以后，宁波市成立了整顿金融秩序领导小组，并设立专门机构抓清理工作。到年底，共清收违章拆借资金10.5亿元，回收率达64.3％。同时在金融组织、金融市场两个层面加快金融改革。在金融组织体系上，先后增设城市信用社8家，并成立了市城市信用社中心社；引进了3家外资金融机构，增设了100家储蓄网点。在发展金融市场方面，建立了浙东融资网络，建立了会员制的资金融通中心，全年累计融资总额239.8亿元；与有关部门相互配合，将11家效益较好、资金缺口较大的企业改组为股份制企业，推出"中元""华联"股票发行和上市；增设了9家证券交易营业部，全市有价证券成交额66亿元，增长5.7倍；批准发行企业债券、短期融资券、内部集资8.1亿元，增长21％，相当于全市新增贷款的15.8％；搞好外汇调剂市场，全年外汇调剂成交4.6亿美元，增长30％。保险公司发展了代理业务，财产险和人身险各开辟了6个新险种，全年保险业务收入4.48亿元，增长59.22％。

宁波市政府对金融系统落实金融宏观调控政策措施是持支持态度的。1月29日，章猛进副市长在银行联席会议上传达了国务院副总理朱镕基来宁波视察工作时的讲话精神，并就如何做好1993年金融工作讲了话。会议就认真贯彻落实全国银行分行行长会议精神，严格控制信贷总量，防止经济过热，做了工作部署。3月20日，中国人民银行浙江省分行副行长胡平西兼任宁波市分行行长，当天召

开联席会议就宁波市金融形势和搞好金融宏观调控的必要性及对策措施提出了意见,市政府张行毅秘书长就加强金融宏观调控的必要性和如何把握好调控力度讲了话。4月26日,章猛进副市长听取了各行(司)对金融运行的分析,并就大力组织资金、调整贷款投向、坚持合规经营、推进金融改革等工作提出了要求。6月18日,章猛进副市长传达了中央领导同志在华东六省一市会议上的讲话精神,表明了要坚决贯彻落实党中央、国务院的各项政策措施,抓住机遇、珍惜机遇、用好机遇,防止经济大起大落的态度。8月19日,章猛进副市长参加银行联席会议,部署了全市金融系统坚决贯彻落实中央关于加强和改善宏观调控决策,采取各项措施,在较短时间内,迅速扭转金融形势的各项工作。10月29日,章猛进副市长在银行联席会议上传达了上海会议精神,介绍了宏观体制改革方案的内容。会议认为,中央的宏观体制改革思路,对解决经济体制中的深层次问题,加快社会主义市场经济发展,具有十分重要的意义,并根据国家金融体制改革的总体构想,认真探讨了下一步金融体制改革的基本思路。

11月14日,党的十四届三中全会通过《中共中央关于建立社会主义市场经济体制若干问题的决定》(以下简称《若干问题决定》),其中在第四部分提出了加快金融体制改革。《若干问题决定》指出:中国人民银行作为中央银行,在国务院领导下独立执行货币政策,从主要依靠信贷规模管理,转变为运用存款准备金率、中央银行贷款利率和公开市场业务等手段,调控货币供应量,保持币值稳定;监管各类金融机构,维护金融秩序,不再对非金融机构办理业务,银行业与证券业实行分业管理。组建货币政策委员会,及时调整货币和信贷政策。按照货币在全国范围流通和需要集中统一调节的要求,中国人民银行的分支机构为总行的派出机构,应积极创造条件跨行政区设置、建立政策性银行,实行政策性业务与商业性业务分离。组建国家开发银行和进出口信贷银行,改组中

13

国农业银行，承担严格界定的政策性业务。发展商业性银行，现有的专业银行要逐步转变为商业银行，并根据需要有步骤地组建农村合作银行和城市合作银行。商业银行要实行资产负债比例管理和风险管理，规范与发展非银行金融机构。中央银行按照资金供求状况及时调整基准利率，并允许商业银行存贷款利率在规定幅度内自主浮动。改革外汇管理体制，建立以市场为基础的有管理的浮动汇率制度和统一规范的外汇市场。逐步使人民币成为可兑换的货币。实现银行系统计算机网络化，扩大商业汇票和支票等结算工具的使用面，严格结算纪律，提高结算效率，积极推行信用卡，减少现金流通量。

12月25日，国务院《关于金融体制改革的决定》（以下简称《决定》）提出的金融体制改革的目标是：建立在国务院领导下，独立执行货币政策的中央银行宏观调控体系；建立政策性金融与商业性金融分离，以国有商业银行为主体，多种金融机构并存的金融组织体系；建立统一开放、有序竞争、严格管理的金融市场体系。《决定》提出：深化金融体系改革，首要的任务是把中国人民银行办成真正的中央银行。

从邓小平同志发表南方谈话，到党的十四大明确提出了我国经济体制改革的目标是建立社会主义市场经济体制，再到党的十四届三中全会通过《中共中央关于建立社会主义市场经济体制若干问题的决定》，直到国务院做出《关于金融体制改革的决定》，时间不长，但新知识、新理念非常密集。对金融系统的领导干部和金融从业人员来说，学习、消化、吸收并付诸实践的任务很重。正如江泽民总书记在《抓紧普及社会主义市场经济的基本知识》一文中说的那样："目前最紧迫的任务之一，是要在广大干部中尽快普及社会主义市场经济的基本知识。我们的干部对计划经济是比较熟悉的，但过去熟悉的东西，现在已经不适用或不完全适用了，而有关社会主义市场经济的许多新观念、新知识、新办法，我们的干部还知之不多，不

少同志甚至对这方面的一些名词概念还很不清楚。"江泽民总书记指出:"善于学习,这正是我们共产党人所以能够攻无不克、永葆生机的优势所在。在民主革命时期正如毛泽东同志所说的那样,我们是'从战争学习战争',今天我们则是从改革学习改革,从社会主义市场经济学习社会主义市场经济。"

12月5日,中国人民银行副行长周正庆在人民银行全国分行行长会议上讲:"当前,我们的任务就是要认真学习、深刻领会、坚决贯彻和落实十四届三中全会《中共中央关于建立社会主义市场经济体制若干问题的决定》和国务院《关于金融体制改革的决定》精神,集中精力、坚定不移地深化金融体制改革,进一步发挥金融宏观调控和优化资源配置的职能作用,促进国民经济持续、快速、健康发展。"周正庆副行长在肯定金融工作在认真贯彻落实中央6号文件的全国金融工作会议精神取得明显成效的同时,从转换人民银行职能、改革信贷资金管理体制、建立和运用公开市场操作、把国有专业银行办成真正的商业性银行、外汇管理体制改革、金融法治建设等6个方面解读了"深化金融体制改革,逐步建立新的金融体系"的主要内容。最后就加强金融宏观调控,进一步整顿金融秩序,强化金融业的基础建设提出了5点要求:一是要加强对信贷总量和社会信用总量的调控;二是继续抓紧清收违章拆借资金,坚决制止新的违章拆借;三是进一步做好银行与所办经济实体脱钩工作;四是深入开展反腐败斗争,加强反腐败建设;五是结合金融工作实际,认真学习《邓小平文选》第三卷。

周正庆副行长强调实现金融体制改革的目标,做好各项金融工作,必须不断加强金融业的基础建设。他说,这里面既包括金融业法规建设和电子化建设,也包括建设一支政治思想好、业务素质高的金融职工队伍,还包括建设一个思想、业务、作风都过硬的领导班子。金融电子化的重点是加快人民银行卫星通信网建设,同时要建设一批城市网和区域网,在统一规划、统一标准、分步实施的原则下,建设中国现代化支付系统和金融管理信息系统,完善对金融报告业务处理系统的建设,实现联行结算、信息统计业务处理自动化。

第三节　五大改革联动：1994 年

1994 年,是全面实施财税、金融、投资、外贸、外汇管理等五大改革的一年。金融系统学习贯彻十四届三中全会的《中共中央关于建立社会主义市场策略体制若干问题的决定》以及国务院《关于金融体制改革的决定》《关于外汇管理体制改革的决定》,改革为经济发展注入了新的活力和内在动力。全年国内生产总值 466 亿元,增长22.6％(初步统计数,调整后为 21.1％)。人民币存款新增首次突破100 亿元,增幅为 53.39％,相当于前两年存款增加额的总和。新设了上海浦东发展银行宁波分行,建立了证券交易中心和外汇交易分中心,对银行、信托公司以及城乡信用社都不同程度地实行了资产负债比例管理和风险管理。但金融秩序尚未根本好转,乱集资、乱拆借、乱提利率等现象仍继续存在,金融机构混业经营问题比较突出。全年人民币贷款新增 67.84 亿元,增幅为 34％,贷款投放较多,信贷资产质量未见相应提高,不少企业在转制过程中出现逃废债。

1994 年 1 月 15 日,国务院副总理兼中国人民银行行长朱镕基在全国金融工作会议的闭幕会上作了讲话。他说,"约法三章"还要继续贯彻执行;1994 年提 3 点新的要求：第一,要严格控制今年的信贷规模总量。各级银行对于超过贷款规模总量的项目、未经批准开工的项目、化整为零的项目,一律不予贷款、一个项目也不许贷、一块钱也不能超过,谁用不正当的手段突破信用总量,就要追究谁的责任。第二,在政策性业务分离出去后,各专业银行向商业银行过渡,要大胆探索,跨出开拓性的一步。第三,各级人民银行分行要切

实转变职能,在地区金融监管方面发挥主导作用,各级分、支行要真正把主要精力放在稳定货币和金融管理上。在谈到认真学习《邓小平文选》第三卷时,他说,要切实贯彻小平同志指示,"把银行办成真正银行",而不要办成"货币发行公司"和"金库",更不能成为不上锁的"金库"。

根据深化金融体制改革的首要任务是转换人民银行职能的要求,1994 年人民银行宁波市分行加强金融监管的重心是制止乱拆借、乱集资、乱提利率、乱设金融机构的"四乱"。为此,组织金融机构继续抓好原来违章拆借资金的清理收回工作,全年累计收回原违章拆借资金 1.4 亿元。在这个过程中,宁波资金融通中心在整顿基础上设立 5 个代理处,同全国 20 多个大中城市建立了融资网络,全年融资 161 亿元。查处了非法从事外汇期货交易业务的两家公司。组织力量对金融机构利率执行情况进行检查,但对信托投资公司在利率管理方面留有"逐步规范"的余地。对越权批设的金融机构进行了全面清理,本着积极、稳妥的原则,撤销了 3 家具有法人资格的金融性公司,但也留了"挂靠"的尾巴。对各银行的信贷规模进行严格的监管,全市银行信贷规模指标 36.1 亿元,实际使用 36 亿元。

对辖内金融机构加强了监管,人民银行宁波市分行先后制定了《宁波市金融机构审批管理暂行办法》《关于进一步加强证券市场管理的若干规定》《宁波证券业务收费管理办法》等一系列文件,促使金融监管工作制度化、规范化。逐步建立起金融机构负责人任职资格审批制度,不允许不具备任职条件的人员担任金融机构法定代表人。抓好对金融机构的稽核、检查,全年完成稽核项目 107 个,对 5 家金融机构试行了风险监管,对非银行金融机构开展了依法经营大检查。增设了上海浦东发展银行宁波分行和中国太平洋保险公司宁波分公司,批准设立了全国第一家台资金融机构——协和银行,建立了宁波证券交易中心,成立了宁波保险经纪人事务所。

对城市信用社体制进行改革。6 月份,全市 25 家城市信用社全部与原组建单位或行政主管单位签订了行政脱钩协议,统一划归城市信用联社(筹)管理。向中国人民银行总行申报,要求成立城市信用联社,并研究起草了组建宁波城市合作银行方案。同时,对全市城市信用社实行资产负债比例管理。

根据中国人民银行总行和国家外汇管理局统一部署,从1月1日起实行汇率并轨,人民币汇率稳中有升,年末稳定在1∶8.5左右,比年初升值0.20元。从4月1日起实行银行结售汇制度,基本做到企业结汇方便,用汇得到保证。至年末,累计结汇收入13亿美元,售汇支出6.5亿美元,净结汇收入6.5亿美元。从5月10日起,在全省率先开办了外币同城票据交换业务,随后又加入了全国外币票据清算系统。

推进国有专业银行向商业银行过渡。做好农业政策性金融业务的划转工作,抓好清理核实、试转和检查验收3个环节。在各行按原业务范围保证农副产品收购资金不打"白条"的同时,顺利划转资产7.7亿元。各专业银行先后推出了个人支票、外汇信用卡、个人外汇实盘买卖等新业务。协同市体改委等部门对45家企业进行股份制改造,组织完成宁波"中百""城隍庙"1.4亿元股票发行。完善证券信誉评级,发行短期融资券和企业债券9.6亿元。选择经营业绩较好的农行一期、二期受益证券,改造为宁波金穗投资基金,并在宁波证券交易中心挂牌上市。全年辖内有价证券成交181亿元,增长1.7倍。12月23日,中国外汇交易中心宁波分中心成立,与上海总中心联网运行。

以支付系统为中心,加快金融电子化建设。在中国人民银行总行支持下,宁波成为全国第一批"现代支付系统试点城市",全国第一批列入"金融数据通信网改造"项目。实施了金融电子化的"畅通工程"项目。同城票据采用了计算机并盘处理,扩大票据交换单位,把全辖各县(市)的区域票据并入同城票据交换网,提高了社会资金运行效益。

参与企业转制，防止风险转嫁。2月25日，人民银行宁波市分行在全市金融工作会议上就此提出了细化的要求。一方面，要求各金融机构帮助企业挖掘内部资金潜力，支持和促进企业限产、压库、促销，逐步解决企业"三项资金"居高不下的问题。另一方面，提出要积极主动参与企业转制工作，确保信贷资产的安全完整。明确在转制过程中，金融部门要抓紧清收到逾期贷款；对尚未转制企业的风险贷款要抓紧办理财产抵押手续；对拍卖企业，要督促原贷款单位归还贷款本息；对破产企业或其他特殊情况需要减免利息的，必须报经批准；对实行产权转移的企业，其原有贷款应及时重新办理财产抵押或担保手续。

根据朱镕基副总理关于"防止企业转制中逃债赖债，银行要把住关"的批示，工商银行宁波市分行对开户企业贷款债务落实情况进行逐一清查，确实有相当一部分贷款债务落实不了。一是企业转制时，采取事前不告诉的回避态度，自行确定目录，清理债务，分割财产，致使事后银行贷款得不到落实。二是在合资、改组（制）、国有民营、分立、租赁和解散这6种形式中，企业借机逃债赖账行为比较突出。从企业逃债赖账的手法看，主要有以下几种：一是低估企业资产；二是以贷款抵补企业亏损；三是另设新厂，债务在老厂上；四是卸技改债务包袱，合资中外商对技改贷款的债务不认账；五是债务离搁，在分立、划小核算单位中，财产和权益已分割到新的经营者手里，但贷款都搁在总公司、总厂的账上；六是利用多头开户，把户头转到其他银行后解散。

宁波是乡镇企业的发祥地，乡镇企业转制后的积极作用是肯定的，但从农业银行宁波市分行的调查结果来看，也存在一些比较突出的问题：一是资产评估不规范，对资产的清理核实组织主要由乡镇工办（工业公司）和抽调有关部门的人员组成，评估后的净资产仅占评估前的73%（270户转制企业的调查数）；二是在转制为折股改组型企业中，职工所投入的资金，名为股金，实为集资，年息在20%

左右,有的乡镇实行政府控股,委派董事长,任命厂长,政企不分;三是拍卖和转让的透明度差,资金到位率低;四是企业资金被抽调,负债率上升;五是主管部门卸包袱,贷款债务落而不实。

如果说,1994年全国范围内是财税、金融、外汇、外贸、投资这五大改革,那么从宁波来说企业转制是一个微观层面的改革,其影响是深远的。从经济效益来说,总体是改善的,全市工业经济效益总得分124.2分,在全国20个重点城市中名列第4位,在全省考核中名列第1位。全市新批股份有限公司和有限责任公司1149家,有7600多家镇(乡)、村集体企业转换了经营机制,占企业总数的45.5%。

8月15日,朱镕基副总理在中国人民银行全国分行行长座谈会上说到:"能否控制通货膨胀,对于今后的经济发展和改革开放至关重要。"事实上,从宁波情况看,全年市场物价总水平涨幅很高。市区商品零售价格总指数上升18%,市区居民消费价格总指数上升23.5%,农村居民消费价格总指数上升23.5%,能源、原材料购进价格指数上升27.5%,产品出厂价格指数上升16.3%。一方面,管得严,控得紧;另一方面,物价上涨,通胀的压力加大。

在整顿、监管、改革过程中,银行经营日趋规范,但信托业的问题开始暴露。10月12日,人民银行宁波市分行召集各金融机构负责人开会,通报了各金融机构依法经营情况,明显的反差是一好一坏。从银行经营情况看,业务操作较为规范,而信托业的问题较多。信托业的资产,1992年11.13亿元,1993年18.45亿元,1994年34.86亿元。在严管严控背景下,信托业何以快速增长,以当时的情况通报看,主要靠违规经营:一是委托存贷款业务不合规,搞"假委托";二是投资业务不合规,名为投资,实为贷款;三是利率政策执行不到位,乱提利率;四是对拆借资金,在"约法三章"(1993年7月7日)前的拆出资金回收不力。

此前也有金融机构提出人民银行宁波市分行对非银行金融机

构监管不到位的问题。5月20日,人民银行宁波市分行新任"一把手"在银行联席会议上谈到:"当前中国人民银行宁波市分行对各金融机构监管不够有力,服务也有待强化。"他说,今年监管的重点是,实施货币政策所必须严格执行的信贷规模总量控制、利率政策及合规经营,监管不应是以处理为主,而是以帮助、促进、教育为主。具体来说,监管要严格,也要与人为善。他表示,中国人民银行宁波市分行不仅对各家银行要加强监管,而且还要对非银行金融机构加强监管。在纠正违规经营时,必然会涉及金融机构的经济利益,这点请各行、司能给予谅解和支持。市级各行、司在讨论中表示:中国人民银行加强对各行、司的金融监管,各行、司要更加自觉地服从指导、服从管理。同时提出:中国人民银行宁波市分行不仅要加强对市级银行的监管,同时也要加强对非银行金融机构的监管。

为了适应宁波市社会和经济发展与改革的加速进程,解决宁波市金融事业迅速发展及社会各方面对金融人才的迫切需要,人民银行宁波市分行牵头各金融单位和宁波大学共同发起,决定共同合作,多方集资,联合筹建宁波大学国际金融学院。浙江省教委对此十分重视,根据学校与金融界的协议,于1994年4月批复同意。7月5日,宁波大学国际金融学院董事会成立,由中国人民银行宁波市分行行长出任董事长,宁波大学校长吴心平出任常务副董事长。9月份招收第一批本科新生。

第四节 贯彻落实"五法一决定":1995年

1995年是实施"八五"规划的最后一年,全年实现生产总值637.63亿元,增长20.5%。从金融业运行情况看,也是高速发展的一年。金融机构存贷款余额分别是454.68亿元、389.2亿元,增长率分别是52.9%、45.7%。信贷投入的绝对值和增速均创历史最高水平。

以贯彻落实"五法一决定"为契机，人民银行宁波市分行加强了金融监管，建立健全了金融大监管网络，完善了规范化、秩序化、透明化的监管工作制度；开展了一系列专项稽核和专项清理工作，完成了非银行金融机构重新登记工作；加强了对社会信用活动的监管，严肃查处了违规投放、擅自集资、非法经营金融业务等行为。

专业银行在向商业银行转轨过程中，不断深化改革，加强信贷资金风险管理，积极探索资产负债比例管理，确立以效益为中心的经营目标责任制。城市信用合作社联合社的成立，协和银行正式挂牌营业，电子联行"天地对接"系统的投入运行，标志着金融改革发展取得新进展。根据中共宁波市委提出的把宁波建设成为现代化国际港口城市的目标，金融部门也首次提出了加快把宁波建设成为长江三角洲南翼的区域金融中心的课题。

与全国经济金融形势相比，1995 年宁波金融运行有两个特点：一是"紧"中求"活"，通过金融改革的深化，使金融发展活力大大增强；二是"稳"中求"快"，在稳定金融运行的同时，保持了全市金融业快速发展的势头。在"快""活"的金融运行中，隐藏一些潜在的风险。1995 年全市存贷款运行结构发生明显变化，非银行金融机构成为存贷款的主要增长点。全市非银行金融机构存贷款增加额在全市金融机构存贷款增加额中的比重：存款增加额从 1994 年 40.9％上升到 1995 年的 48.6％，贷款增加额从 1994 年 46.8％上升到 1995 年的 48.2％。这既表明全市金融格局已发生明显变化，也表明金融体系多元化已有明显进展，但快速发展背后的风险隐患不易察觉。全年金融机构同业拆借 800 多亿元，其中融资中心累计融资 310.6 亿元。

1 月 1—14 日，全国金融工作会议召开。会议期间，国务院副总理兼中国人民银行行长朱镕基到会作了重要讲话。会议提出：抑制通货膨胀，金融部门责无旁贷，要把抑制通货膨胀的措施落实到各项金融工作中。金融部门要通过信贷资金使用效益和金融资产质量来促进提高经济增长质量和效益。4月7日,中宣部等五个部门在京召开金融形势分析会。中国人民银行副行长戴相龙在报告会上介绍了《中华人民共和国中国人民银行法》的主要内容,分析了金融形势和1995年贯彻适度从紧货币政策的主要措施。戴相龙副行长说,要使物价大幅度下降,必须全面贯彻国务院关于抑制通货膨胀的各项措施,不仅要注意农副产品的增加和储备,而且还要坚定不移地控制固定资产投资和消费基金的增长,把经济工作重点转到提高经济效益上来。人民银行要认真执行适度从紧的货币政策,为促使物价涨幅明显下降而努力。他说,在企业改革中,要充分发挥银行对企业的金融服务和信贷监管的作用,坚持扶优限劣信贷原则。

1月25日,全市金融工作会议召开,市委常委、常务副市张蔚文到会作了重要讲话。会议强调要坚决贯彻从紧的货币政策,进一步强化金融监管。会后,组织开展对固定资产投资、企业效益、信贷资产质量等专项调查,以落实中国人民银行总行的决策部署。从固定资产投资状况的调查情况来看,投资猛增长带动了货币的投放和物价的上涨。进入"八五"时期以来,全部固定资产投放增长率平均达47.9%,1993年接近70%,比"七五"时期最高年份1987年的29.6%高出40个百分点,使"八五"时期货币投放增长率平均达47.1%,最高年份货币投放25亿元,零售物价近两年在20%左右徘徊,通胀压力很大。从投资效益分析,1994年苏州、无锡项目建成率分别高于宁波9.1个和11.9个百分点,建设周期均比宁波短1.5年,竣工率高于宁波7.7个和12个百分点。从企业效益情况调查看,自1993年以来,亏损额、亏损面都呈持续上升趋势。在通货膨胀的压力下,1994年企业能源、原材料进价均上涨27.5%,而产品出厂价仅涨16.3%,进价比出价的涨幅高出11.2个百分点,吃掉很大一块企业利润。在应收应付的债务链中,1995年1—5月本市企业欠外地企业资金64.3亿元,而外地企业欠本市企业85.7亿元,相抵后仍欠21.4亿元。从银行信贷资产质量调查看,5家银行(工、农、中、建、

交)低质量贷款占全部贷款的 7.78％。原因是：企业存在资金不足、项目失败、企业转制中"悬空"银行贷款,利用多头开户逃避银行信贷监管,以及银行自身制度与制度执行的缺陷。

在调查研究基础上,金融系统认真落实全国金融工作会议提出的"抑制通胀、提高效益、改善资产质量"等要求。6 月 8 日,人民银行宁波市分行召集市级各金融机构负责人,就全市 1—5 月的金融运行做了分析：全市贷款总量猛增,非银行金融机构贷款增量占比达 60％,金融资产风险加大。为此,提出要严格控制信用总量,认真执行信贷规模管理和资产负债比例管理,制止违规乱集资、乱借贷等问题。

6 月 15—19 日,全国银行业经营管理工作会议召开,国务院副总理兼中国人民银行行长朱镕基说："当前存在的主要问题是,逾期贷款比例较高,资金周转速度较慢,经营效益较低。因此,各家银行在要求深化改革的同时,把工作重点转移到加强经营管理和提高资金使用效益上来。"7 月 10 日,人民银行宁波市分行召开银行联席会议,研究贯彻全国银行业经营管理工作会议精神。会议要求各行按照规定的标准,对截至 6 月底的逾期贷款、呆滞贷款、呆账贷款在 9 月底前做好认定、登记工作,并如实填报贷款质量监控表。会议要求各金融机构认真学习《中国人民银行法》《商业银行法》《票据法》等金融法律,努力提高全市银行业的经营管理水平。9 月份,再次召开银行联席会议,传达了中国人民银行总行金融法律高级研修班上朱镕基副总理、戴相龙行长的讲话精神,并提出以下要求：一是继续实行适度从紧的货币政策;二是金融监管要遵守依法管理、系统管理、法人及法定代表人管理、从严管理、公开管理、对监管人员的管理等六大原则;三是对农村基金会办理金融业务要坚决制止。

为呼应宁波市第八次党代会提出的"把宁波建设成为现代化国际港口城市"的目标,人民银行宁波市分行组织力量筹备"宁波区域金融中心"高级研讨会。组织召开这个会议的背景是,张蔚文代市长在 1994 年 6 月陪同中国人民银行总行一位副行长参观宁波钱币博物馆时,这位总行的领导对张蔚文代市长说:"宁波曾经有过辉煌的金融历史,是金融家的摇篮。宁波应该重振雄风,开创金融辉煌,努力建设成为区域金融中心。"

9 月 12 日,建立宁波区域金融中心高级研讨会召开,国内金融界有关领导、海内外金融专家、宁波市有关领导、各金融机构负责人共 60 余人与会。会上,张蔚文代市长讲到,国务院在制定长江三角洲地区的经济发展规划时,把宁波城市的发展方向和功能定位为长江三角洲及长江沿江地区的重点国家深水中转枢纽港、华东地区重要对外贸易口岸、重要的工业基地和区域中心城市之一。因此,把宁波建设成为区域性的经济、贸易和金融中心,是新时期国家赋予宁波的新使命。他说,世界经济增长重心向亚太转移和国际产业的进一步转移,为宁波发展带来了空前机遇;国家以上海浦东开发、开放为龙头,尽快把上海建设成为国际经济、金融、贸易中心,带动长江三角洲和整个长江流域地区经济新飞跃的战略决策,给宁波的发展也带来极大机遇。

中国人民银行金融研究所秦池江所长说:"把宁波建成一个区域性的金融中心,从基础条件、现实的经济背景和我们当前的经济发展水平来说,具有充分的可能性,而且也是今后经济发展的一种客观需要。"他说,实际上各个地区之间都有一种竞争,谁在这个方面方向最明确,措施更有利,步子更扎实,谁就有可能捷足先登。上海市金融学会副会长洪葭管研究员说,宁波历史上金融曾居于突出地位,宁波钱庄,早在 1844 年辟为商埠前就已有很大声望,被誉为钱庄业的发祥地,最著称的是"过账制度";日本学者有本邦造研究的结论是,"昔日之宁波,实为中部及南方金融之唯一中心地"。当然,历史只能说明过去,金融也有可塑性,要正确把握金融功能,搞区域中心,应着眼于金融功能的进一步发挥。

宁波区域金融中心的讨论,表达了宁波金融人加快发展的良好

愿望。金融业的高速增长是否可持续，虽也有资产质量有待提高的呼吁，但总体来说，盲目乐观的情绪在滋长。在银行联席会议上，每一次分析总是充分肯定高增长、大发展的形势，认为我市银行业的经营管理水平、信贷资产质量及经营效益，相对而言是比较好的。对不良贷款比例较高，资产质量呈下降趋势，非银行金融机构贷款占比提升过快等问题还缺乏足够的重视。

1995年，金融系统抓住《中国人民银行法》《商业银行法》《保险法》《票据法》《担保法》《关于惩治破坏金融秩序犯罪的决定》等"五法一决定"相继出台的有利时机，深入开展了金融法治宣传月活动。中国人民银行宁波市分行辖内各支行相继召开学习金融法律座谈会，举办培训班，邀请地方党委、政府以及有关部门、企业领导参加，共同学习领会。各金融机构通过新闻媒介专题报道和访谈、横幅宣传、上街咨询、知识竞赛、编印手册等多种形式，向社会各界广泛宣传，有效地普及了金融法律知识。

第五节　软着陆：1996年

1996年，宁波市经济运行的环境有了明显好转，超高速发展下紧运行的格局正得到改变，经济增长形成高位平台，出现谷底不低、峰值不高的特征。全年实现国内生产总值800亿元，比上年增长19%（初步统计数，调整后为17.2%）；全年金融机构新增存款133.2亿元，增长29.3%，比上年回落18.2个百分点；新增贷款104.4亿元，增长26.7%，比上年回落13个百分点。现金投放高速增长的态势不变，全年净投放47.7亿元，增长44.1%。从宏观环境上看，按照中国人民银行行长戴相龙的观点：经过三年多的努力，我国国民经济在1996年基本实现了"高增长、低通胀"的目标，成功实现了宏观调控的"软着陆"。

1月14日,全国金融工作会议在北京召开。会议提出把抑制通货膨胀作为金融宏观调控的首要任务。江泽民、李鹏、朱镕基等党和国家领导人接见了与会代表。会议提出的预期目标是:市场现金流通量计划控制在增长14%左右;狭义货币计划增幅控制在18%以内;广义货币计划增长25%,增幅比1995年低4.5个百分点;金融机构存款计划增长26.3%;金融机构贷款计划增长19.6%。从实际执行看,狭义货币增长18.9%,广义货币增长25.3%,现金投放增长11.6%,金融机构存款增长27.5%,金融机构贷款增长21.0%。

为贯彻落实全国金融工作会议精神,1月25日,宁波市召开金融工作会议。宁波市常务副市长在会上说:"李鹏总理、吴邦国副总理关于建立上海国际航行中心和充分利用北仑港的指示,可以说,宁波已经面临重大的发展机遇。'九五'规划期间,全市固定资产投资计划安排将超过2000亿元。希望全市金融战线的同志,肩负起时代赋予的历史重任,通过各种金融工具和各种融资渠道,不断为宁波的经济建设输血供氧,并在支持经济建设中发展和壮大自己。"他说:"金融的全局观念,一要服从中央宏观的全局;二要服务于宁波经济发展的全局。在中央宏观的全局中,这几年我们比较守纪律、讲规范,必须充分肯定。我们还要在宁波经济发展的全局中找准自己的位置。"人民银行宁波市分行行长在报告中强调要做好金融"打假治乱"工作,对假委托、假投资、假回购、假存单、假账等严重扰乱金融秩序,加大金融风险的违规行为要予以严肃查处。

持续3年加大调控力度、加大监管力度的效果逐步显现。全市1—6月零售物价指数上涨幅度分别是8.0%、8.1%、7.9%、7.0%、5.0%和5.8%。同时,1—6月贷款少增5.0亿元。但是,金融机构违规经营的不良后果开始显现,特别是假委托、假投资、定存定贷等问题形成了利率的"双轨"和"三轨"现象,在并轨、并账过程中风险凸现。金融资产不良率提高的问题突出:一是企业层面,效益下降,产销率低,三项资金占用上升;二是出口贸易前景不佳,退税不到位,财政部门拖欠出口退税 12 亿元;三是房地产投资规模过大,房市低迷,商品房和居民住宅积压,高档写字楼、商场、别墅严重过剩;四是据 68 家参与期货、股票等高风险投资活动的企业统计,亏损额超过 5 亿元。

为有效控制贷款不良率的攀升,政府与金融联手,采取了各种措施。5—9 月,宁海县进行了规模较大的"依法收贷"活动。这次活动是政府、银行、企业协会、公安、检察、法院联手,以宣传金融法规为引导,以加大收贷力度为手段,以推进经济发展为目的,取得实效。该县成立以县长任组长,常务副县长、法院院长和人民银行县支行行长任副组长,县政府办、财税、工商、审计、监察、司法、宣传、金融等部门的主要领导为成员的领导小组;各镇乡、县级有关部门和各金融机构都建立由行政一把手担任组长的依法收贷组织;法院成立了由院长挂帅的领导小组,并抽调业务骨干组建临时金融合议庭,集中精力,从简受理、从快处理。在"五法一决定"的宣传过程中,广泛开展了信用观念大讨论,对依法打击的对象通过新闻媒介进行公开曝光。召开"依法收贷"现场会,由法院依法对欠贷企业及其经营者的财产进行现场查封,并进行了电视曝光;由公安局刑侦和内保两职能部门组建成两个工作组,对 20 位欠债人(银行卡透支)进行拘前审查,实际执行拘留 7 人,并做了舆论曝光。"依法收贷"活动历时 5 个月,不良贷款比例下降 7.2 个百分点。其他各县(市、区)也开展了不同形式的"依法收贷"活动。

6 月 26 日,国务院召开金融系统"反腐败、防抢劫、防诈骗、防盗窃,保护金融资产安全"会议。朱镕基副总理在会上说:"金融部门把防范金融犯罪同加强金融监管结合起来,打击了不法分子骗购外汇的违法活动,清理了银行的账外经营,银行与所办信托投资公司脱钩,不仅维护了金融秩序,促进了经济秩序的好转,也堵塞了经济犯罪的漏洞。"他在列举了问题后强调,要有效解决上述问题,金融系统广大干部特别是领导干部,一定要学习和贯彻江泽民总书记关

于"领导干部一定要讲政治"的讲话,把正在金融系统开展的"讲改革、讲政治、讲法纪、讲效益,提高金融服务水平"的活动扎扎实实地开展下去。

人民银行宁波市分行在动员部署"四讲一服务"活动中,先后召开金融机构联席会议和全市金融系统动员大会。开展"四讲一服务"活动,是总结"八五"规划时期金融工作成绩得出的经验,是针对解决金融运行中存在问题提出来的,也是全面完成"九五"规划期间各项金融工作任务的需要。同时,明确了"讲改革、讲政治、讲法纪、讲效益,提高金融服务水平"的具体内容和要求。7月1日,工商银行宁波市分行在全市金融系统中率先实现活期储蓄全省通存通兑,作为服务水平跃上新台阶的标志,收到社会好评。7月16日,建设银行宁波市分行向社会公告,即日起全市建行会计、出纳、储蓄、国际业务、房信、信用卡等六大窗口部门实行服务时间、服务质量、服务态度三项承诺,为树立金融系统的良好社会形象开了个好头。

7月26日,召开银行联席会议,讨论如何贯彻《贷款通则》与《宁波市抵押贷款条例》,以及搞好两个规章、条例的宣传工作。会议原则通过了信贷资产债权保全协调小组名单及宁波市主办银行名单。此前(6月28日),中国人民银行行长戴相龙签发中国人民银行第2号令,发布《贷款通则》,并明确自8月1日起施行。该《贷款通则》明确了申请贷款人需要具备的条件、对借款人的信用进行评价、签订借款合同的主要内容、金融机构如何计收贷款利息、对贷款展期的款费,禁止借款人用银行贷款从事股本权益性投资等。《宁波市抵押贷款条例》是为维护抵押贷款当事人的合法权益,保障债权的实现和信贷资产安全,促进资金融通,根据《中华人民共和国担保法》和其他有关法律、法规,结合本市实际情况而制定的条例。该条例6月29日经浙江省第八届人民代表大会常务委员会第二十八次会议批准。

8月14日,人民银行宁波市分行召开金融监管网络成员会议。全国金融工作会议提出把金融监管的实绩作为评价与考核人民银行分、支行全年工作好坏的一个最重要的标准。为此，人民银行宁波市分行内部分设了银行管理处和非银行金融机构管理处，充实业务骨干。对金融机构的市场准入、业务范围、金融风险实行系统监管。建立金融监管领导责任制、金融监管季度报告制度和重大金融风险快速上报制度。在监管重点上：一是全面完成非银行金融机构的重新登记，对验收不合格的机构进行停业整顿；二是切实落实金融机构的分业经营、分业管理，中国人民银行与所办金融机构要脱钩、金融机构和经济实体要脱钩、国有商业银行和信托投资公司要脱钩；三是纠正银行超规模贷款和账外经营，清理、整顿和规范证券回购，规范信托投资公司业务。金融监管网络成员处室，对上述工作中遇到的问题、需要配合的事项、有待明确的政策加以会商，明确职责和时间进度要求，并进行量化评价考核。

9月26日，市委主要领导及市政府常务副市长主持召开全市金融工作座谈会，市级各金融机构负责人参加了会议。会议认真分析了金融运行中存在的一些问题，探讨了下一步治理经济金融秩序混乱的对策。从人民银行宁波市分行已掌握的情况看，信托业自成立以来几起几落，在其飞速发展的表象之中，难以掩盖其运行过程中所存在的形形色色的弊端。在对信托公司实施稽核中发现，这些公司对外公布的报表，包括资产负债表、损益表、财务状况变动表，与实际情况有明显的差距，这些公司通过各种过渡科目和共同类科目转移资金，或者干脆人为进行调表、调账以逃避考核。超范围办理业务、混业经营相当普遍，几乎没有一家信托公司不存在超范围经营金融业务的问题，信托公司经办银行业务、证券业务似乎已成了理所当然的事。违规办理非信托、委托存贷款业务，包括吸收财政性存款、企业一般存款，甚至有的信托公司吸收个人储蓄存款，发放一般贷款，还有办理贴现业务，办理自营买卖证券业务。资产运营规模过大，资金自求平衡能力脆弱，构成信托资产总量的贷款、投资、租赁等属于相对长期占用的资产没有相应的长期稳定的资金来

源与之配比。这就迫使信托公司短期资金长期使用,资产总量中很大部分靠拆入资金来维持。有的信托公司在 1995 年度业务经营过程中,资产总量 10 亿元,而拆入资金 6 亿元,靠拆东墙补西墙来维持经营,信托公司不良资产普遍在 20％以上,有的甚至高达 50％。有的信托公司在 1995 年中,贷款平均利率为 18％,存款平均利率为 15％,贷款利率最高的达到 28％。为逃避中国人民银行的监管,其利率违规手法多种多样;一是直接以各种咨询费、服务费、手续费等名义收付利益;二是以收取保证金名义间接提高利率。信托公司内部虽然分设了计划部、投资部、国外金融部等部门,并且规定了各自的业务范围,但实际上这些部门均独立办理各种信托业务,互不相干、各行其是。公司对部门的管理,采取业务上、财务上相对独立的考核体制,利润指标也是由公司下达给部门,甚至连职工的工资、奖金也由部门自行发放。这种运行的机制,实际上公司的最高层管理人员已经失去了对部门控制的能力。

7 月 1 日,召开全国农村金融体制改革工作会议,国务院副总理朱镕基说:"要把农村信用社真正办成由农民入股、社员民主管理,主要为入股社员服务的合作金融组织。"他要求进一步整顿农村金融秩序,按照国务院有关规定,整顿农村合作基金会,加强对农村合作基金会的监管。朱镕基副总理指出,深化农村金融体制改革的目标是:建立和完善以合作金融为基础,商业性金融、政策性金融等各种金融机构分工协作的服务体系。中国农业银行不再领导管理农村信用社。农村信用社的业务管理,改由县联社负责;对农村信用社的金融监管,由中国人民银行直接承担。

9 月 8 日,宁波市政府发文成立宁波市农村金融改革领导小组及其办公室(简称农金改办)。10 月 2 日,正式开始办公,地点设在人民银行宁波市分行内,市农金改办主任由人民银行宁波市分行韩沂副行长兼任。10 月 10 日,召开全市金融机构负责人会议,传达全国、全省农村金融体制改革会议精神,通报了宁波市农村金融体制改革的情况，并就利率监管问题进行了广泛深入的讨论，提出加强利率管理的要求。

在学习贯彻国务院《关于金融体制改革的决定》（以下简称《决定》）过程中，鄞县信用联社根据《决定》中关于"要根据农村商品经济发展的需要，在农村信用合作联社的基础上，有步骤地组建农村合作银行，积极稳定地发展合作银行体系"的内容，提出了《关于组建鄞县农村合作银行的初步设想》。鄞县信用联社认为"脱钩"八年的改革与发展，向合作银行转轨无论在思想上、组织上、物质上、干部上都做了充分准备，是"万事俱备，只欠东风"。

城市信用社的改革进程加快。从城市信用社中心社向联社过渡刚完成，就着手组建城市合作银行。5月30日，宁波市常务副市长在城市合作银行的组建动员大会上做报告；6月18日，市政府副秘书长在城市信用社清产核资及股权评估专题会议上部署工作，以解决组建城市合作银行的清产核资、股权评估这两个关键性问题。在金融组织体系上，基本完成了城市合作银行的组建工作。1996年，还完成了人保产险与人保寿险的机构分设，农村信用社与农业银行"脱钩"，以及农业发展银行机构向下延伸到县。

第二章 应对亚洲金融危机期 (1997—2002)

第一节 亚洲金融危机爆发：1997 年

1997 年,宁波市经济运行从高速增长的平台上有所回落。全年实现国内生产总值 900.2 亿元,增长 15％(初步统计数,调整后为 13.7％),增幅比上年回落 4.7 个百分点(按调整后的数据为回落 3.5 个百分点)。从宏观背景上说,全国经济呈现"高增长、低通胀"的态势。这一年国际金融领域风波迭起,一些东亚国家发生了严重货币危机。宁波金融运行平稳,但风险开始暴露。全市金融机构人民币存款余额 717.2 亿元,增长 19.7％;人民币贷款余额 574.8 亿元,增长 11.1％;全市保费收入 13.4 亿元,增长 39.6％,其中财险保费收入增长 15％,寿险保费收入接近翻倍。

1 月 4 日,国务院秘书长罗干主持召开决定关闭中国农村发展信托投资公司(简称中农信)有关事宜的会议。中国人民银行宁波市分行召集有关金融机构传达会议精神,对《关于关闭中国农村发展信托投资公司的通知》和《关于由中国建设银行托管中国农村发展信托投资公司的决定》进行了讨论,分析可能产生的影响,研究应对措施,做好中农信宁波办事处关闭托管工作。接着又开展了"东航资金结算中心事件"的处理、宁波国际信托投资公司灵桥营业部和江东营业部机构归并、信托与银行脱钩改制等工作,在风险处置过程中,原来潜伏的由违规经营所引发的问题开始显露。

1月13—17日，全国金融工作会议召开。朱镕基副总理在会上指出，经过三年多的努力，以抑制通货膨胀为首要任务的宏观调控基本上达到预期目标，经济保持快速增长，物价涨幅明显回落。他强调，中国人民银行要以高度的历史责任感和使命感，进一步依法加强金融监管，切实做好防范和化解金融风险的工作。

在风险化解中，从宁波的情况看，突出的问题是：融资中心与原越权审批的机构两方面的风险叠加。5月，中国人民银行总行下发了《关于清理收回人民银行融资中心逾期拆借资金的通知》，要求核实资金拆借情况，摸清底数，采取措施，坚决收回。6月，中国人民银行总行下文征求关于融资中心体制改革的意见，中国人民银行融资中心将朝着管理、中介服务的方向发展。对于宁波来说，很大的压力在于有4.49亿元拆借资金被原越权审批的宁波发展信托投资公司占用。在清理整顿过程中发现该公司又挂靠在宁波国际信托投资公司，而宁波国际信托投资公司既无消化能力，又无管控能力，造成这个公司以"国托江东营业部"这个载体继续占用着融资中心的拆借资金。在与建设银行信托投资公司的脱钩过程中，曾设想脱钩后更名为东海信托投资公司，并以东海信托投资公司来整合消化"国托江东营业部"的债权债务。这个复杂的操作链条终于因信托公司资产质量恶化而断裂，由此直接导致融资中心无法收回逾期拆借资金。

宁波发展信托投资公司，由宁波经济技术开发区财务开发公司、宁波保税区发展公司和宁波保税区华能联合开发公司等3家股东共同发起，由人民银行宁波市分行批准，于1993年5月在宁波保税区注册成立。1994年10月，根据中国人民银行《关于对人民银行各级分行越权批准设立的金融机构进行清理的通知》和《关于清理越权批设的信托机构有关问题的通知》精神，人民银行宁波市分行于1994年10月12日发文撤销宁波发展信托投资公司。1995年3月15日，与宁波国际信托投资公司签订《挂靠协议》，并经人民银行

宁波市分行鉴证,以"宁波国托江东营业部"的名称,独立核算、自负盈亏、内部管理相对独立,但又非法人机构。人民银行宁波市分行于 1995 年 5 月批复同意设立宁波国托江东营业部,并向工商行政管理局领取非法人营业执照;1996 年人民银行宁波市分行又补发给宁波国托江东营业部非法人金融业务许可证。

1997 年 2 月 28 日,人民银行宁波市分行向总行请示,要求建行宁波市信托投资公司股权转让后更名为宁波东海信托投资有限责任公司,股权转让增资扩股后总股本为 5000 万元人民币。其中,原建行宁波市信托公司股东宁波市财政局 1000 万元继续保留;受让方 2000 万元,分别是宁波金鹰集团总公司 500 万元(宁波国托江东营业部的实际控制人),宁波宁兴公司 500 万元,宁波保税区控股公司 1000 万元;另要求增资扩股 2000 万元,其中宁波经济技术开发区控股公司 1000 万元,宁波经济技术开发区长江发展总公司 500 万元,宁波经济技术开发区新光(集团)有限责任公司 500 万元。宁波东海信托投资有限责任公司总经理由宁波国托江东营业部实际控制人担任。

人民银行总行在受理此项请示件过程中,认为这个股权转让、增资扩股、机构更名,涉及关于撤销人民银行宁波市分行对越权批设的宁波发展信托投资公司后的有关问题的处理。因此,于 7 月 3 日批复给人民银行浙江省分行,同意中国建设银行宁波市信托投资公司转让中国建设银行所控股份后,更名为"宁波东海信托投资有限责任公司",其所属分支机构名称做相应变更;核准新增股东及出资额,但没有宁波金鹰集团总公司;核准的高管人员中也没有宁波国托江东营业部的实际控制人。此文件明确:由人民银行浙江省分行对撤销中国人民银行宁波市分行越权批设的宁波发展信托投资公司后的有关问题的处理,提出详细方案并专题向人民银行总行报告。

人民银行浙江省分行专门组织力量,彻查宁波融资中心与原宁波发展信托投资公司的违规问题,并积极处置不断恶化的金融风险事件。12月3日,中国人民银行浙江省分行行长谢庆健、副行长杨绍红到宁波,对人民银行宁波市分行越权审批金融机构拆出巨额资金造成巨大风险的当时人民银行宁波市分行主要负责人做出停职检查的决定,并宣布人民银行宁波市分行工作由杨绍红主持。

在风险处置过程中,金融改革力度不减。在完成市区17家城市信用社的改制工作的基础上,于3月31日,改组成宁波市城市合作银行。同时,积极吸收外地和外资金融机构来甬设立分支机构,先后成立投资银行宁波支行、广发银行宁波支行、瑞士丰泰保险公司宁波代表处。农村信用社与农业银行的脱钩工作顺利完成,在全市11个县(市、区)中设立9个农村信用联社;同时按合作制形式,在全市25家农村信用社中开展规范化试点工作。拆借市场运作方式改变,宁波市进入全国同业拆借网络,资金清算运作方式改变,同城票据交换范围扩大。金融电子化进程加快,2月28日,中国人民银行宁波市分行成立"宁波金融票据快速止付服务中心",利用现代高科技通信设备,建立由入网用户、银行和止付服务中心三方合作的高科技联防系统。

6月20日,中国人民银行宁波市分行召开全市证券经营机构管理工作会议,强调了加强监管,防范风险,促进证券经营机构稳健发展的主题,并与市内证券经营机构负责人签订了责任书。宁波证券公司实行了增资改制,证券公司资本金由原来的1000万元增加到1亿元,公司更名为"宁波证券有限责任公司"。对国有商业银行信托投资公司下设的证券交易营业部实施脱钩改制,原农业银行宁波市信托投资公司、中国银行宁波市信托投资公司、建设银行宁波市信托投资公司下属的证券交易营业部,以及交通银行宁波市分行开发区证券交易营业部分别被收购后更名为中国长城信托投资公司宁波证券交易营业部、浙江省国际信托投资公司余姚证券交易营业部、中国东方信托投资公司宁波证券交易营业部、中国信达信托投资公司宁波证券交易营业部、君安证券有限责任公司宁波证券交易营业部。

在处置风险、加强监管的关键时刻,东南亚金融危机袭来。7月2日,泰国政府宣布放弃联系汇率制度,实行自由浮动汇率。危机很快蔓延到了印度尼西亚、韩国、马来西亚、菲律宾等国,遭到投机者的多次冲击,汇率大幅度贬值,许多金融机构面临破产。作为印度尼西亚投资的外资银行——宁波国际银行,为了在东南亚金融动荡中保持稳定健康发展,中国人民银行总行委托浙江省分行于9月对宁波国际银行进行业务检查。

11月17—19日,中共中央、国务院召开全国金融工作会议,对解决金融改革和发展中的重大问题做出具体部署。江泽民总书记、李鹏总理、朱镕基副总理分别做了重要讲话。胡锦涛、李岚清等党和国家其他领导人也出席了会议。会议要求,力争用3年左右时间大体建立起与社会主义市场经济发展相适应的金融机构体系、金融市场体系和金融调控监管体系,显著提高金融业经营和管理水平,基本实现全国金融秩序明显好转,化解金融隐患,增强防范和抗御金融风险能力,为进一步全面推进改革开放和现代化建设创造条件。

应对亚洲金融危机的实践和对中央召开的全国金融工作会议的学习贯彻,加深了宁波地方党政和金融系统对金融改革、整顿与化解金融风险的认识,加大了对融资中心违章拆借和原越权审批机构所形成的风险处置力度。同时,在外汇管理上采取了一系列监管措施:一是加强贸易进口付汇核销监管,公布"对外付汇进口单位名录"和"由外汇局审检真实性的进口单位名单",检查外汇指定银行和进口单位是否按照名录、名单和备案表等有关规定审核和办理对外付汇。二是加强经常项目外汇结汇管理,防止资本项目外汇混入经常项目结汇,对外汇收入区别其性质,督促办理外汇结汇业务的银行和金融机构合规操作,组织开展银行结汇情况的检查和抽查。三是加强银行外汇业务管理,外汇局对银行外汇业务实行风险监控，对银行法人机构经营外汇业务设定比例或指标管理，对银行经营外汇业务状况实行年度考核，对银行外汇业务进行现场专项检查和非现场检查。四是以检查余姚中国塑料城、农业银行江北支行为重点，加强商业银行国际结算远期信用证业务经营风险管理，对开立 1 年期以上远期信用证纳入资本项目管理，1 年以下、3 个月以上的远期信用证余额纳入外债统计，对商业银行办理远期信用证业务实行保证金制度。

贷款限额管理一直被视为金融宏观调控的"刚性"措施。随着宏观上实现了"软着陆"，在推行资产负债比例管理和风险管理的基础上，提出了取消贷款限额管理的改革措施。11 月 24 日，中国人民银行出台了《农村信用合作社资产负债比例管理暂行办法》：一方面，加强对农村信用社的业务监管，防范信贷资产风险，提高其资产质量；另一方面，增强了农村信用社自我约束、自我发展的能力。12 月 23 日，中国人民银行印发《关于改进国有商业银行贷款规模管理的通知》，决定自 1998 年 1 月 1 日起取消对国有商业银行贷款限额的控制，不再下达指令性贷款计划，而改为按年、按季下达指导性计划。这个指导性计划作为中央银行宏观调控的监测目标，供各家商业银行执行自编资金计划时参考。

随着物价涨幅持续回落，保值储蓄的保值贴补率连续出现零贴补。1997 年，宁波市商品零售价格指数在 10 月份以后连续 3 个月为负增长，分别是−0.5、−1、−1。贷款企业中有破产企业 10 家，兼并企业 11 家，减人增效企业 8 家，核销呆坏账 2.4 亿元，列入职工再就业计划的 8 家企业，下岗分流 2000 多人。

第二节　金融风险加速显化：1998 年

1998 年，宁波市多年累积的严重金融风险加速显化。信托业运行的风险日益加剧,经营日趋艰难。全市信托机构资产总额 62.25 亿元,比年初下降 25.9%;负债 58.21 亿元,比年初下降 22.3%;所有者权益合计 4.03 亿元,比年初减少 5.04 亿元。除了信托业,银行不良贷款攀升,高风险农村信用社步履艰难,城市商业银行和城市信用社风险显现。

在体制上,中国人民银行撤销了 32 个省级分行,成立了 9 家跨省(自治区)分行;各金融机构成立系统党委,中央成立中央金融工委。在风险化解上,采取兼并、收购、重组、接管、关闭等各种处置方式,在维护社会稳定、防止风险蔓延上花大力气、下硬功夫。

1 月 12—15 日,全国银行、证券、保险系统行长(经理)会议召开。朱镕基副总理在会上强调,各家银行和其他金融机构要进一步从严管理,树立银行"铁账本、铁算盘、铁规章"的良好形象。在金融工作方面,他肯定了严厉打击骗汇、逃汇、套汇的斗争,外汇储备有所增加,人民币不贬值;肯定了金融体制改革和防范金融风险工作迈出重要步伐,也指出了多年累积的金融风险不容忽视等问题。

1998 年,宁波被列为"金融不安全区"。针对金融的不安全性,化解和防范、处置金融风险成为党政部门、金融系统工作的重中之重。由于国际信托投资公司无力消化吸收原越权审批的宁波发展信托投资公司的债权债务,因此寄希望于宁波东海信托投资公司承接。但信托业整体步履维艰,东海信托也无力回天。实际上,宁波国际信托投资公司是"一拖三",另有两家越权审批的宁波甬港信托投资公司、宁波风险信托投资公司,分别以"国托甬港营业部"、"国托灵桥营业部"的名称"挂靠"在宁波国际信托投资公司旗下。为此,宁波市政府与中国人民银行开始协调这两家越权审批机构的"婆家"。"配对"工作到 5 月份终于都有了结果,"国托灵桥营业部"撤销后的资产和债权、债务由宁波金港信托投资有限责任公司承接,"国托甬港营业部"撤销后的资产和债权、债务由鄞县信用合作联社承接。

在风险防范、化解、处置过程中，金融体制环境发生了深刻变化。5月份，中央决定成立中共中央金融工作委员会和金融系统党委，金融机构党的组织实行垂直领导，干部实行垂直管理。中国人民银行将证券监管职能划归中国证券监督管理委员会，将保险业监管职能划归中国保险监督管理委员会。撤销人民银行省级分行，在不设分行的省设立金融监管办事处，作为分行的派出机构。11月18日，中国人民银行上海分行最早挂牌。

在改革过程中，监管被列为"重中之重"，中国人民银行制定了《金融风险监管报告》统一格式，对现场和非现场、本币和外币、境内和境外，提出了统一监管的要求。为提高央行监管水平，3月25日，中国人民银行总行印发巴塞尔银行监管委员会发布的《有效银行监管的核心原则》，要求组织金融从业人员认真学习和研究，为全面实施巴塞尔核心原则奠定基础；要求人民银行各级领导和监管人员切实把握巴塞尔核心原则的基本精神，并在实际工作中加以贯彻，逐步缩小在金融监管观念、标准和手段等方面与"巴塞尔核心原则"的差距；要求各金融机构管理层和业务部门负责人按审慎监管的要求，进一步强化管理，稳健经营，增强抵御金融风险和参与国际竞争的能力。

6月5日，中国人民银行浙江省分行任命殷兴山为宁波市分行副行长兼国家外汇管理局宁波市分局副局长（主持工作）。6月23日，中国人民银行宁波市分行与宁波市证券和期货监管办公室双方联合签署《宁波市证券类机构监管职责交接备忘录》。中国人民银行宁波市分行将辖内的1家证券专营机构、3家证券兼营机构、31家证券交易营业部，以及证券登记中心的监管职责及其有关文档资料一并移交给宁波市证券和期货监管办公室。

针对农村信用社不良率上升的风险，组织实施贷款管理责任制。市农金改办召开专题会议，布置落实贷款责任制工作，强调"八个不准"的贷款禁令。随后，组织开展贷款责任制落实情况检查。

余姚信用联社建立了审贷分离、贷款风险测评、权限审批、贷款责任人等制度,执行效果良好。象山、宁海信用联社实行对新发放贷款造成不良状况的贷款,由贷款责任人按比例赔偿,使新发放的贷款质量有显著的提高。开展"双清"活动,层层落实任务,清收不良贷款和应收利息。各联社分季按月量化"双清"任务,落实到每个信贷员,对大额不良贷款落实专人负责清收。全年压缩不良贷款7.1亿元,完成目标的122%。

6月18日,经中国人民银行批准,宁波城市合作银行更名为宁波市商业银行。为化解历史包袱,建立了清收和转化不良贷款责任制,全年共起诉借款拖欠案232个,标的本金1.76亿元。出台《宁波市商业银行审贷分离管理办法》,开展信贷大检查和信贷工作竞赛活动,控制了不良贷款持续上升的趋势,不良贷款余额比年初下降2357万元。宁波市商业银行整合了市区17家城市信用社,从县(市)来说,城市信用社的风险如何控制,依然是一个难题。10月25日,国务院办公厅《转发中国人民银行整顿城市信用社工作方案》,要求通过清产核资,摸清城市信用社资产负债状况和风险程度,选择不同方式处置和化解金融风险,逐步建立有效的防范风险机制。

7月24日,人民银行宁波市分行召开银行联席会议。会议主题是:统一思想认识,知难而进,促进经济稳定增长。会议要求各银行抓住重点,审时度势,把握大局,抓住风险防范这个重点,确保金融稳定运行。在风险处置过程中,信托机构的风险已从不良资产聚焦到支付风险,为此,组织各方面力量,采取稳定资金来源、置换不良资产、调整资产结构、加强资产保全,把工作重点放在促使其风险自救上。对慈溪市租赁营业部,在撤销过程中协调上海浦东发展银行宁波分行承接其全部资产及债权、债务;对慈溪、余姚、宁海证券交易营业部,由于系越权审批而撤销,资产由承接和托管机构逐步清理。

针对1998年宁波经济增长回落的态势,在防范化解金融风险过程中，如何改进金融服务、支持经济发展，也是摆在金融部门面前的一项重要任务。10月16日，人民银行宁波市分行召开金融机构负责人会议，重点是贯彻落实中国人民银行总行制定的《关于改进金融服务，支持国民经济发展的指导意见》。实际上，经济增长回落的压力在年初已经有所反映。2月4日，中国人民银行发文要求确保支农信贷资金来源，加大农业信贷投入，加强对农业基础设施建设的信贷投入，加大对农业科技进步的支持力度，加大对高产、优质作物生产的信贷投入力度。4月7日，中国人民银行发文要求加大住房信贷投入，支持住房建设和消费，把住宅业培养为新的经济增长点。5月7日，中国人民银行货币政策司发文要求加快贷款进度、促进经济增长。5月26日，中国人民银行下发《关于改进金融服务，支持国民经济发展的指导意见》，就加大对农林水利的信贷投入、支持国有大中型企业在改革中发展、积极支持中小企业发展促进再就业工作、积极支持基础设施建设、支持对外贸易、改进对企业的综合配套金融服务等9个方面提出支持经济发展的指导意见，最后也提出坚持信贷原则、防范金融风险的要求。

在实际工作中，金融促发展的难度并不亚于防范和化解金融风险，但相比较，防范和化解金融风险的压力更大、责任更重。10月27日，人民银行宁波市分行成立清理整顿银行账外账及违规经营工作领导小组，全面部署清理整顿银行账外账及违规经营工作。国务院办公厅在8月10日下发的《整顿银行账外账及违规经营工作实施方案》中，要求人民银行加强监管，督促各银行将已查出的账外业务登记台账，单独造册，分清责任，分类处理，监督收回。同时，要求认真清理账外账收入去向，对已转移的收入和形成的资产一律收缴入账。而且明确：地方政府指使、强迫银行和邮政储蓄机构从事账外账及违规经营的，一经发现，要追究有关地方政府领导人的责任，直至撤职。8月11日，国务院办公厅又下发了《整顿乱集资、乱批设金融机构和乱办金融业务实施方案》，明确要按照"谁主管，谁整顿；谁批准,谁负责;谁用钱,谁还债;谁担保,谁负相应责任"的原则进行处理。

在应对亚洲金融危机中,外汇管理、检查、处罚的力度明显加大。7月1日,中国人民银行会同对外贸易经济合作部、国家外汇管理局,下发《关于打击套购汇行为有关问题的通知》,文件附了一份重要企业法定代表人和财务负责人签字并盖单位公章的回执,明确在什么时间收悉了这个文件,并保证:认真执行该文件规定,并严格遵守国家外汇管理法规,规范进口购付汇业务,对购付汇单据的真实性负责。为了惩治骗购外汇、逃汇和非法买卖外汇的犯罪行为,12月29日,第九届全国人民代表大会常务委员会第六次会议通过《关于惩治骗购外汇、逃汇和非法买卖外汇犯罪的决定》。与此同时,中国人民银行印发《关于对违反售付汇管理规定的金融机构及其负责人行政处分的规定》《关于加强境内金融机构外汇担保项下人民币贷款业务管理的通知》《关于严禁购汇提前还贷的紧急通知》。国家外汇管理局下发了《关于加强资本项目外汇管理若干问题的通知》《关于进一步加强出口收汇核销管理的通知》等一系列加强管理、加强检查、加大处罚力度的文件。宁波市外汇分局在执行中对20家企业进行立案查处,处罚金额657.9万元,并会同公安、工商部门联合开展打击外汇黑市活动。

11月9日,宁波召开全市金融工作会议,研究金融业面临的风险及成因,提出要有清醒的认识和采取切实有效的防范与化解措施,以保持金融业健康发展。市长张蔚文和人民银行浙江省分行行长谢庆健参加会议并作重要讲话。11月16日,根据《国务院批转中国人民银行省级机构改革实施方案的通知》决定,中国人民银行宁波市分行改称中国人民银行宁波市中心支行,隶属上海分行领导。

在金融改革、整顿过程中,开展了"万人评金融行风"活动,促进金融行风行貌改观。在改进金融服务上,全力推进宁波市电子资金实时清算系统工程,全市金融机构通力协作,在完成账户管理、票据管理、支付密码管理的清算系统简易模式试运行基础上,实施支付密码系统的运作。组织开发"银行信贷登记咨询系统",并于12月初推出商业银行信贷登记咨询系统,为商业银行的信贷决策、信息查询、信用信息共享搭建了一个基础性的平台。

第三节　经济增长继续回落：1999年

1999年,宁波市经济增长继续回落,全年实现国内生产总值1070亿元,增长11.0%;完成全社会固定资产投资318.9亿元,增长3.0%。全市金融机构人民币存款余额1008亿元,比年初增加153.6亿元,增长18%;人民币贷款余额773.5亿元,比年初增加115.4亿元,增长17.5%;保险业保费收入15.3亿元,增长14.3%。

1月19—22日,中国人民银行工作会议召开。戴相龙行长提出实行适当的货币政策。从字眼上说,货币政策没有"宽松"的提法,尽管有过"失控"的教训,也不提主动实施宽松货币政策。但"适当"两字,很快被"稳健"两字所替换。4月26日,中国人民银行行长戴相龙在中国企业高峰会上说,1999年将继续实行稳健的货币政策。

2月9日,人民银行宁波市中心支行组织召开市级金融机构负责人会议,传达贯彻中国人民银行总行工作会议和上海分行工作会议精神,副市长魏建明参加会议并讲话。在落实货币政策过程中,提出了金融要支持个私经济发展的要求。银行在全面走向商业银行市场化过程中,逐步认识到个私经济这片广阔市场的重要性。国有银行破除了"唯成分论",明确表示:无论是何种所有制类型的企业,只要符合贷款条件,具有还贷能力,能够给银行创造效益,就可以获得贷款。宁波市商业银行提出建立"市民银行"的理念,制定了《中小企业贷款管理实施细则》,并在经营计划中明确新增贷款的60%～70%用于个私企业。针对贷款审批权限过于集中、手续过于

繁琐问题,各银行在下放权限、简化手续上采取措施,向中小企业、个私企业敞开门户。鄞县先后成立了"中小企业贷款信用促进会""个私企业贷款信用维护会",克服中小企业、个私企业贷款担保难题。

3月24日,人民银行宁波市中心支行召开市级金融机构负责人会议,征求各金融机构对《创建宁波金融安全区三年规划》的意见。会后专题报告市政府,市政府批转这个规划,创建工作得到全社会的广泛赞同与积极支持。在"创安"工作实践中,地方政府起到了关键性作用,形成了"立足发展、积极稳妥、内紧外松、依法办事"的四项原则,并在指导金融工作上提出自觉按金融规律办事,尊重金融机构自主经营权,确保地方性中小金融机构的安全运行,切实维护金融债权,整治社会"金融三乱"等一系列具体措施。各金融机构在"创安"工作中发挥了基础性作用,以完善内控体系为立足点,从人事、稽审、监察、信贷、会计、计算机等方面入手,形成内部监督合力。人民银行宁波市中心支行在"创安"工作中发挥了核心推动作用,市、县两级人民银行和市级金融机构建立"创安"工作"一把手负责制"。建立了"分级监管、责任到人、人盯机构"的工作机制,把监督责任落实到人,先后出台《关于落实金融监管责任制的若干意见》《金融监管基础工作考核办法》等一系列制度,涵盖了金融监管责任制的考核、季度监管网络例会、重大金融事件快速上报、金融债权管理和货币信贷管理等内容。通过一年创建,高风险区域和高风险机构"风险源"得到有效控制与妥善化解,使宁波市从金融不安全区上升为次级安全区。

5月21日,中国人民银行上海分行吴晓灵行长与宁波市张蔚文市长就信托投资公司整顿工作进行专题调研,这也是创建宁波金融安全区重点要突破的一个难题。当时,宁波信托业经营日益困难,支付风险依然严重。具有法人资格的信托投资公司还有4家,包括宁波市全港信托投资有限责任公司、中信宁波公司、宁波国际信托投资公司、宁波东海信托投资有限责任公司，资产总额 49.62 亿元。随着清收力度加大，能收的基本已全部收回，剩下的资产清收难度越来越大，风险贷款余额 26.17 亿元。尽管全市信托机构通过资产保全、依法收贷、资产置换等途径盘活资产、筹措资金，努力进行了风险自救，但资产清收难度加大，新增资金来源几近枯竭，支付能力急剧下降，除全港信托外，另外 3 家需支付的各类负债 25.22 亿元。为此，采取各种措施，确保信托公司对个人性质的债务和外债的清偿，以维护社会稳定。

7 月 26 日，中国人民银行、国家经贸委、国家计委、财政部、国家税务总局联合下发《封闭贷款管理办法》。所谓封闭贷款，是指贷款人对因资产负债率较高、亏损严重等原因，按照正常条件不能取得贷款，但向政府决定救助的企业发放贷款。封闭贷款要求在企业采购、生产、库存、销售整个环节中资金能够封闭运行，贷款本息能够按期归还，企业生产能够循环周转。但在实施过程中，存在着资金"外流"而没有将资金全部封闭的问题，但确实也起到了"救死扶伤"的作用。在"救企业"过程中，还开展了企业不良资产剥离和债转股工作。工商银行宁波市分行审查、审批了 393 户企业，剥离不良资产 30 亿元，对宁波达利集团、镇海光华集团、余姚化纤集团实施债转股 3.5 亿元，对 21 户企业参与了企业兼并破产。建设银行宁波市分行剥离不良贷款 546 户，计 13.97 亿元，使不良贷款率大幅下降，资产质量在全国建行系统和全市金融系统中名列前茅。

农村金融领域，一方面，配合清理农村合作基金会，促使农村合作基金会顺利撤销、关闭，防止基金会风险向信用社系统转嫁；另一方面，开展农村信用社合作制规范化试点，为农村合作金融规范发展开好头。

从农村金融运行环境看，由于亚洲金融危机和国内经济低速运行，加上企业产品落后、科技含量低，使农村金融系统一度形成农村信贷萎缩趋势。为此，在全市农村信用社系统开展"百村、千厂、万户"大调查活动,以此改变信贷"朝南坐"的思维定式,树立信贷营销理念。在此基础上,在全市 127 个行政村中建立了村级农户贷款评议小组,评出了 33 个"信用村",架起了农村信用社服务"三农"的桥梁。"信用村"的评定,提高了农户的金融意识和信用观念,使其认识到"信用"就是农民走向市场经济、致富奔小康的"通行证"和"护身符",方便了农户贷款,有效解决了农民贷款手续繁、操作难的问题。同时,农村信用社系统重新确定业务定位,把中小个私企业作为信贷有效投入的主体,当年新增 9.9 亿元的中小个私企业贷款,占新增贷款总额的 70.79%,信贷结构向多元化、风险弱化的方向发展。全市出现无不良贷款、无应收利息、无经济案件的"三无"社 5 家,包括慈溪范市信用社、余姚丈亭信用社、慈溪长河信用社、慈溪掌起信用社、象山鹤浦信用社,为全市农村信用社系统加强管理、提高质量,起到示范引领作用。

在遏制通缩趋势的实践中,大力发展消费信贷被作为金融工作的一项重要任务。2 月 23 日,中国人民银行下发《关于开展个人消费信贷的指导意见》,提出各有关金融机构要抓住这次业务发展的战略性机遇,提高对消费信贷工作重要性的认识,把消费信贷业务作为新的业务增长点。宁波市金融系统积极响应,利用报刊、电视等新闻媒体进行多方位宣传、营销、推广。中国工商银行宁波市分行,以个人住房和汽车消费贷款为重点,积极开发和推广新的市场需求量大的消费贷款品种,相继推出了大额耐用消费品贷款、助学贷款、个人住房装修贷款、二手房买卖按揭贷款、商业用房按揭贷款、公积金贷款、组合贷款等产品。该分行成立了金融新产品开发推广领导小组,在分行二楼营业大厅开辟场地设立了开放式个人金融服务中心,为客户提供评估、保险、公证等一条龙服务。年末,该分行个人消费贷款余额 8.5 亿元。中国建设银行宁波市分行,建立了个贷事务中心,推出了个人住房抵押、装修、助学等 10 个消费贷款新产品,全年个人住房贷款新增 6.7 亿元,市场占比超过 60%。

在监管体系上，由于保监会分设后在宁波没有相应的机构，人民银行宁波市中心支行对保险业实施"代监管"方式。根据"市场行为与偿付能力监管并重"的监管原则，重点落实《保险公司偿付能力监管指标体系》《关于开展保险兼业代理人审核工作的通知》等监管规定。保险市场主体包括 3 个分公司、25 个支公司、28 个办事处，经营管理水平提高，全年实现保险业务收入 15.58 亿元，同比增长 9.31％。其中，人身保险业务收入 8.26 亿元，同比增长 13.68％，占比 53.05％。

7 月 1 日，中国证监会在宁波设特派员办事处后，着手开展对投资基金、证券交易中心、证券经营机构、期货公司的清理整顿工作。工行受益、中农信受益、国信受益等基金摘牌，但因金穗基金尚未摘牌，证券交易中心的关闭工作也相应延后。鑫源期货公司因管理混乱、挪用客户保证金严重而被停业整顿。对 31 家证券营业部重点解决挪用客户交易结算资金行为，在清理整顿的基础上，以宁波证券公司为主体的证券经营机制重组方案获中国证监会批准。

银行业经历了真实性检查、授权授信业务检查、对外担保和承兑汇票业务检查、贷款质量检查等频度高、覆盖面广的各种检查，先后有 2 名高管被取消任职资格，3 名被否决任职资格，金融违法违规高企势头得以遏制。同时，加大了政策支持力度，出台了《宁波市金融支持国有企业改革和发展的若干意见》，推出了"债转股""封闭贷款"的操作。出台了《金融支持个体私营经济发展若干意见》，组织金融机构参加由宁波市乡镇企业局召开的乡镇企业技术改造、科技创新项目洽谈会，39 家企业达成贷款意向 3.5 亿元。推动金融机构加快住房装修、汽车按揭和助学、旅游等消费信贷业务的实施进程，贷款支持了居民购房 1.98 万套，个人住房贷款余额 21 亿元，比年初增加 14 亿元。维护良好信用环境，制定了《宁波辖区金融债权管理制度》，确认了 8 家逃废债企业作为首批公开披露对象，在《宁波日报》上公告。银行信贷登记咨询系统在宁波开发、培训基础上，面向全国推广。

第四节　千年之交：2000 年

2000 年,是"九五"规划的最后一年,宁波市委、市政府要求金融系统全面贯彻落实中央关于扩大内需、促进发展的一系列政策措施。从货币政策来说,中国人民银行货币政策委员会提出了"适当增加货币供应量"的要求,重点是落实已经出台的政策措施,进一步发挥货币政策作用,处理好促进经济发展与保持金融稳定的关系。从信贷政策来说,中国人民银行货币政策委员会提出要着眼于完善货币政策传导机制,疏通信贷渠道,在加强贷款管理的同时,完善激励机制,提高金融运行效率。

从经济金融运行情况看,发展态势良好。2000 年,国内生产总值 1191.5 亿元,同比增长 12.5%(初步统计数,调整后为 12.0%);人民币存款余额 1172.9 亿元,比年初增加 164.9 亿元,增长 16.4%;人民币贷款金额 883.1 亿元,比年初增加 162.2 亿元,增长 21.0%。

金融如何支持外贸发展破题。中国银行宁波市分行首创出口退税质押贷款,年末余额 2.5 亿元,受到中国银行总行和对外贸易经济合作部的充分肯定。同时,该行实施"大外汇"战略,巩固和扩大外汇业务优势,进出口结算额分别达到 6.7 亿美元、29.4 亿美元,分别增长 53.5%、30.2%。2 月 17 日,中国人民银行出台《出口收汇考核试行办法奖惩细则》,明确商业银行对出口收汇荣誉企业的人民币贷款利率可以下浮 10%;对出口收汇荣誉企业来源于境外投资的利润或者其他外汇收益,可延长调回境内的期限;出口收汇荣誉企业的境外投资,可重复汇回利润保证金;为出口收汇荣誉企业在核销业务操作环节提供便利条件。这些金融支持政策,也促进了外贸形势的好转,出口创汇快速增长,全市银行累计结汇 45.9 亿美元,同

比增长 44.5％,累计售汇 22.0 亿美元,同比增长 39.7％,实现顺差 23.9 亿美元,同比增长 49.4％。

个人消费信贷在发展中出现"零首付"贷款产品。中国工商银行宁波市分行加大住房贷款的投放,把加快住房信贷业务发展作为信贷结构调整的重要举措。该行重点支持旧城改造项目,支持开发贷款与个人住房贷款的联动发展。中国建设银行宁波市分行的个人住房贷款业务占有量继续在全市各大银行中位居第一,当年新增 8.7 亿元,余额 19.8 亿元,市场占比 46％。全市金融机构个人贷款余额 66.91 亿元,比年初增加 38.13 亿元,增幅为 132.49％。其中,个人住房贷款余额 50.48 亿元,比年初增加 28.69 亿元,增长 131.67％。

清收不良资产举步维艰。辖内 4 家国有商业银行剥离不良资产 52.6 亿元后,仍有不良资产余额 77.1 亿元,不良资产率达 14.1％,当年不良资产减少 53 亿元,与剥离额基本持平。6 月 15 日,中国人民银行办公厅下发《加强金融机构依法收贷、清收不良资产的法律指导意见》,提出了 8 条法律措施,对逾期贷款进行催收,对建立贷款催收和不良资产清收责任追究制度提出了要求。9 月 25 日,中国人民银行下发《不良贷款认定暂行办法》,规范了不良贷款的认定标准和程序,为加强对信贷资产质量的监控,防范和化解信贷风险,提出了检查、监管的要求和处罚规定。据此,人民银行宁波市中心支行组成 32 个检查组,对辖内 187 家银行机构开展真实性检查,对辖区 36 家国有商业银行支行级以上机构贷款质量开展了真实性复查。在真实性检查中发现工商银行宁波市分行向 3 家企业大量违规开立信用证并引发倒逼贷款问题,农业银行北江支行也存在违规开立信用证形成巨额不良资产问题。为此,人民银行宁波市中心支行约见这两个行的分行行长谈话,通报存在问题,提出监管意见,责成其制定专门化解措施进行整改。

宁波金穗基金于 6 月 1 日摘牌后,关闭宁波证券交易中心。与

此同时,中国证监会宁波特派办积极促进宁波证券公司剥离不良资产,消化潜亏,归还挪用的客户保证金,兑付卖空的国债。11月9日,中国证监会批复同意宁波证券有限责任公司增资扩股方案,并更名为天一证券有限责任公司。针对宁波华联的巨额亏损和宁波华通的巨大风险因素,在宁波市政府组织协调下,进行了实质性的资产重组,两家公司变更了大股东,宁波轻工控股(集团)有限公司控股了宁波华通,中国银泰投资公司控股了宁波华联,使这两家上市公司的风险得到了控制,其中宁波华联扭亏为盈。2000年,宁波证券市场投资者开户数11.6万户,为历年开户数量最多的一年,累计开户数41万户,股票、基金年成交量为1186亿元,首次突破千亿元大关,比上年增加105%。

保险业改革力度加大。中国人民保险公司宁波市分公司建立了理赔中心、业务处理中心、财务中心这"三个中心",以市场为导向,改变经营管理模式。中国人寿保险公司宁波市分公司启动"四大中心"建设,在健全业务处理中心运行机制的基础上,建立了财务处理中心、信息处理和客户服务中心,以加强集约化经营管理。中国太平洋保险公司宁波分公司,以效益为中心,市场为导向,客户为基础,实行了工作创新、服务创新、机制创新、技术创新,实现保费收入3.75亿元,同比增长28%。中国平安保险股份有限公司宁波分公司,对客服中心进行改革,推出"一柜通"式服务。同时,顺畅的后援工作平台流程为一线的快速发展提供有力支持,包括契约承保流程、预算核算一体流程、理赔作业流程、保证金远程运作流程、柜面作业流程、品质管理流程、KPI管理流程、增员选择流程等。该公司全年实现保费收入3.93亿元,其中寿险保费收入3.52亿元,增长32.9%,产险业务保费收入增长13.56%。

对城乡信用社进行了整顿。中国人民银行宁波市中心支行抽调业务骨干,组成8个监管检查工作组,对城市信用社开展全面检查,实行分类处置。对37个高风险农村信用社,组织专题调查组,摸清风险状况,制定切实有效措施,消除风险隐患。宁波市商业银行在改革中,业务发展,不良率开始下降,年末存贷款余额分别为53.74亿元、33.35亿元,比年初分别增长16.20％、15.25％;不良贷款率为24.87％,比年初下降2.35个百分点。对城市信用社实行支付能力动态管理,切实做好支付风险防范工作,其中奉化锦屏城市信用合作社被改为奉化市锦屏农村信用合作社,其余7家分别研究制定了处置方案。农村信用社系统突出"发展、管理、效益"三大主题下措施,有6家信贷质量高、效益好的"三无"(无不良贷款、无欠息、无案件)社,在农村信用社系统起到示范引领作用。全年农村信用社存贷款余额分别为210.84亿元、163.35亿元,增长率分别为13.54％、17.24％。

法人外资银行风险开始显现,年末外资银行不良贷款率达17.88％,比上年提高3.18个百分点。其中,浙江商业银行不良贷款率高达45.92％,比上年上升15个百分点;宁波国际银行存放同业资金增加较多,也存在风险隐患。为此,人民银行宁波市中心支行制定了《防范和化解法人外资银行风险工作三年规划》,加强了对外资银行的监管。

股份制商业银行起步晚、网点少、市场占有率低,但发展快、业绩好、资产质量改善明显。7家股份制商业银行,包括交通银行宁波分行、上海浦东发展银行宁波分行、深圳发展银行宁波支行、中国光大银行宁波支行、广东发展银行宁波支行、招商银行宁波支行、中信银行宁波支行,存款稳步攀升,贷款大幅扩张,利润成倍增长,资产质量、利息回收率指标明显改善。年末本外币存贷款余额分别为161.53亿元、94.85亿元,分别比上年增长44.53％、54.05％;全年本外币实现利润1.37亿元,比上年增长100％;不良贷款率由年初15％下降至年末的9.83％。

为推进金融安全区建设,根据"创安"指标体系,人民银行宁波市中心支行对辖区金融机构年度、半年度"创安"工作进行了测评,

并向各金融机构进行了通报,督促其整改。根据"创安"工作的要求,人民银行宁波市中心支行认真制定和实施了《辖区防范和化解金融风险工作三年规划》。对法人金融机构,做到目标明确、措施具体、指导有力、工作扎实。加强对金融运行安全性的监测和分析,对辖内金融体系的薄弱环节和风险高发点进行全面排队摸底,对排查出来的突出问题,加以跟踪监管,采取切实有效措施消除风险隐患。

8月17日,中国人民银行上海分行行长蔡鄂生来甬调研,次日召开人民银行宁波市中心支行干部职工大会,宣布凌涛同志担任人民银行宁波市中心支行党委书记、行长的任命。凌涛行长在人民银行宁波市中心支行工作部署上,内抓队伍,外抓监管。8月22日,召开人民银行宁波市中心支行职业道德教育动员大会,组织中心支行全行干部职工深入开展"如何树立人民银行新形象"大讨论,深刻反思过去没有忠实履行央行职责的教训,找差距、提措施、抓落实。10—11月,针对浙江商业银行违规经营、风险突出、内控混乱等问题,组织进行全面现场检查。对宁波国际银行以现场检查方式,查实表内外业务风险的控制状况和该行对金光集团内企业的贷款等情况。对宁波市商业银行就完善法人治理结构提出人事并举的监管意见。10月27日,宁波市商业银行第一届董事会第十次会议讨论并通过了聘任陆华裕同志任宁波市商业银行行长的提议。

9月1日,"宁波市公用事业缴费一卡通"系统正式开通。此项工程,由银行业联合与公用事业单位合作,列入宁波市九大为民办实事工程之一。推出公共事业缴费"一卡通"业务,方便了市民缴纳固定电话费、移动电话费、管道煤气费、电费、水费、传呼费、房租费等费用。同时,支付清算的电子化取得新进展,开通实时清算系统,同城范围内电子联行往来账业务实现"天地对接"。信用信息电子化取得突破,由中国人民银行宁波市中心支行承担协助总行"银行信贷登记咨询系统全国技术支持中心"的各项工作,采取了"总行指导、宁波实施、全国受惠"的模式,为全国首批301个城市建立银行信贷登记咨询系统提供了技术支持。

11月30日,人民银行宁波市中心支行正式对外宣布撤销中信宁波公司、宁波国际信托投资公司、宁波东海信托投资有限公司,依法成立了各自的清算组,分别对被撤销机构进行清算。信托公司经过2年清理整顿,市场退出后,化解了当时宁波市金融业的最大风险源。宁波全港信托投资有限责任公司虽作为宁波市唯一保留的信托公司,但该公司不良资产的清理越来越困难,增资扩股、重新登记的工作迫在眉睫。

第五节 "十五"规划开局之年：2001年

2001年,是实施"十五"规划的起始之年。全年实现国内生产总值1312.69亿元,比上年增长12.1%;人民币存贷款余额分别为1444.53亿元、1051.56亿元,增幅分别达23.6%、21.3%。1月14日,国务院总理朱镕基在全国银行、证券、保险工作座谈会上强调:"金融系统要认真贯彻党的十五届五中全会和中央经济工作会议精神,真正把工作重点放在严格金融监管、加强内控机制上来,大力整顿金融秩序,进一步深化金融改革,努力建立现代金融管理制度。"

2月27日,人民银行宁波市中心支行行长凌涛、副行长袁亚敏,会商证监会宁波特派员办事处吕逸君主任,磋商建立中国人民银行宁波市中心支行、证监会宁波特派员办事处监管合作制度。3月12日,人民银行宁波市中心支行决定在全市金融机构开展信贷资金违规流入股市的检查。同时,证监会宁波特派办,组织开展了对辖内35家证券经营机构的经纪业务和天一证券公司的承销、自营业务的现场检查,检查面100%。从金融运行情况看,在2月、5月、7月,股票发行和交易活跃,大量企业资金滞留在资本市场,而新股停发、行情跌落时,资金又回到银行账户,由此也造成企业存款剧烈波动,稳

定性差。可见,资本市场与货币市场作为两种重要的金融市场,由于两者之间存在着较大的风险和收益差异,使资本市场参与者在追求风险利润的动机驱动下,将从货币市场、银行体系获得的资金投资于股市,加大了金融风险。为此,人民银行宁波市中心支行与证监会宁波特派办建立了定期磋商机制,一方面是防止股市风险渗透到货币市场与银行体系;另一方面也防范信贷资金违规流入股市而增加股市的泡沫风险。

4月13日,宁波市政府召开货币信贷政策沟通协调会议,常务副市长邵占维,分管副市长魏建明,人民银行宁波市中心支行行长凌涛、副行长袁亚敏,市级金融机构负责人参加了会议,会议重点是搞好信贷供需对接,认真落实已出台的各项货币信贷措施。从执行情况看,全市金融机构基本建设贷款余额156.6亿元,比年初增加40.0亿元,重点支持了天一广场中央商务区、高新科技园区、"同三线"沿海快速通道、萧甬铁路和市区交通网络,以及城市改造、城市绿化建设。金融支持外贸出口的力度加大,全年外贸类融资,包括外贸企业贷款、自营进出口企业贷款、进出口押汇、打包贷款余额45.7亿美元,比年初增加12.2亿美元。对145家企业核准开立了"出口退税专户",出口退税账户托管贷款余额15.0亿元,比年初增加11.3亿元。非国有企业贷款新增120.6亿元,占新增贷款总额的65.2%;个人消费贷款新增31.3亿元,占新增贷款总额的16.9%。

4月27日,中国人民银行行长戴相龙在金融服务工作会议上强调,要加快中央银行金融服务工作的改革和发展,开创金融服务工作的新局面,以保证中央银行更好地履行职责,带动和促进整个金融业提高服务水平,增强竞争能力,应对加入世界贸易组织的挑战。戴相龙行长提出,未来5年人民银行金融服务工作,要围绕提高效率和水平的目标,增强改革和服务意识,依靠科技进步和创新,建立全国统一共享的金融信息系统和现代化支付清算系统,实现银行卡的联网通用。据此,宁波市电子资金实时清算系统在稳步运行的基础上,加快了推广的步伐。7月份,慈溪、余姚两地加入了宁波市实时清算网络,实现在全市范围内除象山、宁海外的"同城化"。通过电子资金实时清算系统与电子联行系统的"天地对接",大大加快了资金汇划速度,使宁波电子联行业务量在全国各电子联行小站中名列前茅。在市政府、公用事业单位和银行系统共同努力下,"一卡通"的缴费范围不断扩大。稳步推进宁波市银行卡联网通用的工作进程,各发卡银行都成立了联网联合工作领导小组,推行统一的业务规范和技术标准。

5月17日,人民银行宁波市中心支行行长凌涛、副行长袁亚敏主持召开宁波市股份制商业银行改革座谈会。29日,凌涛行长一行赴宁波市商业银行调研,与该行行长陆华裕等共同研究地方性商业银行的改革发展问题。全年,宁波市股份制商业银行包括宁波市商业银行已有9家,市场份额扩大,不良资产实现"双降"。年末,9家股份制商业银行本外币存款余额336.82亿元,比年初增加121.55亿元,增幅56.46%;本外币贷款余额206.47%,比年初增加78.27亿元,增幅达61.05%;本外币存贷款市场份额分别达到21.70%、18.84%,比上年分别提高4.81和5.09个百分点。

6月25日,宁波市在农村信用社系统率先推出以土地和山林承包权证作抵押向农户和集体农业经济组织贷款的实施办法。土地承包权证由县级人民政府发放,县(市、区)农经委(农办)是办理权证的具体工作部门。山林承包权证由县级人民政府发放,县(市、区)林业局是办理权证的具体工作部门。在体制上,积极探索农村信用社改革,重点改革内部经营考核机制,由宁波市农村金融体制改革领导小组办公室出台"三公开、一讲评"的管理办法,即:任务目标公开,经营实绩公开,考核结果公开,每季在联社主任会议上对各联社的工作进行点评。全年农村信用社系统存款余额250.1亿元,比年初增加39.26亿元,增长18.62%;贷款余额185.66亿元,比年初增加22.25亿元,增长13.62%。

8月8—10日，中国人民银行戴相龙行长和上海分行胡平西行长来宁波调研。期间，戴相龙行长一行考察了鄞县农村信用联社，召开了中小企业金融服务座谈会，并就人民银行宁波市中心支行更好地履行央行职责提出了要求。为落实戴相龙行长在宁波调研时的讲话精神，全市金融机构加大了对中小企业的支持力度，全年中小企业新增贷款185.96亿元，占辖区贷款增量的87.77%，增幅达到35.48%。在农村信用社体制上，对江苏省成立省联社为全省性的一级法人改革模式的利弊做了分析，提出了建立县、市、省三级法人管理体制的建议，同时在省内率先开办了信用社系统市辖联行结算业务，并通过综合业务系统，实现了全市辖内农村信用社临柜业务操作微机化和储蓄业务的全市通存通兑。11月，中国人民银行批准了在鄞县信用合作联社的基础上组建"鄞州农村合作银行"的改革方案。

12月7日，中国人民银行人事司刘喜英副司长来宁波，宣布中国人民银行党委关于殷兴山同志任宁波市中心支行党委书记、行长的任命决定。为吸收与推广股份制商业银行在改革、创新与发展中的成功经验，次日殷兴山行长与人民银行上海分行副行长凌涛一起，赴浦发银行宁波分行调查研究。该行在提升服务品牌上，提出了"二线为一线，一线为客户，分行为基层，全行为客户"的理念，开展了"假如我是一个客户"大讨论，对分行内部机构进行功能性调整，对支行营销力量加以充实并加大考核激励力度，在不良贷款"双降"的基础上实现了业务、利润的持续快速增长。

切实加强和改进金融监管，是全年金融工作的重点。对不良贷款率控制目标完成情况进行持续跟踪监管，将目标完成不理想的银行业金融机构，列入重点监控对象，发出监管意见书，约见主要负责人谈话，以质询、检查方式，加大监管的频度与力度。建立各类报表及数据的定期审查分析制度，非现场监管资料分析与平时走访相结合，实现连续、实时、动态的非现场监管。以打击非法买卖外汇犯罪活动为切入点,先后 3 次组织集中"打击非法买卖外汇",在有关部门配合下,当场抓获非法买卖外汇嫌疑人 9 名,以此促进整顿外汇市场秩序。针对辖区金融机构中反响较大的存款市场秩序问题,开展专项检查,严肃查处违规建立存款专项奖,坚决制止辖内放弃账户、结算、信贷、现金管理制度,盲目迎合客户要求的不正当竞争行为。严厉打击和查处利用假币进行犯罪活动,全年共破获假币案件 36 起,在有关部门配合下,抓获涉案人员 15 名。

保险业发展迅速。全市产、寿保险业务总收入 26.95 亿元,比上年增长 50.38%。产、寿险业务之比为 36∶64,寿险业务突破国际保险业中寿险业务比重 60%的标准,成为宁波保险市场发展主体。保险创新产品大量涌现,中国人寿的分红保险、平安寿险的投资联结保险、太平洋保险的万能寿险等创新产品的保费收入占全市寿险业务总收入的 50%以上,成为寿险市场主要业务增长源。

第六节　经济增速回升：2002 年

2002 年,宁波经济增速明显回升。全年实现国内生产总值 1500.3 亿元,增长 13.2%,增幅比上年提高 1.1 个百分点,分别高于全国、全省 5.2 个百分点和 0.9 个百分点。金融机构存贷款增势良好,全市本外币存款余额 2033.79 亿元,比年初增加 475.85 亿元,增长 30.5%;本外币贷款余额 1554.36 亿元,比年初增加 427.52 亿元,增长 37.9%。

从宏观政策取向看,2 月 5—7 日,中央、国务院召开的全国金融工作会议提出,要充分发挥货币政策在宏观调控中的作用,进一步加大金融对经济结构调整和经济发展的支持力度。在 2 月 7—8 日的人民银行工作会议上,戴相龙行长强调要继续实行稳健的货币政策,进一步加大金融对经济发展的支持力度。同时要求促进国有独

资商业银行增强贷款营销观念,疏通货币政策传导机制;提出要增强市场营销观念,拓展信贷市场,完善贷款责任约束和激励机制,调动信贷工作人员营销贷款的积极性。2月20日,中国人民银行下发关于降低存贷款利率的通知,决定存贷款年利率在现行基础上平均各降0.25和0.5个百分点。

在此背景下,宁波市金融机构贷款总量超高速增长,增幅逐季走高。4个季度贷款同比增幅分别为22.1%、26.6%、35.6%、39.3%,发展势头强劲。从信贷资产余额占比变动看,房地产业增势最猛,贷款余额占比由年初的10.58%上升到13.67%,提高3.09个百分点。股份制商业银行的市场份额不断扩大,从增量看,已与国有银行旗鼓相当,平分秋色。全年股份制商业银行新增贷款159.45亿元,占全部贷款增量的38.2%,比上年同期上升12.6个百分点;国有独资商业银行贷款增量161.55亿元,占比38.7%,同比下降13.5个百分点。

在2月5—7日的全国金融工作会议上,强调金融工作的重中之重是加强监管,强调整个金融改革的重点是必须把银行办成现代金融企业,推进国有独资商业银行的综合改革。在银行业监管中,重点围绕"抓降"、抓监管,严格监督国有银行贷款质量五级分类管理办法的全面实施,完善不良贷款台账管理和清收情况监测。增强对重点机构、单笔大额不良贷款和大户贷款的跟踪监管、检查,关注新发放贷款的行业风险,对辖区不良贷款实行全方位、全过程监管。年末,国有银行实现不良贷款余额、不良率双降,不良贷款率为9.59%,比年初下降4.18个百分点。农业发展银行宁波市分行实行了信贷资产质量八级分类管理办法,建立了以效益、质量、发展、管理为重点的绩效考评体系,加大了人力费用分配与经营绩效的挂钩力度。对员工实行以定量为主、定性为辅,业绩为主、其他为辅的评价体系,对客户经理制定了绩效工资考核分配办法。农业银行宁波市分行对各支行实行了以利润为核心的工资总额分配方法,建立以岗位工资为主、绩效挂钩的工资制度。中国银行宁波市分行应用风险资本配置系统，建立贷款风险与收益的后评价制度。建设银行宁波市分行首次将不良资产内容纳入综合考核指标中，直接同经办行、经办人员（客户经理）的奖金挂钩，与分行行长、有关部门处长、支行行长的风险抵押金挂钩，贷款质量在全国建行系统和全市国有银行系统保持领先位置。

4月1日，人民银行宁波市中心支行研究决定对农村信用社推出三项制度，提出在3年内提高全市农村信用社的经营管理水平的目标，实施《农村信用社主任、联社主任经营行为考核评价办法》《农村信用社法人机构综合考核办法》《农村信用社分配制度改革指导意见》。28日，宁波市政府发出《关于加强对农村信用社的扶持力度促进农村经济社会发展的若干意见》，推出了加强对农村信用社扶持的6条实质性政策和措施。制度创新促进了合作金融的发展，全年实现了扭亏为盈，农户贷款、农户小额信用贷款、农户联保贷款分别是年初的79.29％、16.7倍和4.44倍；"信用村镇"从年初79个增加到253个，不良贷款实现了"双降"，高风险信用社减少了6家。鄞州农村合作银行的组建工作，顺利通过了中国人民银行总行的验收，并进入筹建及开业准备阶段。7月8日，根据宁波市政府关于撤销市农村金融体制改革领导小组办公室的决定，人民银行宁波市中心支行决定撤销市农金改办，成立信合办（农村信用合作管理办公室），作为人民银行宁波市中心支行内设处室，主要承担原市农金改办对农村信用社的行业管理职责。信合办成立后，以"抓改革、促发展、化风险"为工作重点，进一步发挥农村信用社的支农主力军作用。

7月7日，宁波市全港信托投资有限责任公司实行增资扩股，并获准重新登记。公司在原有股东基础上，新增股东4家，分别为天津环渤海控股集团有限公司、上海国有资产经营有限公司、上海爱建信托投资有限责任公司、上海爱建股份有限公司。公司注册资本由原来的人民币5700万元增至3.07亿元。经过机构重组、业务调整，

2002年该公司终于实现了扭亏为盈。5月9日,中国人民银行公布了修订后的《信托投资公司管理办法》。6月13日,中国人民银行公布了《信托投资公司资金信托管理暂行办法》。随着宁波市全港信托投资有限责任公司重新登记工作的推进和人民银行"两个办法"的公布,该公司加强了以资金信托为主要品种的信托新业务的研发工作,开发设计了国内首个有银行信誉担保的信托计划产品——宁波电力资金信托计划。在信托租赁业整顿过程中,浙江金融租赁股份有限公司鄞县办事处升格为宁波分公司。这一年,该分公司开局良好,全年共签订租赁合同40个,并与宁波市商业银行达成了全面合作框架协议,双方就流动资金贷款、项目融资、保险业务、票据、贴现、保函等业务合作进行了积极的尝试。

从中国证监会宁波特派办对天一证券公司受托投资管理业务的专项现场检查看,发现了一些风险隐患。8月1日,天一证券有限责任公司总部迁至上海,在金贸大酒店召开"天一证券迁沪新闻发布会"。上海证券交易所总经理朱从玖,上海期货交易所总经理姜洋应邀参加。但是天一证券存在的问题远非"迁沪"可解决的,资本金、资产规模低于全国券商平均水平,其抗风险能力、市场竞争能力、规模效益明显不足。全年公司实现利润11987万元,净资产收益率7.13%,经济效益在业内排名从上年度20位上升到第4位,但盈利结构不合理。该公司重新审视了中长期发展战略,提出以打造金融控股集团为目标,并积极筹建天一证券经纪公司和天一证券投资银行公司。

8月1日,中国人民银行下发《关于进一步加强对有市场、有效益、有信用中小企业信贷支持的指导意见》,从组织体系、评级和授信制度、审批权限、贷款营销,到合理确定贷款期限和额度、提高信贷工作效率、努力开展信贷创新等诸多方面,提出了解决中小企业贷款难的具体措施。8月21日,中国人民银行与对外贸易经济合作部联合下发《关于进一步加强银贸协作促进对外经济贸易发展的指导意见》,在促进出口退税账户托管贷款,加大针对外经贸企业特点的金融产品和服务方式的创新力度,以及调整、简化、规范外汇管理政策措施等诸多方面,提出了促进对外经济贸易和银行业务共同发展的具体措施。为此,宁波市金融机构对中小企业外贸出口支持力度加大。年末,金融机构对中小企业贷款余额1090.1亿元,比年初增加325.1亿元,中小企业贷款余额在全部贷款余额中占比81.5%,比年初提高7.5个百分点。支持外贸出口方面,全市金融机构出口退税账户托管贷款余额60.53亿元,比年初增加44.2亿元,增长270.7%。同时,金融机构的票据业务发展迅猛,年末票据承兑、贴现余额分别为135.63亿元、98.80亿元,增幅分别达171.4%、142.3%。

保险业改革深化,保险市场主体增加,保险竞争日趋激烈。按照中国人民保险公司总公司股改办方案的要求,人保宁波市分公司股改办做了大量细致的基础性工作,配合毕马威会计师事务所、中资评估公司、金杜律师事务所等中介机构,开展了审计、资产评估和法律尽职调查等工作,理清了家当,摸清了底细,为顺利推进体制改革做了充分的准备,同时也为加强管理奠定了良好基础。该分公司全年实现保费收入6.64亿元,同比增长9.73%。中国人寿保险公司宁波分公司扭转了市场竞争被动局面,全年实现保费收入7.82亿元,同比增长40.4%;寿险市场份额为39.16%,比上年提高6.82个百分点,赢得了市场竞争的主动权。太平洋保险公司全面完成产寿险分业改革任务,太平洋财产保险股份有限公司宁波分公司全年实现保费收入2.8亿元,同比增长13.8%。太平洋人寿保险股份有限公司宁波分公司,挂牌运行第一年,完成人身险保费收入4.01亿元,个险业务在全国性的竞赛中体现了实力。在寿险总公司系统举行的"百团大战"标准化团队业务竞赛中,有5个业务部进入全国百强行列。在年末大会战中,个险综合得分在小组赛中名列第一,全国名列第二。中国平安财产保险股份有限公司,广泛借助社会力量,实现展业方式和渠道多样化,打造销售渠道竞争优势,连续两年保费收入增幅超过 45％。中国平安人寿保险股份有限公司宁波分公司引入了"礼贤"业务员甄选系统（LASS），启用了预算电子签报系统，核保核赔系统通过了 ISO9001 国际认证，全年实现寿险保费收入 7.32 亿元，增长 8.79％。大众保险股份有限公司宁波分公司，创出新品牌，提高市场占有率，全年实现保费收入 7539.6 万元，同比增长 2 倍。天安保险股份有限公司顺利通过瑞士 SGS 公司 ISO 国际质量体系认证，该分公司以"更及时、更全面、更专业、更道德的服务，建设中国财产保险第一品牌"作为经营理念，实现保费收入 2800万元。泰康人寿保险股份有限公司宁波分公司积极推广以"健康、幸福、美满、时尚的新生活家庭价值观"为核心品牌的理念，树立亲和形象，全年实现保费收入 4848.48 万元。新华人寿保险股份有限公司宁波分公司于 4 月 26 日开业，全面推行时效管理，实行限时服务承诺制，全年实现保费收入 3282 万元。

第三章 再回高位运行平台

(2003—2007)

第一节　房市大牛之年：2003 年

2003 年，宁波经济增速再回高位运行平台。全市国内生产总值 1769.9 亿元，比上年增长 15.3％，增幅为 6 年以来最高。金融机构存贷款余额分别为 2764.3 亿元、2223.02 亿元，分别比年初增长 35.9％、43％。不良贷款继续"双降"，不良贷款率为 4.95％，比年初下降 3.8 个百分点，本外币不良贷款额减少 25.2 亿元。

房地产供需两旺。全年完成房地产开发投资 184.3 亿元，占全社会固定资产投资的百强之一，增幅比全社会固定资产投资高 7 个百分点。其中，住宅占房地产开发投资比重 74.3％。新开工房屋面积 1029.7 万平方米，增长 62.2％，其中住宅面积 831.1 万平方米，增长 66.1％。竣工面积 632.3 万平方米，增长 44.2％，其中住宅面积 526.6 万平方米，增长 54.4％。全年销售面积 537.6 万平方米，增长 39.9％，其中住宅销售面积 455 万平方米，增长 48.4％。

6 月 5 日，中国人民银行下发《关于进一步加强房地产信贷业务管理的通知》，提出：对未取得土地使用权证书、建设用地规划许可证、建设工程规划许可证、施工许可证的项目，不得发放任何形式的贷款；房地产开发企业申请银行贷款，其固有资金（指所有者权益）应不低于开发项目总投资的 30％；对土地储备机构开放的贷款为抵押贷款，贷款额度不得超过所收购土地评估价值的 70％，贷款期限

最长不得超过 2 年;商业银行只能对购买主体结构已封顶住房的个人发放个人住房贷款,对借款人申请个人住房贷款购买第 1 套住房的,首付款比例执行 20% 的规定,对购买第 2 套以上(含第 2 套)住房的,应适当提高首付款比例;借款人申请个人商业用房贷款的抵借比不得超过 60%,贷款期限最长不得超过 10 年,所购商业用房为竣工验收的房屋;对借款人申请个人住房贷款购买房改房或第 1 套所住住房的(高档商品房、别墅除外),商业银行按照中国人民银行公布的个人住房贷款利率(不得浮动)执行。

《关于进一步加强房地产信贷业务管理的通知》(以下简称《通知》)发布后,人民银行宁波市中心支行加强与市建委等部门合作,先后两次召开房地产金融联席会议,并联合市建委共同出台《关于规范个人二手房贷款管理的意见》。《通知》的贯彻,对遏制房地产信贷市场过猛的发展势头有一定效果,但土地货币化、住宅商品化,使得房地产贷款的数量持续增长。全年各类房地产贷款余额 371.37 亿元,新增 98.22 亿元,占当年人民币贷款新增额的 15.75%。

4 月 26 日,第十届全国人民代表大会常务委员会第二次会议通过《关于中国银行业监督管理委员会履行原由中国人民银行履行的监督管理职责的决定》。7 月 7 日,中国银行业监督管理委员会召开派出机构负责人会议,宣布成立省银监局、自治区银监局、直辖市银监局和大连银监局、青岛银监局、宁波银监局、厦门银监局、深圳银监局筹备组。袁亚敏同志任宁波银监局筹备组组长。12 月 5 日,中国银行业监督管理委员会纪委书记王松鹤来宁波宣布宁波银监局领导班子,袁亚敏同志任宁波银监局党委书记、局长。

4 月 8 日,经中国人民银行批准,鄞州农村合作银行作为全国首家农村合作银行正式挂牌开业。鄞州银行的成立,是农村信用社体制改革的一次有益探索,它既坚持了合作制原则,又吸收了股份制的一些有益的运作机制,在股权结构设计上大胆创新,设置了"资格股"和"投资股"两种股权,既突出了合作制广泛性与群众性的特点,又考虑到发挥股东监管制约作用,防止内部人控制的问题。在法人治理方面,吸收了股份制的特点,使"所有权、经营权、监管权"相分离,确立了"股东代表大会"为最高权力机构,对董事、监事、高管的产生程序、构成比例做了较为科学的制度安排,基本上解决了过去合作金融所有者缺位的问题。8月8日,国务院召开深化农村信用社改革试点工作座谈会。中央政治局常委、国务院副总理黄菊在讲话中强调,按照"明晰产权关系,强化约束机制,增强服务功能,国家适当扶持,地方政府负责"的改革总体要求,试点工作必须牢牢抓住产权制度和管理体制改革两个重点,坚持为"三农"服务的宗旨,实行因地制宜,分类指导,牢牢把握市场取向的改革方向,把责权紧密结合起来,充分发挥各方面积极性。在改革过程中,"信用村镇"建设进一步推进,信用社支农力度加大。年末全市共有"信用村镇"344个,比年初增加91个,农村信用社系统农贷余额62.5亿元,比年初增长89.1%。

外资银行法人治理结构和内控方面问题突出,存量风险化解取得进展。宁波国际银行收回了被股东行占用的资金5003.4万美元,支付了信用证欠款2540.7万美元,表外为关联企业提供的担保下降9977.5万美元,对金光集团的授信余额与资本的比例由年初的347.47%下降到年末的223.22%。浙江商业银行股权重组启动。6月份,中国银监会复函浙江省人民政府,原则同意浙江省人民政府对浙江商业银行股权重组。浙江省人民政府随即成立了浙江商业银行筹建协调工作小组。

11月14—16日,宁波金融产品展示会在市新闻文化中心举行,全市33家金融机构参加展示会。人民银行宁波市中心支行殷兴山行长主持开幕式,市长金德水宣布展示会开幕。在个人金融业务上,形成了面向高端客户的财富管理型产品体系。在外汇业务上,推出了外汇理财、福费廷、远期结售汇、进口押汇、外商投资项下资本金结汇等新型产品。在代理业务上,以"国债、基金、保险"等高收益业务为发展重点,积极推广营销"银证通""银期通""银保通"等新产品。利用网络优势,向优质大型客户积极营销现金管理、理财 e 站通、网络结算、集团账户管理、资金清算管理等业务。中国人民财产保险股份有限公司宁波分公司在财险销售领域成功引入寿险营销机制。9 月 1 日,中国人民财产保险股份有限公司宁波市分公司电子商务网站投入运行,开通了机动车辆、金锁和金牛 3 个险种的投保和保单验真业务。中国人寿保险股份有限公司宁波分公司推广了"客户需求分析和产品组合销售"技术,提高了人均新单保费。太平洋人寿保险股份有限公司宁波分公司通过深化完善信息技术管理和应用,顺利开发出团险"基本法"综合管理系统,实施了核保核赔系统上线、银保通上线、营销查询系统升级。太平洋财产保险股份有限公司宁波分公司重点推介了航意险、学平险、医疗责任险、旅游责任险等短意线产品。中国平安人寿保险股份有限公司宁波分公司以"少年儿童平安大行动"等活动载体,推进公司品牌建设。

12 月 23 日,宁波市外管、海关、外经贸联合协作工作会议召开,宁波市汇、关、贸协作制度正式启动。外汇局积极稳妥地组织实施境外投资外汇管理改革试点,会同外经贸部门研究制定工作方案,支持辖区企业"走出去",全年共受理境外投资企业外汇资金来源审查业务 25 笔,涉及金额 2500.9 万美元,笔数和金额均列全省各地市之首。改进经常项目管理,取消部分进口付汇备案类别,简化预付货款项下售付汇审核手续,及时调整公布对外付汇进口单位名录,顺利完成原进口报关单核查系统的迁移切换工作。推出"出口收汇核报系统",实现了出口收汇从逐笔到批量乃至总量核销的过渡。鼓励银行外汇业务创新,积极向全市出口企业推介出口押汇、福费廷、转让信用证、保现等出口项下外汇融资工具。完善分类管理,对镇海炼化、亚洲纸浆、台塑等重点特大企业外贸开辟绿色通道,实行政策倾斜。规范服务贸易外汇管理,放宽真实性购汇限制,调整预算外企事业单位出国人员在境外商务活动的用汇政策和标准，满足企业和个人的正当用汇需求。

11月23日，天一证券有限责任公司召开首届董事会第八次会议。会议审议了《关于戴波先生辞去公司总裁职务的议案》《关于林益森先生辞去公司董事长职务的议案》。选举沈国军先生为公司董事长，根据沈国军董事长的提名，决定聘任胡兴定为公司总裁。从当时证券市场的形势分析，仍以低速为主调，风险未尽，制约犹在，竞争激烈，举步维艰，经营环境十分严峻。年内证券市场经历了价值投资理念洗礼，加之受托资金的引资成本提高，天一证券有限责任公司因有的项目运作承受了较大压力。尽管公司千方百计保持项目正常运作，努力保证受托资金的正常回笼，但如何有效防范市场风险仍面临很大挑战。尽管自营部门通过加强投资组合的运作，调整、盘活存量，但历史遗留问题的解决仍有很大难度。中国证券监督管理委员会宁波监管特派员办事处在抓风险的防范和化解上采取了一系列措施。4—11月，对证监会指定的包括天一证券有限责任公司在内的证券公司、证券营业部进行现场检查，对存在的问题及时监管整改。同时，努力控制新的风险因素，建立了以净资本为核心的风险预警制度，及时掌握客户保证金的变化，及早把经营风险揭示出来。实施分类监管，将所有证券营业部分成A、B、C三类，将经营上存在一定问题及风险隐患或亏损的C类机构，作为重点跟踪监管对象，努力把违规遏制在萌芽状态。及时制止客户交易结算资金挪用问题。及时下发《关于宁波辖区证券经营机构严格执行"三条铁律"的若干意见》，严禁挪用客户保证金、客户委托的资产和托管的债权，维护市场正常交易秩序。人民银行宁波市中心支行与证监会宁波特派办共同采取了协同监管的措施，及时解决"银证通"存在的问题，共同维护辖内正常有序的证券交易秩序。

12月4日，人民银行宁波市中心支行下发《宁波市非通用性支付密码器更换的指导意见》。宁波市实时清算系统实施了升级改造,从纸质票据信息转化为电子信息,以支付密码代替印鉴核定,使日均 700 亿元资金实现了票据的电子交换和资金的实时清算。完善了同城票据清算系统,加强了系统的权限管理、通信文件的数字签名等安全措施,并增加了统计和报表输出等功能。

第二节 "一行三局"共签合作备忘录:2004 年

2004 年,宁波市以加快推进先进制造业基地建设和提升港口功能为引领,区域经济在宏观调控中保持较快增长态势。全市实现国内生产总值 2158.04 亿元,比上年增长 15.5%。其中,工业增加值 1086.75 亿元,比上年增长 16%;进出口总额 261.13 亿美元,比上年增长 38.8%。存贷款从高速增长转为平稳运行,全市金融机构本外币存款余额 3230.68 亿元,比年初增长 16.87%,增幅比上年回落 19.05 个百分点;本外币贷款余额 2603.69 亿元,比年初增长 17.2%,增幅比上年回落 25.79 个百分点。

3 月 1 日,中国证券监督管理委员会宁波监管特派员办事处更名为中国证券监督管理委员会宁波监管局,局长吕逸君。上市公司经受了证券市场风险集中爆发的考验,稳步发展。全年 20 家上市公司实现主业收入 768.89 亿元,利润 60.23 亿元,分别增长 25.08%、64.79%。其中 18 家 A 股上市公司实现主业收入 356.74 亿元,利润 21.84 亿元,分别增长 11.12%、10.65%;平均实现每股收益 0.29元,平均净资产收益率 9.79%,分别比全国平均水平高 20.33%、8.78%。全市 20 家拟上市公司中,民营性质的企业 18 家,涉及交通、建筑、外贸、电子等行业,其中年内新增的 5 家拟上市公司均为民营企业。从全国情况看,2004 年股市低迷,证券全行业亏损,但宁波证券营业部经纪业务仍取得较好业绩。全市 29 家证券营业部实现手续费收入 22677 万元,营业收入 25501 万元,利润 5927 万元,分别增长 38.41％、18.06％、55.26％。全市 7 家期货经营机构手续费净收入 2052 万元，同比增长 1.35 倍；利润 466 万元，同比增长 11.3 倍。

5 月 1 日，中国人民银行对外发布一季度货币政策执行报告，指出：一季度国民经济继续保持较快增长的势头，但经济运行中固定资产投资过快增长等矛盾没有得到有效缓解，通货膨胀压力加大，外汇流入继续增加，货币信贷增长仍然偏快，金融调控任务艰巨。报告还指出：下一阶段稳健货币政策的取向是适度从紧，要防止急刹车，避免大起大落，促进经济平稳发展。从这个货币政策执行报告的表述来说，稳健货币政策是一个包含适度宽松、中性、适度从紧的区间，适度从紧的政策取向仍属稳健货币政策范畴，防止急刹车，避免大起大落。

从房地产业发展情况看，全年商品房销售价同比上涨 13.9％，涨幅比上年回落 2.7 个百分点，但仍居高位。其中，住宅上涨 14.8％，同比回落 1.4 个百分点，但别墅涨幅 13.7％，同比提高 3.7 个百分点。房价持续上涨带来的财富效应、示范效应和羊群效应，对于房地产价格的连续上涨起到了持续放大的作用。根据人民银行宁波市中心支行对 6 月末在市区各银行办理 2 套以上住房贷款的 601 人调查统计，办理 4 套以上的 45 人，最多的 1 人贷了 10 套。另一项调查表明，全市 23.4％的家庭拥有 2 套以上住房，其中出于投资目的购房比重占 31.4％。由于房价上涨，房地产贷款一度成为优质信贷资产，年末全市金融机构自营性房地产不良贷款率为 0.84％，低于全辖金融机构本外币贷款不良率 1.85 个百分点。

5 月 13 日，中国人民银行转发国务院办公厅对电石和铁合金行业进行清理整顿若干意见，文件要求人民银行分、支行抓紧对辖区内各金融机构对电石、铁合金行业贷款投放情况进行摸底调查，加快建立和完善适合辖区特点的信贷风险预警控制体系。在贯彻执行过程中，结合贯彻落实《国务院办公厅转发发展改革委等部门关

于制止钢铁电解铝水泥行业盲目投资若干意见的通知》《关于进一步加强产业政策和信贷政策协调配合控制信贷风险有关问题的通知》《关于印发浙江省信贷投向指引的通知》等文件,银行业信贷退出机制逐步形成。据135家信贷退出样本企业调查,有31家属于国家产业政策禁止进入和限制进入行业的企业,占样本总数22.96%,退出金额10.49亿元,占样本总额的40.18%。另外,也有因信用等级较低,风险隐患较大,或者综合贡献度低、财务风险大,不符合银行整体发展战略而实施信贷退出。宁波银监局对开发园区贷款、房地产贷款、集团企业授信等突出问题开展检查,对在建和拟建项目固定资产贷款予以清理,促使银行业实施信贷退出制度,并建立了退出客户名单通报制度。

8月6日,中国保险监督管理委员会宁波监管局挂牌成立,谢宪任宁波保监局局长。宁波保监局成立后,针对先前宁波保险市场存在的一些恶性挖墙脚、诋毁同业等违规现象和行业自律薄弱、市场秩序较差的实际状况,召开全市规范保险市场秩序大会,公开通报了有关查处情况,分析了市场不规范、不公平竞争现象,发出了加强监管力度、规范市场秩序的强烈信号,及时消除和抑制带倾向性的违规现象与恶性竞争行为。全年实现保费收入47.1亿元,同比增长22.1%,其中财产险保费收入19.1亿元,同比增长44.3%,高于全国19个百分点。另外,寿险业务增幅高于全国1.65个百分点,意外险业务增幅高于全国45个百分点。

11月17日,人民银行宁波市中心支行和宁波银监局、证监局、保监局召开"一行三局"业务合作备忘录签字仪式暨首次联席会议。业务合作备忘录确定了辖区金融管理部门在金融政策的沟通协调,在信息资源方面的交流共享,监管工作的协调合作,以及重大事项的沟通与紧急磋商机制,为维护金融稳定建立了一个良好的工作机制。充分挖掘并利用同城票据电子交换系统的数据资源,借助技术手段,对该系统的支付交易数据进行定期收集、分析和处理。对大额和可疑外汇资金交易数据进行认真筛选、甄别、分析、核查，建立辖内反洗钱"关注名单""黑名单""白名单"数据库。

农村信用社改革全面启动。10月10日，浙江省农村信用联社联合社宁波办事处挂牌成立，主任张初础。按照"明晰产权关系，强化约束机制，增强服务功能，国家适当扶持，地方政府负责"的改革总体要求，全市农村信用社紧紧抓住产权制度和管理体制改革两个重点，坚持为"三农"服务宗旨，根据准入条件，因地制宜。3家联社实行二级法人改革，3家联社实行一级法人改革，2家联社按农村合作银行进行改制。在改革中，取得央行专项票据94149万元。利率定价机制得到有益探索，全市农信社对纯农业（粮、棉、油）贷款利率按同档次利率上浮0～30％；一般农户贷款利率按同档次利率上浮30％～60％；农村工商企业贷款利率按同档次利率上浮0～80％。贷款利率浮动区间扩大，增强了农村信用社经营活力，农村信用社根据不同地区、不同行业、不同客户的风险等级实施不同的利率政策，在规定的贷款利率浮动区间内，灵活运用利率杠杆开展贷款营销。央行允许农村信用社在基准利率0.9～2倍之间浮动，实现执行普遍在1～1.5倍之间，并对农户贷款给予优惠，体现农村信用社信贷支农的宗旨。

12月17日，象山县绿叶城市信用社有限责任公司挂牌运营，总经理樊虹国。这是浙江省第一家经过增资扩股改革成有限责任公司的城市信用社。经过增资扩股，该金融企业的资本金从改革前的526.9万元，增加到1.39亿元。在新的股份结构中，法人单位17家，自然人32个，单体投资者最高占有股权比例为10.79％，资本充足率为29.83％，年末存贷款余额分别为5.34亿元、3.83亿元。

浙江商业银行的重组转制，从外资金融机构到股份制商业银行，在全国是首例。6月30日，经中国银行业监督管理委员会核准，中国银行、南洋商业银行和交通银行3家股东分别将所持有的浙江商业银行全部股权转让给浙江国信控股集团有限责任公司，浙江国信控股集团有限责任公司将受让股份的部分分别转让给中国万向控股有限公司等12家企业，通过增资扩股方式，浙江商业银行的公司组织形式从有限责任公司变更为股份有限公司，股东15家，注册资本150073万元，其中13家股东为民营企业，民营资本占85.71%。总行从宁波迁至杭州，名称变更为浙商银行股份有限公司。8月18日，浙商银行总行在杭州新址正式开业。在原浙江商业银行原址筹建浙商银行宁波分行，于12月22日正式开业。

宁波市商业银行实施增资扩股。新增资本金13.8亿元，增资后实收资本18亿元。其中宁波市财政局股本额2.7亿元，占15%；本行经营者及员工股本为3.6亿元，占20%；宁波杉杉股份有限公司、雅戈尔集团股份有限公司、宁波富邦控股集团有限公司、宁波华茂集团股本额各为1.62亿元，各占9%；宁波三星集团股份有限公司股本额为1.34亿元，占7.46%；宁波韵升股份有限公司股本额为0.6亿元，占3.38%；其他股东股本额为3.26亿元，占18.16%。

第三节　金融生态环境全国排名第二：2005年

2005年，是"十五"规划的最后一年。根据中国社会科学院金融研究所《中国城市金融生态环境》报告，宁波排名居全国第二。全市实现生产总值2446.4亿元，比上年增长12.5%。金融业保持了稳定的增长，年末金融机构本外币各项存款余额3915.95亿元，增长21.2%；本外币贷款余额3089.36亿元，增长18.7%。保费收入51.18亿元，同比增长9.7%。其中，财产险保费收入22.32亿元，同比增长19.38%；寿险保费收入24.37亿元，同比增长2.29%；意外险保费收入1.66亿元，同比增长9.89%；健康险保费收入2.82亿元，同比增长7.85%。

为期3天的中国人民银行2005年工作会议，1月6日上午在南宁闭幕。周小川行长强调要进一步推动地区金融生态环境的改善。他说，随着社会主义市场经济体制不断发展，法制建设不断完善，金融机构内部改革日益深化，中国人民银行实施金融调控的环境和条件都发生了深刻变化。他要求人民银行各分、支行要站在全局和宏观的高度，深刻认识和准确把握这种变化对人民银行工作的新要求，更新观念，改进方式方法，加强与地方政府和有关部门的沟通，把促进改善区域金融生态环境作为人民银行各分支机构为地方经济发展服务的重要内容。

人民银行宁波市中心支行在打造良好金融生态过程中，着眼于解决改善金融生态与发展地方经济的互动相容问题，深入研究地方政府考核机制，促请市政府将改善金融生态、在异地投资和企业转制过程中落实好金融债券，以及把金融贷款不良率控制在5%之内作为对县（市、区）政府考核的重要指标。9月份，组织开展了以媒体宣传、文艺会演、现场咨询等多形式的金融生态环境宣传月活动，取得明显成效。

随着房地产调控重点由房地产投资规模转向房地产价格，调控手段从供需双侧进行双向调节，宁波市的房地产市场调控效应显现，房地产景气回落。至9月底，全市完成房地产开发投资175亿元，增长11.3%，同比回落32.7个百分点。房地产投资固定资产投资的比例为19.46%，同比下降2.55个百分点。第三季度全市房地产企业景气指数94.12，比上年同期减少21.67点，自1999年设立房地产企业景气指数以来首次进入不景气。市场交易清淡，新开楼盘的预售期明显延长，商品住房新开工面积和销售面积比逐季增大，第一季度为0.93：1，上半年为1.39：1，前三季度为1.75：1。第二季度宁波市房屋销售价同比上涨6.2%，首次低于全国平均涨幅的1.8个百分点；第三季度全市房屋销售价同比上涨4.2%，在35个大中城市排列28位。随着房地产市场步入调整期，房地产各项贷款、自营性住房开发贷款和自营性个人住房贷款余额增速持续下

降。在加息和升息预期的双重作用下,个人住房贷款发放增幅放缓,借款人提前还款量上升。从房地产贷款月增量情况看,6 月份仅相当于 3 月份的 32.4%,相当于 1 月份的 16.3%。

7 月 21 日,中国人民银行发布《关于完善人民币汇率形成机制改革的公告》:自 2005 年 7 月 21 日起,我国开始实行以市场供求为基础、参考一篮子货币进行调节、有管理的浮动汇率制度。人民币汇率不再盯住单一美元,形成更高弹性的人民币汇率机制。从人民银行宁波市中心支行对 26 家企业调查情况看,企业在就业人数增减上开始出现分化,但没有企业认为汇率是影响就业人数的原因;50% 的企业认为主因是企业发展前景不同所致,3.8% 的企业认为是由于销售收入的变化,11.5% 的企业认为是由于劳动就业政策的变化。汇改对进出口有一定影响,但总体上说,宁波对外贸易又上了一个新台阶,全年实现进出口总额 334.9 亿美元,比上年增长 28.5%,其中出口 222.3 亿美元,增长 33.5%,进口 112.6 亿美元,增长 19.6%。

中国银监会于 9 月份先后颁布了《商业银行个人理财业务管理与实施办法》和《商业银行个人理财业务风险管理指引》,对商业银行个人理财业务加以引导。随着居民家庭的财产数量日益增加,个人理财业务逐渐成为商业银行新的市场竞争焦点。总体来说,国有商业银行发展较为稳健,而股份制银行为扩大规模,提升品牌,理财业务普遍开展较快。兴业银行宁波分行和光大银行宁波分行,全年累计销售额分别为人民币理财产品 6.71 亿元、6.29 亿元,美元理财产品分别为 461 万美元、2830 万美元,在宁波形成品牌和规模效应。个人理财产品的研发、定价、风险管理、资金运用等环节集中于各商业银行总行,宁波辖内分、支行负责营销工作。尽管宁波发售的理财产品种类繁多,但同质化现象严重,在竞争中打"价格战",风险提示与信息披露不足。

6 月 3 日,人民银行宁波市中心支行下发《宁波辖区市级金融机构综合评价管理办法》,探索了基层央行对金融机构实施管理的新举措。银监局分设后,人民银行宁波市中心支行对金融机构的管理涉及货币信贷、金融稳定、反洗钱、外汇管理、征信管理等诸多方面的日常管理和执法检查。从管理对象来说,既涉及金融机构,又涉及企业和个人。如何把央行的管理资源加以整合,以提高管理效能,疏通政策传导,从开业管理到营业管理,从综合检查到综合评价,形成系统,增强合力,是一个需要在实践中积累经验、探索"抓手"的问题。为此,人民银行宁波市中心支行全年先后对310个金融机构、企业和个人实施检查监督,行政处罚1319.46万元,并对市级银行类金融机构13个与央行政策和工作有关的管理项目进行了记录、量化计分,在此基础上进行综合评价。

证监局在推进上市公司股权分置改革、促进上市公司提高质量以及推进证券公司综合治理等方面采取了一系列改革与监管措施。组织召开宁波市上市公司股权分置改革与规范发展座谈会,并组成三个专题小组,逐家推动,逐家落实方案。为提高上市公司质量,加大了巡回检查、专项检查力度。对上市公司担保及资金占用情况的"清欠解保"进行专项检查,采取"约谈、发函、通报"三种形式强化监管,全市上市公司资金占用余额比上年下降37.08%,促进了上市公司规范运作。针对宁波市证券经营机构存在的风险,宁波证监局坚持"风险揭示、风险控制和推进重组"三管并举的原则,组成摸底检查工作小组,揭示风险,提高监管信息的真实性。市政府成立了证券公司风险控制协调小组,制定证券风险处置预案和证券公司重组工作。

保险业监管力度加大,市场秩序好转。宁波保监局全年实施行政处罚8次,取缔了1家非法机构,吊销了1家机构的经营许可证,对保险机构负责人进行监管谈话43人次,下发监管意见书6份,对3家机构进行了通报批评。针对存贷风险频发的严峻形势,及时向市政府上报《加强有关部门协调合作化解车贷风险的请示》,得到市

委、市政府领导的高度重视和支持,五部门联合下发《关于及时查处逃废汽车贷款债务行为的通知》,司法部门在市级主要新闻媒体发布了惩戒恶意逃废车贷行为的公告,保险机构追讨车贷险逃废债务的效率显著上升,化解车贷险风险取得了明显成效。为改善保险业发展的外部环境,宁波市政府发布《关于加快保险业发展的意见》,为保险业发展提供了有力的改革保障。保险行业的诚信建设稳步推进,出台了《宁波市保险业信用体系建设指导意见》《宁波市保险信用体系建设工作方案》《宁波市保险(中介)机构信用评级办法》,有力促进了保险诚信建设工作的顺利开展。

工商银行宁波市分行组织了以代理保险销售、投行业务营销、现金管理营销、银行卡发卡及刷卡消费、外汇信用证业务竞赛、电子银行业务专项营销等系列活动为内容的中间业务劳动竞赛,以重点业务的发展来快速推动中间业务收入增长。全年该行中间业务收入1.96亿元,同比增长54.33%。在考核机制上,重新制定了新的支行行长绩效考评体系,逐步建立基于以风险调整后的资本回报率(RAROC)和模拟经济增长值(EVA)为核心的考核指标,推进分产品、分部门、分机构的核算;以业绩价值管理系统和财务成本归集还原系统为依托,现金财务集中管理核算改革,细化成本费用的管理,加强风险贷款的责任评议工作,严格责任追究,实施信贷资产十二级分类,全年不良贷款率降至0.25%。

4月份,国务院批准中国工商银行实施股份制改革的方案和中国银行、中国建设银行股份制改革下一步工作计划。工商银行宁波市分行按照总行统一部署,完成了股改各项工作,做好业务和法律尽职调查,进行了固定资产清查、权属完善和评估工作,及时完成股份公司成立以后房产证、土地证换证等相关证件、印章的更换,完成不良资产剥离以及非信贷资产和闲置固定资产的处置工作。中国银行宁波市分行在流程整合和机构扁平化工作上取得积极进展。实施了团队绩效考核办法,将KPI关键绩效指标考核法与平衡记分卡考核法相结合,从关键绩效与职能目标、内部管理与流程、客户、学习与创新四个维度评价辖内各考核单位的经营管理绩效,考核的科学性和激励、约束作用得到加强。建设银行宁波市分行践行"以客户为中心"的服务理念,优化改进直接面对客户的产品、业务、流程和管理制度,推动了全行服务水平的提高。实施以面向市场、业绩驱动、前中后台分离制衡、强化风险与内控为目标的组织机构改革。根据市场要求,继续推出了个人助业贷款业务、个人外汇结构产品质押贷款、外汇速汇通、海外代付、环球汇入直通车等服务新产品。

第四节 "十一五"规划开局之年:2006 年

　　2006 年,是实施"十一五"规划的开局之年,全年宁波市生产总值 2874.42 亿元,比上年增长 13.6％,增幅比上年提高 1.3 个百分点。全市金融业发展迅猛,各项存贷款同比均大幅增加,增量之大超出预期,新增存贷款均创历史最高水平。年末全市金融机构本外币存款余额 4700.50 亿元,同比增长 20.03％;全市本外币贷款余额 3910.00 亿元,同比增长 26.56％,增幅同比提高 7.91 个百分点。证券业务创新高,全年证券经营机构证券成交总额 3190.23 亿元,同比增长 243.30％。其中股票和基金成交 2408.93 亿元,比上年增长 199.30％;托管市值 230.07 亿元,比上年增长 153.9％。保险业务稳健增长,全年保费收入 59.1 亿元,同比增长 15.6％。其中财产险保费收入 27.30 亿元,同比增长 22.20％;寿险保费收入 26.60 亿元,同比增长 9.00％。银行类金融机构实现盈利 93.59 亿元,同比增长 37.41％;不良贷款率 1.98％,比年初下降 0.87 个百分点。

　　5 月 17 日,国务院常务会议提出了促进房地产健康发展的六条措施(国六条)。5 月 29 日,国务院办公厅颁发了建设部等九部委

《关于调整住房供应结构 稳定住房价格的意见》（九部委十五条），将调整住房供应结构、稳定住房价格列为两大重点。开发商对宁波楼市依然看好。全年宁波市六区（不含经济适用房用地）共推出各类土地66幅，总用地面积320万平方米，成交58幅，总成交面积270万平方米。自9月份起，市区土地出让采用现场竞买方式，开发商激烈争夺土地，其中一块地竞价103轮才决出胜负，另一块地的楼面成交价超过周边楼盘的平均销售价。全年房屋销售价格指数为102.2%，涨幅比2005年回落4个百分点。市区（三江片）二手房交易成交均价为6196.8元/平方米，比上年上涨1.8%，其中住宅二手房成交均价为5591.1元/平方米，比上年上涨1.9%。全辖房地产贷款余额625.08亿元，比年初增加40.29亿元；个人住房贷款余额373.3亿元，比上年增加69亿元，增长22.6%，占房地产贷款总量的59.8%。

对众多外向型企业来说，2006年受到原材料价格上涨、国际贸易摩擦，以及人民币升值、利率调整、出口退税政策变化等多种因素的"挤压"。由于原油、有色金属、石化产品等原材料价格大幅上涨，增加了企业流动资金使用，加剧了企业储备转机，增加了企业的生产成本和资金成本。金融部门出台了一系列支持外向型企业发展的政策措施。外汇局宁波市分局在全国率先进行出口加工区外汇管理改革试点，出台了6项改革措施。积极推进外汇核销管理体制改革，实现了对少数企业重点监管与对多数企业简化出口核销手续的分类监管。工商银行宁波市分行做大做强国际贸易融资，调整了国际贸易融资业务的客户准入、授信等规定，做深个性化营销工作，全年贸易融资业务增幅达到182.26%。中国银行宁波市分行有效现金国际结算、贸易融资和资产产品，向不同客户提供量体裁衣式的金融服务，推广贸易融资产品、远期结售汇、掉期等外汇保值产品的组合应用。兴业银行宁波分行推出远期汇率避险业务、远期代客外汇买卖业务等金融衍生业务，推广福费廷、T/T押汇、进口代付等

业务。出口信用保险公司宁波分公司支持 200 余家外贸出口企业，承保 9.04 亿美元的短期出口信用保险，累计处理完损理赔 1200 万美元，追回海外买家欠款 60 万美元。

金融支农力度加大。人民银行宁波市中心支行先后制定出台《关于金融支持社会主义新农村建设的指导意见》《关于改进和加强农村地区金融服务工作的意见》（由宁波市政府批转），引导金融机构培育农村金融市场，围绕高效农业、农业基础设施、小城镇建设、农业产业化、农村信用工程等方面，积极增加信贷投入，鼓励创新林权质押、海域使用权抵押贷款等金融产品，构建金融支持和农村建设的长效机制。积极推动农业政策性保险试点，逐步把农业纳入保险范围，提高农业这一弱势产业应对自然灾害和重大灾情的能力。农业发展银行宁波市分行完善支农功能、支持农业产业化发展，促进宁波市农业增效、农民增收、农村经济全面发展，全年实行扭亏为盈。全市农村合作金融机构紧紧围绕社会主义新农村建设这个课题，促"三农"，坚持适合农村特点的小额、分散、适度规模的理念，开创了农村合作金融的新局面。全年农业贷款余额 108.93 亿元，增长 21.51%；实现利润 8.72 亿元，增长 45.09%。

加大对中小企业、民营企业的支持力度。人民银行宁波市中心支行建立中小企业贷款通报机制，配合市政府建立一系列扶持中小企业发展的政策体系，完善中小企业融资政策性担保、商业性担保机制，切实改善中小企业融资环境。搭建银企合作平台，会同市经委联合召开融资洽谈会，签订融资合同 27.72 亿元。银监局推动小企业贷款的"六项机制"建设（利率的风险定价机制、独立核算机制、高效的贷款审批机制、激励约束机制、专业化的人员培训机制、违约信息通报机制），起草并由市政府办公厅转发了《关于进一步加强宁波市小企业信贷服务工作的实施意见》，对小企业贷款动产抵押、税收列支、损失准备、呆账核销等政策进行明确和细化，创造了良好的政策环境。光大银行宁波分行推进落实包括企业年金、银关保、设

备通、代理通、小企业主贷款等区域特色优势业务,企业年金获得全市金融系统第一笔业务,银关保获得全国海关第一笔业务,银关通业务在系统内列客户数和交易额第一。深圳发展银行宁波分行在零售业务方面,开发了"双周供""存抵贷""循环贷"等新产品。在公司业务方面,推出了供应链金融服务项目,包括企业应收款融资、应付款融资和商品融资等三大系列20多项产品,创新了银行付款保函、国内买方信贷等融资方式,并扩展了应收账款质押、提单质押等多种担保方式。推出了出口应收账款池融资新业务,为出口贸易正常且记录良好,结算方式以O/A、D/P、D/A为主,出口融资需求明显但不能提供足够抵押或担保的中小客户提供了一个较好的融资工具。招商银行宁波分行创新推出中小企业循环授信,在足值抵押前提下给予中小企业三年期循环授信,一次审批、一次办理抵押等价、一次授信,明显提高了授信审批效率。

第五节　股市大牛之年:2007 年

2007 年,国内生产总值 3418.57 亿元,比上年增长 14.7%。这个增幅是 2005 年至 2012 年的一个最高点,其中工业增加值增长 16.4%,是 1998 年至 2012 年的一个最高点。宁波市委、市政府明确了金融部门要按照"开放、合作、集聚、创新"的要求,主动工作,自加压力。全年金融机构本外币存款余额 5308.98 亿元,比年初增加 608.54 亿元,增幅达 12.95%;本外币贷款余额 4961.89 亿元,比年初增加 1051.89 亿元,增幅达 26.9%;银行业金融机构实现利润 147.11 亿元,比上年增长 57.2%,增幅同比提高 19.8 个百分点。

全市保费收入 72.22 亿元,同比增长 22.12%,创近三年增幅新高。特别突出的是,宁波市农业保险体系初步建成,政策性农业保险实现全面覆盖,全市共参保农户 6274 户;新型农村合作医疗保险保障范围不断扩大，累计参保农民109万人，为4.65万人次提供了1.02亿元的医疗补偿；政策性农村住房保险全面完成，共为2853个村、近133万户农户提供了住房风险保障，实际承保达98%。在全国率先建立了政策性农业保险巨灾风险基金，构建了四级风险防范体系。

股市迎来了前所未有的大牛市。至年末，上证综指收盘指数为5261.56点，比年初上涨96.7%；深证成指收盘指数17700.62点，比年初上涨166.3%。沪深两市所有个股年度最低涨幅为11.1%，远远高于同期银行存款基准利率。与此同时，受食品类价格不断上涨的影响，居民消费价格指数持续较快上升，而且其上升幅度超过了央行年内6次加息的幅度，因此居民面临的负利率状态有所加剧。12月，宁波市居民消费价格同比涨幅6.2%，高于1年期储蓄存款税后基准利率2.27个百分点，负利率程度比上年同期提高1.28个百分点。巨大的财富效应吸引了大量社会资金流入股市，而持续加剧的负利率效应则强化了财富效应的资金分流作用。据不完全统计，全年银行业金融机构累计净发售各类个人综合理财产品202.74亿元，银证转账累计净转出305.54亿元，两者合计共分流社会资金508.28亿元，这就造成了银行储蓄存款创2001年以来的最低增量。

房地产市场趋势面临较大的不确定性。9月27日，中国人民银行和中国银监会联合发布《关于加强商业性房地产信贷管理的通知》，从提高首付比例和贷款利率的角度加大对商业银行为第2套（含）以上住房提供信贷支持的控制力度。12月12日，进一步明确了第2套住房以"借款人家庭"为单位认定，向市场进一步传递了从紧从严调控的信号。第四季度市区（六区）商品房住宅日均成交68套，比第三季度减少20套，降幅为23%，与前两年第四季度比第三季度分别增长30.6%、49.1%的情况形成明显反差。

外向型经济面临考验，出口获利水平不断降低。7月1日，国家实行新的出口退税政策，出口退税率降低的新规定涉及宁波市出口

商品 2736 个,占全市上年度出口商品种类的 45.2%;涉及企业 4591 家,占上年度有出口经营实绩企业总数的 76.6%。据测算,此次出口退税率平均下调 2 个百分点,减少宁波市企业平均每美元出口获利 0.18 元,占 85 家重点监测进出口企业上年度每美元出口收入平均获利水平的 85.7%。同时,人民币汇率升值,人民币兑美元汇率中间价从年初的 7.8087 元升至 7.3046 元,全年累计升值 6.9%,升值幅度同比提高 3.6 个百分点。据测算,人民币兑美元汇率每升值 1 个百分点,影响宁波市出口企业利润总额 5%~8%。

金融信息化建设取得重大突破。金融 IC 卡多应用试点工程建设启动,完成了立项、方案报批等工作,并着手实施银行前后台系统升级和 POS 终端机具的扶持改造。6 月 1 日,公民身份联网核查系统在宁波成功推广运行,为落实银行账户实名制,促进征信体系建设和反洗钱工作的开展提供了基础。6 月 25 日,全国支票影像交换系统在宁波上线运行。11 月 19 日,小额支付系统通存通兑业务在全国推广,宁波市有 17 家银行机构开通了此项业务。同城票据电子交换系统优化项目一期工程建成投产,实现了本外币清算一体化。宁波市付费通工程启动,确定了业务需求方案,并着手进行系统开发。

构建"一办一行三局"的地方金融管理格局。11 月 21 日,宁波市机构编制委员会下发《关于设立宁波市人民政府金融工作办公室的批复》,正式成立宁波市人民政府金融工作办公室,原宁波市人大常委会委员、财经工委副主任姚蓓军同志任主任。市金融办为宁波市人民政府办公厅内设副局级机构,下设综合处、银行与保险处和资本市场处 3 个职能处室,行政编制 10 名。市发改委企业上市工作处职能划归市金融办,市政府办公厅建设金融处更名为城乡建设处。

第四章 应对全球金融危机期
（2008—2012）

第一节　全球金融危机爆发：2008年

2008年，国际经济环境急转直下，国内宏观环境复杂多变。全市国内生产总值增幅从上年14.7％回落到10.3％，回落4.4个百分点。随着国际金融危机不断加剧，以及区域经济金融运行中的问题不断显现，区域金融稳定面临新挑战。年末全市金融机构按五级分类不良贷款余额86.16亿元，比年初增加16.61亿元，不良贷款率1.48％，比年初上升0.08个百分点，成为宁波市自1999年以来不良贷款额和不良率的首次上升。

信贷市场出现收缩迹象。从需求方看，企业经营环境恶化，抑制了规模扩张及资金需求。全市工业用电量和货物运输量增长明显趋缓，全年工业用电量302.76亿千瓦时，同比增长3.2％，增幅同比下降14.6个百分点；货物运输量2.49亿吨，同比增长9.6％，增幅同比下降3.3个百分点。从供给方看，风险管控难度日趋加大，一些银行追求贷款"零风险"的思维趋势不变，信贷人员迫于考核压力，不敢对实体经济发放贷款，造成"企业融资偏冷，政府性项目趋热"的局面。

资产价格发生较大波动。土地拍卖市场出现土地成交价格下跌、推迟拍卖和流标。市区（六区）商品住房、二手住房分别成交11996套、12431套，同比分别下降55.4％、44.3％。12月份市区（六

区)二手住房成交平均价格 6037 元每平方米,比上月下降 244 元每平方米。股市大幅回落,上证综指全年下跌 65.39%,深证成指下跌 63.36%。

受金融危机影响,外贸订单数量与平均金额均有所下降,长期订单大量减少。根据人民银行宁波市中心支行的景气监测,第四季度出口产品订单指数 -25,比上季度下降 36.72,为 2001 年以来单季最大降幅。同时,消费动力不足,全年汽车类消费 140.5 亿元,同比增长 1.7%,增幅同比下降 9.5 个百分点。

经济主体信心不足。根据人民银行宁波市中心支行的企业景气监测数据,第四季度企业家对宏观经济形势感受指数为 -42.19,比上季度下降 39.85,单季降幅创 2001 年以来的最大值;所在行业整体经营指数为 10.94,比上季度下降 19.53;企业总体经营状况指数为 19.53,比上季度下降 22.66。据人民银行宁波市中心支行对银行家的问卷调查结果,第四季度银行家对全国经济形势感受指数为 30.88,比上季度下降 24.12,比上年同期下降 46.90;银行家对宁波经济感受指数为 29.17,比上季度下降 23.77,比上年同期下降 44.51。这两项指数均创 2001 年以来新低。

面对区域经济下行压力加大、金融风险上升的态势,余姚市、慈溪市、奉化市、宁海县、象山县、鄞州区、北仑区等 7 个县(市)区先后设立金融办或办事机构。金融办在促进地方金融业发展、防范金融风险方面开始发挥积极作用。6 月 4 日,市金融办牵头起草并以市政府名义下发了《关于加快宁波市金融业创新发展的若干意见》,提出打造"金融创新试行区、金融机构集聚区、金融服务示范区和金融生态优化区"的总体目标。12 月 5 日,市金融办会同人民银行宁波市中心支行、宁波银监局、宁波证监局、宁波保监局等部门,出台《关于做好金融保障,促进我市经济平稳较快发展的若干措施意见》,从促进信贷总量稳定较快增长、做好企业资金链安全保障、加快重大基础设施项目建设进度、促进外向型经济健康发展、拓宽经济与企业发展筹资渠道、增加金融服务和资金供给主体、维护经济金融和社会稳定等七方面提出了金融业"保增长、促发展、维稳定"的 18 项具体举措。2008 年,全市实现金融业增加值 284.0 亿元,同比增长 15.1％,占 GDP 比重为 7.16％。

面对复杂、严峻、多变的经济形势,人民银行宁波市中心支行深刻领会货币政策调整意图,适时将工作重心从上半年的控制信贷投放转向保障信贷总量平稳增长,最大限度地满足经济社会发展的合理资金需求。根据辖区经济金融运行实际情况,研究提出支持经济发展的 23 条政策措施。第四季度进一步明确方向,加大力度,贯彻落实适度宽松的货币政策,联合有关部门出台《做好金融保障 促进经济平稳较快发展的若干措施意见》,提出"保增长、促发展、维稳定"的 18 条具体措施。全年金融机构本外币存款余额 6353.60 亿元,比年初增加 1072.41 亿元,年度增量首次突破千亿元,同比多增 463.87 亿元。本外币贷款余额 5820.80 亿元,按可比口径计算,比年初增加 886.15 亿元,同比多增 14.9 亿元,特别是第四季度增量占全年增量的比重较上年同期提高 13.15 个百分点。

5 月 23 日,中国人民银行总行苏宁副行长考察宁波金融业发展情况,就推动私募股权投资提出意见。6 月 4 日,宁波市政府发布《关于加快宁波市金融业创新发展的若干意见》,把引导私募股权和产业风险投资基金发展,作为发挥金融保障作用、促进产业结构优化升级的重要举措提出。为落实中国人民银行总行及宁波市人民政府的要求,中国人民银行上海总部胡平西副主任专门听取宁波市中心支行的关于推动宁波私募股权投资发展的设想。随后,中国人民银行与上海市人民政府、江苏省人民政府、浙江省人民政府在推进长江三角洲地区金融协调发展支持区域经济一体化的工作框架下,在上海市"两个中心"(国际金融中心和国际航运中心)建设的总体布局下,把宁波列为私募股权投资的试点城市。为此,人民银行宁波市中心支行组织力量,与市金融办、财政局、工商局、国税局、地

税局等部门研究起草了《鼓励股权投资企业发展的若干意见》，经市政府常务会议审议，于 10 月 15 日正式印发。10 月 22 日，中国人民银行总行苏宁副行长、宁波市委书记巴音朝鲁，分别在宁波股权投资发展论坛上做了重要讲话，为宁波市股权投资基金行业的平稳发展起了步。接着，中国人民银行上海总部金融稳定部主任凌涛，以及私募股权投资专家王巍、吴鹰等为宁波市的地方党政领导就发展私募股权投资具体支招。

6 月 21 日，宁波市票据电子交换系统优化项目工程上线运行，开通了付费通业务、个人跨行通存业务，形成了以票据电子交换系统为主干，付费通系统、支票直通车系统、票据影像系统等为辅助的综合集约型同城支付清算系统，在全国处于领先地位。完善农村金融服务基础设施，加强农村地区支付系统建设，ATM 机、POS 机的乡镇覆盖率分别达到 81.7％、99.2％。完善第四方物流金融服务体系，由市政府转发《促进第四方物流市场发展的信用信息管理暂行办法》《宁波市第四方物流市场网上结算试行办法》。在小商品市场大力推广信付通业务，有 11 个重点交易市场 1062 家商户共安装 POS 机 1085 台，交易笔数 11.52 万笔，交易金额 7.96 亿元。全力做好金融 IC 卡多应用试点工作，推进市民卡工程建设，在金融标准跨行业多应用和快速支付应用技术上取得突破，被国家金卡办授予"最佳金融应用奖"。

7 月 9 日，中国银监会党委委员、副主席郭利根来宁波宣布宁波银监局主要负责人职务任免通知，任命凌敢为宁波银监局党委书记、局长。为构建科学发展的金融监管环境，银监局牵头制定了《宁波市处置非法集资局际联席会议制度（试行）》，建立了宁波市处置非法集资运行机制。对银行业金融机构下发《关于进一步加强信贷管理和信用风险识别、控制能力建设的通知》，督促银行在新形势下进一步完善重点授信业务品种及授信风险控制环节的管理，以构建风险识别、计量、化解、管理的长效机制为抓手，切实提高风险管控能力。实施金融高管履职评价机制,完善高管履职评价指标体系、评价方法、操作步骤,以专业胜任能力、风险管控能力、制度执行能力、经营管理能力和组织协调能力监管评价为重点,科学发挥准入监管的引领作用。开展监管创新,以亮底监管为平台,将信用风险、案件防控、信访投诉等纳入年度监管计划,向银行高层亮底,引领银行由被动接受监管向主动落实监管转变,整合监管手段,合理嵌入风险联防、审监联动、监管周记等新型监管机制,实现任务驱动型监管模式向目标引导型监管模式转变。强化监管服务,引领银行业金融机构对照先进银行做法,针对机构不同管理水平和业务特点,通过风险把脉、专家咨询、典型经验介绍、监管联动等方式提供差别化监管服务。

宁波证监局在创新监管方法、提高监管效率、降低监管成本、实现监管目标方面进行了积极探索。为有效遏止非法证券活动,采取了"打早打小,露头就打"的打非工作理念,全年共核查处理非法证券、期货投资咨询活动14起。增强监管快速反应能力,着力提高市场主体的规范运作水平。对证券业金融机构违法违规行为,宁波证监局坚持"查早查小",做到及时发现,快速反应,迅速查处。对上市公司实施监管"四即时"(股价异动即时监管,媒体报道即时反应,重大突发事件即时跟踪,违规事项即时纠正),掌握监管工作的主动权,消除风险隐患。尽管2008年证券市场出现较大波动,但全市证券经营机构证券成交总额再超万亿元大关,实现利润10.53亿元;期货代理交易额12352.01亿元,同比增长83.15%;全年新增进入辅导的拟上市公司14家,为历年来新增拟上市公司最多的一年。至年末,全市共有36家上市公司,其中A股27家,境外H股及红筹股9家。

保费收入增长提速。6月23日,中国保监会李克穆副主席来宁波宣布任命江先学为宁波市保监局党委书记、局长。全市保费收入87.11亿元,同比增长20.61%。其中,财产险保费收入40.34亿元,

同比增长 17.19%;寿险保费收入 41.07 亿元,同比增长 25.83%;新增保险市场主体 8 家。至年末,全市已有 41 家保险公司在宁波设立了分支机构。在保险服务"三农"领域,全市保险业承担 9 个县(市、区)共 5.52 亿元农业保险金额;承保能繁母猪 5.64 万头,承担保险责任金额 5400 万元;承保农村住房 136.69 万户,承担风险责任金额 246 亿元,基本覆盖全市农村;鼓励商业保险积极参与农村社会保障体系建设,累计为 109 万名参保农民提供医疗保障服务,为 71.88 万人次提供 1.33 亿元的医疗补偿。创新医疗责任保险理赔和纠纷处理,建立人民调解委员会和医患纠纷理赔中心相结合的医疗责任保险模式,全市有 158 家医疗机构参保,妥善解决医患纠纷 172 起,被卫生部冠以"宁波解法",得到广泛宣传和推广。在全国率先施行"交强险财产互碰自赔处理机制",市区首批成立 4 家"事故车辆定损、保险理赔、事故定责"等多功能的交通事故轻微物损理赔服务中心,于 8 月 1 日起顺利运行,大大加快 2000 元以下车损理赔效率,有效缓解因交通事故引起的道路堵塞等问题。加强保险行业自律建设,宁波市保险行业协会被评为全国 5A 级行业协会。积极引进保险资金支持地方建设,中国平安保险集团投资 10 亿元用于北仑高速公路建设,中国人保、中国人寿、太保集团投资基础设施项目和城区改造等项目进入实质性洽谈阶段。

第二节　危机影响加深:2009 年

2009 年,宁波市经济增速继续回落,全年国内生产总值 4329.30 亿元,比上年增长 8.9%,是自 1991 年以来的最低点。宁波自 2005 年以来,外贸依存度高于 110%,这次在全球金融危机中,首当其冲,全年出口 386.5 亿美元,同比减少 16.6%。为应对国际金融危机冲击,在宏观上实行了适度宽松的货币政策,社会资金充裕。同时,石油、农产品等大宗商品在国际市场上的价格持续走高。上证综指上涨 1456.33 点,涨幅 79.98％,成交额比上年放大 91％。宁波市区老三区和鄞州区商品住宅均价突破 15000 元/每平方米,比上年同期上涨 42.73％。

受经济增速总体回落的影响,全市金融业发展速度放缓。全年实现金融业增加值 323.6 亿元,同比增长 8.5％,创 2005 年以来新低。为应对经济下行的压力,切实做好资金保障、金融服务与风险管控等工作,市金融办会同宁波"一行三局"共同起草并以宁波市政府办公厅名义下发《关于金融支持拓展市场促调整保增长的若干意见》,从信贷、直接融资、风险防控等方面提出了 14 项具体举措。江东区政府设立金融工作部门,职能挂靠区发改局。

年末,全市金融机构本外币存款余额 8241.43 亿元,同比增长 29.71％,增幅同比提高 10.03 个百分点;比年初增加 1886.53 亿元,同比多增 814.11 亿元。本外币贷款余额 7715.91 亿元,同比增长 32.07％,增幅同比提高 15.51 个百分点;比年初增加 1900.33 亿元,同比多增 1020.38 亿元,是上年增量的 2.16 倍。不良贷款反弹明显,年末银行业金融机构不良贷款余额 99.24 亿元,比年初增加 19.27 亿元,增幅为 24.1％。但受贷款余额快速增长因素的影响,年末总体不良率为 1.29％,比年初下降 0.09 个百分点。

辖区共有银行业金融机构 44 家,其中:法人机构 16 家,非法人机构 28 家。银行服务密度持续提高,全辖银行业金融机构营业网点 1795 个,比上年增加 23 个。证券业机构 49 家,期货经营机构 14 家,证券投资咨询公司 1 家。保险公司共有 44 家在宁波辖区设立分支机构,其中产险机构 23 家,寿险机构 21 家。另有保险专业中介机构 21 家,各类保险兼业代理机构 2218 家。银、证、保交叉性业务累计发生额 5217 亿元,同比增长 11.0％,其中保证金第三方存管 4859 亿元,占总金额的 93％。在全国首创小额贷款保证保险业务,采取"政府支持、市场运作"的模式,发挥保险对贷款的增信作用,为无抵押、无担保的小微企业、农户及城乡创业者拓宽融资渠道,提供信贷支持。全年累计承保104笔,贷款余额8757万元。小额贷款公司快速发展,当年新成立8家,年末共有12家。

为贯彻落实适度宽松的货币政策,在拓宽融资渠道、创新金融产品方面出新招。探索建立了全国首个外经贸企业网上融资平台,在辖内金融机构与近7000家外经贸企业之间搭建一个常态化的融资对接平台。组织开展"融资洽谈服务月""信贷员进厂下乡""小银行进小企业"活动,召开融资洽谈会、产品推介会、银汇贸协作洽谈会等70余次,融资金额180亿元。在全省率先出台股权、专利权质押贷款实施意见,全面推广海域使用权抵押贷款。积极推动应收账款质押融资,通过应收账款质押登记公示系统进行质押登记和转让登记400多笔,融资额120亿元。推出农房抵押贷款、渔船捕捞证抵押贷款,发行短期融资券、中小企业贷款集合信托。这些产品不仅开局好,并在行为导向上为贯彻适度宽松货币政策提供了强烈信号。实行出口退税凭证无纸化,并借助实时清算系统和财税库行横向联网系统,实现出口退税资金审核"1小时办结"和划拨实时到账。国务院副总理王岐山以"提高效率是保增长的关键"的高度,充分肯定了人民银行宁波市中心支行这项"实属不易"的创新。建设银行宁波市分行与阿里巴巴携手开办网络银行业务,成功发放小企业网络贷款。临商银行宁波分行发挥服务物流业的传统优势,专为宁波物流业推出"物流直通车"系列信贷产品。调整小企业服务架构,辖内建立53家小企业贷款专营机构,实现融资供需主体对接。

证券期货业取得新发展。全市证券营业部累计成交总额1.84万亿元,同比增长68.16%,创历史最高水平。14家期货经营机构累计代理交易额2.06万亿元,创历史新高,比上年增长66.5%。投资热情高涨,投入证券市场资金明显回升,全市投入证券市场资金合计1122.29亿元,新增623亿元,超过2007年年末的1081.16亿元水平。企业发行上市工作取得新突破,理工监测实现首发上市,融资 6.27 亿元；京投银泰、龙元建设、宏润建设这 3 家上市公司定向增发和发行公司债，全年直接融资 18.6 亿元；宁波港等 6 家企业 IPO 报证监会分别申请在主板、中小板和创业板上市；全市新增进入辅导的拟上市公司 6 家，年末拟上市公司 25 家，另有 70 余家企业处于改制和筹备上市期。上市公司质量提高，全市 27 家 A 股上市公司资产总额 2799.03 亿元，净资产 520.25 亿元，分别比上年末增长 44.16％、29.31％；净利润 81.38 亿元，同比增长 78.81％；平均净资产收益率为 15.64％，同比提高 4.33 个百分点；平均每股收益为 0.558 元，同比提高 23.26％。

保费收入突破百亿元大关。全市保费收入 107.4 亿元，同比增长 23.35％，高于全国平均增幅 9.52 个百分点。其中，财产险 51.07 亿元，增长 26.61％，人身险 56.37 亿元，增长 20.53％，分别高出全国平均水平 3.54 个百分点和 9.6 个百分点。保险市场整顿力度加大，针对非理性竞争、销售误导、电话扰民等问题，对车险、企财险、银行代理及电销业务等重点领域开展专项现场检查。"三农"政策性农业保险顺利完成 3 年试点目标，共承保 14 个农险品种。3 年累计向全市 83762 个农业龙头企业和农户提供 26.51 亿元的风险保障，支付赔款 5793 万元；参与北仑区、宁海县和象山县新型农村合作医疗经办业务，参保农民累计 107.3 万人次，基金规模 1.82 亿元，累计赔付 111.48 万人次，支付赔款 1.83 亿元。启动环境污染责任保险试点工作，首批在镇海区、北仑区和大榭开发区 3 个工业区开展试点。开展新农合附加意外伤害保险业务，为 9.8 万余农民提供意外伤害保障。

第三节　经济增速回升：2010 年

2010 年，宁波经济增速回升，全年国内生产总值 5163 亿元，同比增长 12.5％，比上年提高 3.6 个百分点。全市实现金融业增加值

450.7亿元,同比增长12.3%,比上年提高3.8个百分点。货币政策回归稳健,全市金融机构本外币存款余额9755.52亿元,同比增长18.37%,增幅比上年同期下降11.34个百分点;本外币贷款余额9414.2亿元,同比增长22.01%,增速比上年同期下降10.69个百分点。全年国际收支总规模1066.9亿美元,突破千亿美元大关,同比增长42.1%;收支顺差352.2亿美元,增长53.5%。证券市场持续调整,全市证券成交总额18417.27亿元,同比增长0.13%;证券客户交易结算资金余额153.90亿元,同比减少8.14%。保险业务稳步发展,全年保费收入144.06亿元,同比增长34.08%。其中:财产险保费收入66.20亿元,同比增长29.6%;人身险保费收入77.86亿元,同比增长38.13%。

房地产市场的调控政策密集出台。1月10日,新华社发布《国务院办公厅关于促进房地产市场平稳健康发展的通知》(简称"四十一条"),规定第2套房首付不得低于40%。4月份以后出台了一系列更为严厉的房地产调控政策。9月份又展开第二轮调控,实行楼市调控地方问责制。调控政策的密集出台,特别是有针对性地加大了房地产需求调控,有助于遏制宁波房价的过快上涨,促进市场回归理性发展轨道。从成交量看,全年宁波市区(六区)商品房和二手房成交量同比分别下降56.4%和48.49%。从房屋销售价格同比涨幅看,全市商品住房价格同比涨幅从4月份的14.7%一直下降到12月份的3.5%。

6月19日,人民币汇改重启,人民币兑美元汇率中间价不断创出新高。10月9日突破6.70元,12月30日美元兑人民币汇率中间价6.6229元,全年升幅3.05%。从外贸企业反映看,人民币兑美元的加速升值完全出乎意料,上半年签下的多笔出口订单濒临亏损边缘。据对34家出口企业调查,74.4%的企业认为"二次汇改"已经对自身经营造成实质性影响。体现在赢利能力上,汇率升值对企业利润空间造成挤压,第三季度出口换汇成本监测显示,在没有出口退税的情况下,企业利润率仅为 0.52%。

2 月 25 日,人民银行宁波市中心支行召开会议,宣布宋汉光同志任人民银行宁波市中心支行党委书记、行长。正值宁波市政府谋划推动宁波加快融入上海国际金融中心建设,贯彻落实国务院《长江三角洲地区区域规划》的重要时间节点。3 月 29 日,宁波融入上海国际金融中心和国际航运中心建设推进会召开,中国人民银行副行长兼上海总部主任苏宁发表《充分发挥金融在宁波融入上海"两个中心"建设中重要作用》的演讲。上海市委常委、副市长屠光绍在会上提出,建立沪甬两地各个层面的沟通合作机制,创造条件,推进区域金融资源和航运资源的有效联动,共同搭台促进区域内金融、航运机构发展的广泛合作。宁波市毛光烈市长在会上指出:"宁波应主动分担参与上海'两个中心'建设更大更多的责任,基本构想就是围绕一个目标,即极大地增强上海'两个中心'的国际综合竞争力和服务腹地、服务全国的能力;坚持一个主场,即以更加开阔的视野和更高的追求,坚决支持上海当好龙头、更好发挥龙头作用;把握自身科学定位,即努力承当上海国际航运中心、上海国际金融中心、亚太地区国际门户的主要组成部分。"中国社会科学院副院长李扬发言的主题是:沪甬合作,率先实现经济发展方式转型。交通银行首席经济学家连平的发言主题是:推动业务创新,发展航运金融。

为落实宁波融入上海国际金融中心和国际航运中心建设的要求,5 月 4 日,宁波市政府召开全市推进金融业发展座谈会。会议回顾了 2006 年宁波市金融工作座谈会以来宁波金融业的发展,提出了一系列化危为机的工作部署。面对传统产业转型升级、存量资产整合重组、新兴产业投融资需求激增、创新创业和消费升级日趋提速,会议认为宁波金融业的转型升级面临着前所未有的发展机遇。毛光烈市长要求各地和有关单位提高把握机遇的能力,提高利用各类政策的水平,加强政府、银行、企业、司法等方面合作,合力推动宁波融入上海"两个中心"建设。会后,人民银行宁波市中心支行根据毛

光烈市长的讲话精神,分 15 个专题逐项研究,提出了"一个目标、三项机制、六条措施"的贯彻意见。一个目标是:围绕把宁波建设成为上海国际金融中心主要组成部分的要求,以金融业转型升级为主要抓手,提高金融产业的增加值在地区生产总值和第三产业增加值中的占比,使金融产业成为宁波市的支柱产业。三项机制是:建立经济与金融的良性互动机制,金融要素有效投入的激励机制,金融稳定的合作协调机制。六条措施是:积极推进金融市场多层次,金融产品多样化,金融机构多元化,金融服务便利化,普惠金融体系化,金融产业发展政策系统化。会后,市金融办牵头起草并以市政府名义下发《关于加快融入上海国际金融中心推进宁波金融业发展的实施意见》,从加强金融机构体系建设、创新丰富金融业务与产品体系、加强金融市场体系建设、完善金融服务体系和优化金融发展环境等五方面提出了 25 条发展举措。

4 月 1 日,市政府办公厅下发《关于加快我市金融后台服务产业发展的若干意见》,提出了加大金融后台服务产业发展的办公用房补贴、财政补贴、一次性奖励补贴等 5 项扶持举措。7 月 30 日,市政府办公厅下发《关于加快航运物流金融发展 促进宁波市现代航运物流业转型升级的指导意见》,提出了发展供应链融资、培育第四方物流市场的支付结算和融资支持功能等 25 条政策措施。9 月 27 日,人民银行宁波市中心支行根据市政府第 80 次常务会议分解给金融部门的工作任务,下发《关于加快宁波融入上海国际金融中心建设推进宁波金融业转型升级的指导意见》,提出了 26 条推进金融业转型升级的意见。

银行业不良贷款再度实现"双降"。年末,全市银行业不良贷款余额 86.86 亿元,比年初减少 12.38 亿元,不良率 0.92%,比年初下降 0.36 个百分点。扎实推进了地方政府背景的平台贷款的清查工作,对贷款机构实行"逐包打开,逐笔核对"的方法,全面摸清平台贷款底数。市政府建立了以常务副市长牵头的相关部门和平台公司参加的联席会议制度,通过资产注入、主体变更、重新明确还款来源、追加抵押担保等方式,保全平台贷款 91.41 亿元,成功清退层级低、风险大的平台贷款 43.78 亿元。对全市 246 家平台公司贷款进行了逐笔比对、核实。全面贯彻落实贷款新规,即《固定资产贷款管理暂行办法》《流动资金贷款管理暂行办法》《个人贷款管理暂行办法》《项目融资业务指引》(简称"三个办法、一个指引")。银行业协会组织辖内 48 家银行业机构签署了《宁波银行业贯彻执行"三个办法、一个指引"自律公约》,宁波市银监局对 29 家银行执行贷款新规情况开展现场检查。

企业直接融资取得突破,全年有 9 家企业首次公开发行申请获证监会发审委审核通过,宁波港等 5 家企业挂牌上市。至年末,辖内有 A 股上市公司 32 家,进入辅导期的拟上市公司 31 家,全年 IPO 和上市公司再融资募集资金 169.7 亿元,股市直接融资创历史新纪录,上市公司质量稳步提高,全面解决了上市公司同业竞争和关联交易的问题,公司治理不断完善,信息披露质量进一步提高。证券期货经营机构运行良好,57 家证券营业部累计证券成交 18417 亿元,在全国占比为 1.61%,比上年提高 0.07 个百分点,部均利润 1864 万元,高于全国平均水平的 1477 万元。全市 20 家期货经营机构,实现期货代理交易额 39372 亿元,同比增长 91%。针对内幕交易、上市公司董监高违规买卖股票等市场热点问题,宁波证监局通过"必问、必审、必查"的监管制度,不断提高快速反应能力,积极防范内幕交易和信息披露违法违规等行为。在证券、期货经营机构中组织开展了以精细化管理为主题的系列活动,使辖区各经营机构的合规性和防范风险能力进一步增强与提升。积极推进上市公司监管三项评价制度,制定和实施《上市公司规范运作评价办法》《保荐机构持续督导执业质量评价办法》《会计师事务所年报审计执业质量评价办法》,促进上市公司和拟上市公司提高规范运作水平,提高上市公司财务信息质量。

保险业强化了助推经济社会发展、加快对"三农"扶持力度、主动参与和谐宁波建设、积极参与民生工程建设等功能。全年共为3.03万家企业、189万辆次机动车和181万人次提供各类风险保障。年末,全市政策性农险试点险种扩大到17个,品种数量位居全国前列,累计向全市19.62万个龙头企业和农户提供了57亿元的风险保障;北仑区、宁海县、象山县的新型农村合作医疗经办业务稳步扩大,三地参保农民人数达86万人。小额贷款保证保险试点工作成效显著,累计帮助缺乏抵押担保的568家小企业和64户种养大户或城乡创业者,从银行获得贷款5.12亿元。利用保单质押的形式,全年向投保人发放贷款1.3万余笔,贷款金额3.2亿元。医责险承保医院221家,覆盖了包括乡镇、社区卫生院在内的所有公立医疗机构。企业安全生产责任险试点取得突破,共为26家企业提供了2600万元的风险保障。环境污染险签订首批保单,10家企业投保。为提高保险业监管效能,分别建立了产、寿、中介市场风险状况和规范目标月度评价体系,建立了网络短信监管平台,开发了"宁波保险行业电子地图系统"。

为维护区域金融稳定,各级政府部门强化了对地方金融事务的管理,镇海区政府设立直属事业单位金融办,全市设立金融办的区县达到10个。市金融办牵头起草《宁波市金融突发事件应急预案》及《宁波市金融突发事件应急预案操作手册》,进一步完善了金融突发事件应急机制。人民银行宁波市中心支行强化了金融风险的监测与评估。从金融稳定的定量评价看,全年区域金融稳定水平较上年有显著改善,但非金融部门(企业、房地产市场和个人)改善不明显。组织开展对利率风险、信用风险、房地产信贷的压力测试,配合国际货币基金组织/世界银行访问团在宁波开展7场金融部门评估规划(FSAP)会谈,初步了解FSAP的评估方法和工作方式,增强对金融稳定业务的探索能力。加强跨境资金监测与管理,重拳打击热钱流出入,立案查处外汇违法案件140起,实施行政处罚1228.96万元。

第四节　经济增速再度回落：2011 年

　　2011 年，宁波经济增速再度回落。全年国内生产总值 6059.24 亿元，同比增长 10.0%，比上年回落 2.5 个百分点。全市实现金融业增加值 443.2 亿元，同比增长 8.9%，比上年回落 3.4 个百分点。从国际环境看，受日本大地震、利比亚战争、欧债危机冲击，经济的不确定性增加，全球主要股指波动较大，美元指数、黄金、基本金属、石油价格大幅震荡。从宁波情况看，全市经济增速趋缓，四个季度全市国内生产总值增幅分别为 10.4%、10.3%、10.1%、10.0%，呈逐季回落态势。中小企业经营压力持续加大。据对 30 家企业调查显示，一般工人的平均工资从上年度 1789.3 元/月上涨到 2198.7 元/月，涨幅 22.9%，而熟练技术工人的平均工资从上年 2403.9 元/月上涨到 2838.6 元/月，涨幅 18.1%。同时，人民币汇率升值总体提速，人民币对美元汇率较上年年末升值 5.1%。

　　房地产行业颓势尽显。国家和宁波市先后出台房地产调控政策，调控力度日趋加大。1 月 26 日，"新国八条"规定："二套房首付不得低于 60%，贷款利率不得低于基准利率的 1.1 倍；对不满 5 年转让的二手房全额增收营业税"。2 月 23 日，宁波市政府出台"住房限购政策"，对已有 2 套以上的本地居民家庭进行限购。"限购令"对全市房地产市场产生较大影响，多项调控措施叠加效应明显。全年房地产开发投资增长 35.8%，增速比第一季度回落 36.8 个百分点。全市商品房销售面积 641.3 万平方米，同比下降 7.5%。全年新开工面积 1886.8 万平方米，同比增长 34.2%，分别比第一季度、上半年、前三季度下降 209.4、73、28.1 个百分点。土地流拍增加使得土地出让金收入比年初预算减少 200 亿元，同比下降 26%。

　　证券市场持续低速。全年宁波市证券成交总额 15568.27 亿元，同比下降 15.47％;年末全市指定与托管市值余额 992.83 亿元,同比下降 48.32％;全市证券客户交易结算资金余额为 79.53 亿元,同比下降 25.89％。上证综指在 4 月 8 日摸高到 3067.46 点,成为年内最高点,到 12 月 14 日收盘点位 2224.72 点,下跌 842.74 点。深证成指在 3 月 9 日摸高到 13233.02 点,成为年最高点,到 12 月 14 日收盘点位 9064.63 点,下跌 4168.39 点。

4 月 11 日,宁波市刘奇市长主持召开金融工作座谈会,并作重要讲话。他强调,全市金融机构要紧紧围绕推进实施"六个加快"战略(加快打造国际强港、加快构筑现代都市、加快推进工业升级、加快创建文明城市、加快建设生态文明、加快提升生活品质),强化金融支撑保障。刘奇市长提出"三个确保"的要求:确保新增贷款的增速不低于全国、全省平均水平,确保新增贷款在全国的占比基本稳定,确保中小企业、涉农贷款增速高于全部贷款平均增速。他要求金融系统要强化金融创新,敢于破难攻坚,在金融产品、金融组织、金融机构、融资渠道等方面大胆探索。市金融办组织全市重大项目金融对接会,引导全市金融系统着力做好投融资项目资金保障对接,共有 60 个对接项目成功签约,涉及市政基础设施、重大产业项目、民生保障、文化旅游等领域,合计融资规模达 930 多亿元,同时促成人保集团 30 亿保险资金落户宁波。人民银行宁波市中心支行组织开展了"金融服务创新年"活动,引导金融机构发挥积极性和主动性,各具特色地开展金融创新。在全国率先开展境内银行跨境贷款对外债权登记试点,境内银行可以直接对"走出去"企业发放贷款。积极开展出口收入存放境外试点,核准存放境外资金规模超过 1.4 亿美元。拓展金融 IC 卡多应用试点,指导浙江民泰商业银行宁波分行开展金融 IC 卡手机信贷试点。在国内率先开通支持所有借记卡的 POS 小额取现业务,在 16 个乡镇 30 个行政村开通 POS 小额取现。推进跨境人民币结算试点工作,全年跨境人民币结算试点业务累计结算量达到 582.68 亿元。在全国率先进行中资企业外汇质押人民币贷款试点。

推进制度创新。宁波市政府出台《关于加快推进宁波企业上市的若干意见》，从上市后备资源培育、促进上市公司做大做强等方面提出了 13 项具体举措。与之配套，市金融办会同市财政局出台了《宁波市企业上市补贴专项资金管理办法》。人民银行宁波市中心支行会同宁波市海洋经济工作办公室、宁波银监局出台《关于金融支持宁波市海洋经济发展核心示范区建设的指导意见》，推动以金融、信息支撑系统为重点的"三位一体"港航物流服务体系建设。出台《关于金融支持中小微企业发展的若干意见》《关于认真贯彻稳健的货币政策　促进中小微型企业平稳健康发展的若干意见》《关于进一步加强保险业服务扶持中小微企业发展的通知》，引导辖内金融机构加强对中小微企业的资金保障。年末中小微企业贷款余额6038.37 亿元，比年初增加 818.15 亿元，占全部企业贷款的82.56％，比上年同期提高 4.66 个百分点；中小微企业贷款新增占全部企业贷款增量的 88.61％，比上年同期提高 8.92 个百分点；中小微企业贷款余额同比增长 20.96％，高出全部企业贷款增速 6.83 个百分点，超过各项贷款增速 7.55 个百分点。

金融合作取得新进展。3 月 31 日，中国农业发展银行行长郑晖与宁波市市长刘奇就银政合作、支持新农村建设进行了会谈。4 月27 日，国家开发银行与宁波市政府联合举行高层联席会议暨"十二五"开发性金融合作备忘录签约仪式，国家开发银行董事长陈元和宁波市市长刘奇出席并作了重要讲话。5 月 18 日，中国工商银行董事长姜建清在宁波调研，并与宁波市市长刘奇进行了会谈。7 月 21日，中国建设银行与宁波市政府举行"全面金融解决方案（FITS）"合作框架协议签约仪式。7 月 27 日，宁波市政府、中国农业银行举行高层战略会谈暨农业银行支持宁波"六个加快"战略签约仪式，宁波市委书记王辉忠与中国农业银行董事长共同进行了会谈。8 月 17日，招商银行马蔚华行长与宁波市委书记王辉忠进行了会谈。10 月

24日,中国银行与宁波银行签署《全面合作协议》。金融合作推动了金融业务的发展,年内金融机构存贷款规模双双突破万亿元大关。至年末,全市银行业金融机构本外币存款余额10659.27亿元,比年初增加902.11亿元,增长9.12%;本外币贷款余额10676.84亿元,比年初增加1263.20亿元,增长13.41%;不良贷款余额94.72亿元,比年初增加7.86亿元;不良贷款率为0.89%,比年初下降0.03个百分点。

7月13日,宁波市政府办公厅下发《宁波市人民政府金融工作办公室主要职责内设机构和人员编制规定》,明确市金融办为市政府办公厅管理的主管全市金融工作的副局级行政机构,新增加"拟订促进全市金融业发展的地方性法规和政策措施,负责地方管理的各类新兴金融组织的日常监管,促进区域金融合作"职责。在原来三个职能处室的基础上,新增设发展研究处。9月,海曙区成立金融工作部门,职能挂靠在海曙区发改局。

8月10日,宁波融入上海国际金融中心和国际航运中心建设对接会在上海举行。通过对接活动,共完成金融、港航、能源、现代物流等领域的重大合作项目签约39个,涉及资金430亿元。其中,沪甬两地共同发起设立总规模100亿元的海洋产业基金,宁波港与上海港联合发起组建专业性航运保险法人机构等金融项目,均为国内首例。

11月18日,中国证监会主席助理吴利军到宁波证监局宣布证监会党委关于邵锡秋、吕逸君职务任免的通知。邵锡秋任宁波证监局党委书记、纪委书记、局长。在证券业监管上,全力推进"合规文化建设年"专项活动,构建"合规人人有责、合规体现价值"的合规文化氛围。至年末,辖区共有A股上市公司38家,新增10家企业向证监会上报首次公开发行(IPO)申请材料,拟上市公司39家。全年新增上市公司6家,达到历史最好水平。

保险业改革创新取得新突破。全国首家农村保险互助社正式开业。在中国保监会、宁波市政府的支持和宁波保监局、慈溪市政府的直接推动下，慈溪市龙山镇伏龙农村保险互助社于9月份正式开业，实现我国农村保险组织形式和服务载体新突破。保险互助社试点初期优先提供农民需求较为迫切的家庭财产保险和意外伤害保险产品，并区分不同农民之间经济状况和职业状况，设置不同档次的保障额度和保险费率，贴近农村实际，且投保便利，有效提升农民保障水平。至年底，保险互助社实现了对户籍农民的全覆盖。小额信贷保证保险试点工作继续深化，初创期小企业贷款最高额度从100万元提高到300万元，创业者（个体工商户）从10万元提高到100万元，农业种养殖大户从30万元提高到50万元；保险基准保费率下浮30%，覆盖范围进一步扩大，帮助缺乏抵押担保的1093家次小企业、农业种养大户及城乡创业者从银行获得贷款14.2亿元。保险业服务领域不断拓宽，出口信用保险承包企业1377家次（含续保），新增参保企业330余家；支持出口94.6亿美元，同比增长30.3%，对出口的渗透率超过16%，对一般贸易出口的渗透率21%，同比扩大2个百分点。责任保险业务领域进一步拓宽，医疗责任险为214家医疗机构提供4.5亿元的保险保障，共受理纠纷917起，调解成功率93.14%；企业安全生产责任险为高危行业336家企业提供3.83亿元风险保障；环境污染责任险为26家企业提供9000万元的风险保障。政策性农业保险承保品种增加到20个，支付赔款3150.63万元，同比增长49.82%；政策性农村住房保险承保138.34万户农房，为1901户农民支付赔款759.08万元。

第五节　经济增长见底：2012年

2012年，宁波市经济发展减速明显。全年国内生产总值6582.21亿元，同比增长7.8%，是自1991年以来的最低增速。全市实现金融业增加值450.7亿元,同比增长1.4%,比上年回落7.5个百分点,为2005年以来新低。受外部因素的持续影响,全球主要消费市场需求放缓,国际贸易形势低迷。全年宁波出口614.4亿美元,增长1%;进口351.3亿美元,下降6%;进出口增速分别比全国低10.1个百分点和6.9个百分点;外贸依存度93.43%,为7年来最低。房地产成交价格持续走低,12月宁波新建商品住宅和二手住宅价格分别同比下跌7.1%和4.7%。股市开年激昂的行情挽回不了之后的震荡下行,点位不断失守。全年辖区证券成交金额14495亿元,比上年减少6.9%。

银行业不良贷款反弹,资产质量下降。至年末,银行业按五级分类的不良贷款余额144.65亿元,比年初增加49.93亿元,增长52.7%,反弹势头超过2009年。全年不良贷款和不良率呈年中逐渐走高、年末回落态势。最高时点为10月末,不良贷款余额151.74亿元,不良率为1.28%。12月,一些机构通过核销、资产打包转让等形式处置不良贷款,年末不良率降至1.21%。全市36家小额贷款公司信用风险快速上升,年末不良贷款余额3.98亿元,比年初增长327.96%,不良率为4.13%,比年初增加2.76个百分点。全市76家登记在册的融资性担保公司的出险情况增加,全年共发生代偿5.47亿元,比上年增长168.13%。非法集资的风险时有发生,全市共立案侦查非法集资案件44起,涉案金额5.93亿元。

以服务实体经济为核心,组织开展"金融支持实体经济发展服务年"活动。各金融机构"一把手"带头深入基层开展进村入企活动1377次,走访企业、农户10.3万余家,帮助企业、农户解决问题和困难7213个,开展银企对接活动354次,对接企业7090家。人民银行宁波市中心支行联合市经信委建立宁波中小微企业网上融资平台,并在此平台建立"宁波市出口退税融资直达系统",138家企业与银行累计达成44.22亿元融资意向,促进银企融资对接常态化。全年共举办"走出去"企业、百家成长型外贸企业、汇率避险和在甬台商

特色金融服务等 7 种适应中小企业不同需求的现场对接活动,促成融资对接 225 亿元。帮助企业减轻财务负担,金融机构通过降低贸易融资利率、结售汇汇率及国际结算手续费率等方式,降低企业财务成本 10 亿元。

2 月 28 日,宁波市政府下发《关于加快推进宁波企业直接融资发展的若干意见》。为此,宁波证监局、各级金融办、政府其他部门、专家咨询小组及企业共同探索构筑"五位一体"的推进企业上市协作机制。宁波证监局牵头组建企业改制上市专家咨询组,联合各级政府职能部门多次举办企业改制上市培训班,走访调研解决拟上市企业上市工作中遇到的问题。全年新增拟上市公司 15 家,至年末,共有上市公司 47 家,进入辅导期企业 28 家,报证监会待审核企业 19 家。人民银行宁波市中心支行加大对银行间市场债务融资工具宣传与推介,支持优质企业发行短期融资券、中期票据和中小企业集合票据。与银行间市场交易商协会、宁波市金融办共同签订合作备忘录,以制度化合作平台,推进"区域集优"项目在辖区落户。全年累计有 18 家企业发行债务融资工具 90.1 亿元,其中短期融资券发行 45.2 亿元,中期票据发行 25.6 亿元,中小企业集合票实现零突破,发行 2 单共 4.3 亿元。宁波城建投资控股有限公司在银行间债券市场以非公开定向方式发行全国首单资产支持票据,融资 10 亿元。审核鄞州银行 20 亿元小微企业金融债券。宁波银行 30 亿元次级债获准发行。

3 月 21 日,宁波市政府办公厅印发《宁波市"十二五"金融业发展规划》,确立了建设长江三角洲南翼区域金融中心、上海国际金融中心重要组成部分的发展目标。提出打造"一个主中心、三个金融集聚区"的主要任务,即打造东部新城金融服务中心、杭州湾新区金融后台产业集聚区、高新区投资广场集聚区、鄞州南部商务金融中介服务集聚区,重点做好海洋经济金融服务、航运物流金融服务、民间资本服务、中小企业金融服务、农村金融创新服务、金融后台服务等六大金融服务平台建设。

3月29日,宁波市金融业联合会成立,是继上海之后国内第2家金融业联合会。省委常委、市委书记王辉忠出席成立仪式并致辞,希望金融业联合会努力打造成展现宁波金融业风采的窗口、交流金融信息资源的渠道、连接宁波金融业界人士的纽带、服务宁波金融业创新发展的平台,支持实体经济发展,为宁波发展大局做出更大贡献。中国人民银行原副行长、中国银联董事长苏宁,浙江省原常务副省长、省上市公司协会名誉会长章猛进,中国人民银行上海总部副主任凌涛,省上市公司协会会长陈国平,市委常委、市委秘书长王剑波,副市长、市金融业联合会理事长出席成立仪式。

4月14日,人民银行宁波市中心支行和市总工会联合开展全市金融系统职工文化年暨支持实体经济劳动竞赛活动正式启动。在此项活动中,慈溪农村合作银行创造性地把"和美"文化理念嵌入到信贷支持实体经济的业务流程中,打造"和美信用联合体",入围中国银行业"双十佳"金融产品前五十强,"和美服务工作法"被浙江省总工会命名为"浙江省先进职业操作法"。国家外汇管理局宁波市分局制定《关于进一步提升外汇金融服务支持涉外中小企业发展的通知》,从提高外汇服务便利性、优化外汇配置结构和降低企业融资成本三方面,着力改善涉外中小企业发展环境。在全国率先开展中资企业境外担保项下境内贷款试点,推广出口收入存放境外政策,推进境内银行对外债权登记管理试点。国家开发银行宁波市分行创建同业合作机制,为宁波北站及货场搬迁工程项目组建结构化银团贷款。同时该行发挥"投贷债租证"综合优势,通过主承销短融、中票、企业债,为政府和企业筹集资金36.8亿元;通过开展融资租赁、保理代付、夹层投资业务,成功引导市内外资金63亿元用于支持宁波发展。中国银行宁波市分行适应企业差异化融资需求,叙作"中银海外贷""中银直贷通""财贷通"等投资银行创新业务,牵头叙作银团贷款20.50亿元,接洽券商为企业牵线达成35亿元企业债、

公司债项目。助力企业拓宽跨境贸易领域,在辖内率先推出银行保单福费廷业务,全年叙作跨境人民币业务量 393.53 亿元。协助企业规避市场风险,推出"区间宝"人民币期权组合业务、人民币利率掉期业务,全年累计交易名义本金 16.04 亿元,叙作客户 60 余家。

8 月 3 日,由中国社会科学院金融研究所、银行家杂志社、宁波市人民政府联合主办,宁波市人民政府金融工作办公室承办的"中国银行家高峰论坛暨 2012 中国商业银行竞争力评价报告发布会"在甬举行,会议以"应对外部冲击 推动银行转型"为主题,中国社会科学院副院长李扬就中国宏观经济的运行走势、利率市场化、中国金融业的发展转型等问题做了主题演讲,宁波市委副书记、市长刘奇出席论坛并致辞。

9 月 6 日,人民银行宁波市中心支行会同有关部门举行宁波市金融消费权益保护启动仪式。宁波市副市长王仁洲、中国人民银行金融消费权益保护局局长焦瑾璞出席会议并作重要讲话。与银监、证监、保监,以及市工商局、消保委、司法局、法院等多部订协作机制,构建金融消费权益保护工作基本框架。同时,以信息技术为突破,提升金融服务普惠社会和民生能力。金融 IC 卡多应用试点取得实效,"5·1 服务卡"实现工会特色项目拓展,单芯片金融社保卡在宁波实现大规模发行。至 12 月底,全市 12 家银行发行金融 IC 卡 472.4 万张,累计交易量 1003.5 万笔。深入推进金融 IC 卡在手机信贷业务中的应用,实现对小微企业和"三农"的普惠式金融服务。开展手机信贷二期工程——自助转账功能建设,金融 IC 卡多应用试点项目成为国家电子商务示范城市电子商务试点项目。至 12 月末,手机信贷共发卡 3573 张,完成授信总额 7.45 亿元,户均授信 20 余万元。农村地区支付系统实现全覆盖,付费通、同城跨行通存通兑业务在农村所有银行网点开通,在国内率先开展农村助农取款服务点 POS 机缴费业务,开通率实现 100%。大力推广电子商业汇票业务,金融机构网点开通率 100%,客户签约率 40%。

11月5日,市机构编制委员会印发《关于设立宁波市人民政府金融工作办公室的批复》,市金融办新增地方金融管理处,行政编制为3名。主要职责是研究拟订各类新型地方金融组织规范发展的政策制度,组织开展民间金融的规范引导与风险处置,组织开展对全市小额贷款公司的管理等。至此,市金融办共有5个内设处室,行政编制19名。

12月5日,第十三届中国金融IT创新暨优秀财经网络评选结果揭晓,宁波银行荣获2012年度"最佳网上银行"奖。17日,由金融时报社主办,中国社会科学院金融研究所联办的"2012中国金融机构金牌榜——金龙奖颁奖盛典"在北京举行,宁波银行喜获"2012年度最具创新力中小银行"殊荣。至年末,宁波银行本外币存款余额2075.77亿元,比年初增加308.4亿元,增幅为17.45%;本外币贷款余额1456.18亿元,比年初增加228.73亿元,增幅为18.63%;不良贷款率为0.76%;实现净利润40.68亿元,增幅为25.04%。在英国《银行家》杂志评选的2012年度全球银行1000强中,宁波银行列第279位,较上年提升23个位次;在"中国银行家论坛暨2012中国商业银行竞争力评价报告发布会"中,荣获"最佳城市商业银行"殊荣。

保险市场保持平稳健康发展。全年实现保费收入164.71亿元,同比增长10.84%,高于全国平均增幅2.83个百分点。保险业全年提供各类风险保障6.61万亿元,同比增长17%,实现赔款和给付64.27亿元,同比增长33.37%。小额贷款保证保险、出口信用保险、政策性农业保险持续发展。医疗责任保险、安全生产责任保险、环境污染责任险等业务试点进一步深化,社会管理功能得到较好发挥。合力抗击"海葵"台风,处理报案1.63万起,保险赔付金额5亿元,为人民群众灾后恢复生产生活做出贡献。宁波市委书记王辉忠、市长刘奇、副市长王仁洲做出重要批示,对宁波保险业干部职工在抗击"海葵"台风中的各项工作和保险业为全市恢复工农业生产、维护社会稳定发挥的积极作用给予充分肯定。扎实开展"诚信建设年"工作,通过保险业文化建设征文、诚信建设宣传教育口号征集评比、诚信队签名接力、营销员诚信服务倡议等活动,筑守行业核心价值观。制定《保险分支机构高管诚信考核管理办法》和《保险营销人员诚信记录管理细则》,建立高管和重点岗位人员诚信档案。

第二部分

实践的探索

第五章 金融科技引领

第一节 信息采集理念的革命

2003 年,国务院"三定方案"明确赋予中国人民银行"管理信贷业,推动建立社会信用体系"的职责。遵照党中央、国务院指示,经过几年的努力,中国人民银行牵头建设的全国统一的企业和个人征信系统已经初步建成,在经济和社会中开始发挥积极作用。

征信就是用专业化、技术化的手段依法采集、记录信用信息,并对外提供信用信息服务的一种活动。宁波是我国征信系统建设的发源地,从 20 世纪 90 年代开始,作为征信系统的开发基地,人民银行宁波市中心支行拥有丰富的征信系统建设经验、技术人才储备和高效的运维体制。人民银行宁波市中心支行先后自主研发了"信贷信息电子管理系统"和"宁波市银行风险信息共享系统",得到了中国人民银行总行领导和地方政府的高度肯定。其中,"信贷信息电子管理系统"项目于 2002 年移交至总行,演变成后来的"银行信贷登记咨询系统",为我国征信体系建设提供了重要依据。"宁波市银行风险信息共享系统"作为"信用宁波"工程的重要项目,在建设过程中得到了市政府有关部门的大力协助。2009 年 10 月,中国人民银行总行征信中心组织专家学者专门对系统进了调研,并表达了合作意向。

（一）攻坚克难、勇于探索,自主研发"银行信贷登记系统"

20 世纪 90 年代,随着金融业务的广泛交叉,由于商业银行之间

信贷信息交流不畅,重复抵押、逃债现象时有发生,信贷风险逐渐增大。为此,中国人民银行总行开始研究建立企业档案及信用制度。

当时中国人民银行总行正在研究通过计算机手段建立企业档案及信用制度,人民银行宁波市中心支行积极响应并且反应迅速,在全面推行纸质贷款证的基础上,于1997年开发贷款证电子管理系统,并在全市范围正式投入运行。考虑到当时计算机网络并不普及的情况,人民银行宁波市中心支行自主研发了传真自动回复系统。系统建成后,商业银行只需要在传真机上拨打人民银行宁波市中心支行的查询电话,并且输入要查询的企业代码,人民银行就会将相应的企业信息通过传真传到相关商业银行。因此,即便没有发达的计算机网络,通过传真自动回复系统照样能够实现信息查询。人民银行宁波市中心支行将两个系统进行推广,使用对象几乎覆盖了整个辖区的商业银行。通过信息查询,借款人的信息一目了然,降低了商业银行的信用风险。

20世纪90年代末,中国人民银行总行决定建设以计算机网络为手段的全国性的信贷登记咨询系统,并组织宁波、厦门等几个城市召开了技术方案讨论会。总行在会议上高度肯定了人民银行宁波市中心支行的传真自动回复系统,认为该系统具有很强的适用性。会后,人民银行宁波市中心支行专门召开内部协商会议,对总行信贷登记咨询系统的需求进行了全面、细致的研究、分析,并一致认为应该全力支持信贷登记系统项目的承接、开发和实施。之后,人民银行宁波市中心支行积极并慎重地向中国人民银行总行提交了报告,申请将宁波作为中央银行信贷登记系统软件开发基地,并获得了总行的许可。1998年,人民银行宁波市中心支行在宁波成立了"银行信贷登记系统软件开发基地",由分管科技的副行长带领团队正式向中国人民银行总行承接软件开发和技术支持等任务。

接下来就是忙碌而充实的日子,人民银行宁波市中心支行的技术骨干以及中国人民银行总行选定的应用开发商一起合作开发系

统,并且每 10 天向人民银行总行汇报项目进度,以便及时沟通、交流。到了第二期,整个项目又转到杭州,中国人民银行杭州中心支行的同志也加入了开发团队。历时半年,银行信贷登记咨询系统基本完成。之后又经过不断完善,首先选取几个城市进行试点,并逐渐向全国范围进行推广。慢慢地,信贷登记系统开始发挥作用,同时中国人民银行总行也完成了系统的全国联网,可以实现异地查询和总行汇总分析,为人民银行的日常监管和货币政策决策提供全面的信息服务。2002 年,人民银行宁波市中心支行正式将银行信贷登记系统项目移交至总行,但是人民银行宁波市中心支行科技部门继续承担全国性技术支持工作。

从 1997 年自主开发贷款证电子管理系统,到申请成为开发基地,再到最终项目顺利完成并移交至中国人民银行总行,人民银行宁波市中心支行的同志齐心协力,稳扎稳打,为推进我国金融信息化做出巨大的贡献。如今,在原先的信贷登记系统基础上再加上个人信息模块,就形成了大家所熟悉的金融信用信息基础数据库。

(二)开拓创新、不断进取,创新建设"宁波市银行风险信息共享系统"

中国人民银行总行金融信用信息数据库主要收集了银行提供的征信信息,并未将银行信贷调查、决策所需要的诸如房产抵押查封、用水、用电等外围风险信息纳入核心数据范围。当然,总行一直在做这方面努力,但囿于全国各地信息存储分散,区域信息化程度有较大差异等主客观原因的制约,短时间内要实现全国范围内此类风险信息的采集,有较大难度。

出于自身业务需要,商业银行对非银行类信用信息数据有着旺盛的需求。以宁波为例,部分商业银行很早就开始采集各类非银行信用信息数据作为发展自身信贷业务的参考依据,然而由于商业银行之间缺乏必要的信息共享机制和渠道,信息搜集要付出较高的成本。鉴于这种模式下信息共享度不足、综合利用率较低,由市人民

第二部分

实践的探索

银行统一组织采集和使用非银行类信用信息数据的需求变得日渐迫切。在各商业银行业务主管领导多次提议下，人民银行宁波市中心支行开始组织建设银行风险信息共享系统，并于 2006 年正式上线。

参照同时期全国性企业和个人信用数据库，银行风险信息共享系统扩大了信息来源渠道，采集了房地产抵押查封信息、企业纳税（滞纳金）信息、通信欠费信息、企业资信评估信息、空头支票处罚信息、银行卡不良信息、外商投资企业外汇年检信息、质量技术监督信息、企业环境违法信息、企业出口核销信息、异地结汇关注企业名单信息、企业用电信息等多种非银行信用信息，信息种类覆盖整个信贷生命周期，囊括了企业和个人业务，以满足商业银行不同部门的业务需要。同时，应各商业银行需求，信息内容实行动态更新机制，根据信息类别合理规划更新频度，确保数据的新鲜度能及时将用户需求转换为实际应用。

为防止信用信息被非法获取，保护信息资源的安全性，银行风险信息共享系统采用了先进的安全管理体系。一是参照国家信息安全等级保护二级标准进行建设，对操作系统、数据库、WEB 服务器等软件进行安全加固。二是实行了用户权限差别化管理，明确各类用户的查询范围和管理权限，按照用户种类制定对应的安全管理措施。三是提高安全认证方式，使用 HTTPS 结合密码进行安全认证，平台证书采用 1024 位 RSA 算法的数字证书。定期进行数据备份，加强了数据平台监控，确保征信系统在宁波市金融局域网上安全运行。

银行风险信息共享系统作为宁波征信体系的重要一环，有效缓解了银企之间所存在的信息不对称问题。系统采集的信用信息类别丰富，用户界面功能强大，受惠群体广泛，有利于金融机构筛选寻找优质企业客户，为政府管理经济、出台政策提供参考依据，也为全社会营造"守信激励、失信惩戒"的良好信用氛围做出积极贡献。

（三）砥砺奋进、继往开来，构想设计"宁波市中小微企业信用服务平台"

随着征信业的不断发展，社会各界的信用信息查询需求日益增长，银行风险信息共享系统的现有功能已无法适应用户的需求，亟须改造升级。谋划一个信用信息类别更加丰富、系统功能更加强大、受惠群体更加广泛的综合性平台的方案被提上日程，在现实需求的主导下，宁波市中小微企业信用服务平台的设计构想应运而生。

相较于风险信息共享系统，宁波市中小微企业信用服务平台将进一步完善系统应用功能，全面规范信用搜集、评估和使用机制，最大限度地发挥信用信息的价值。通过与多方共享信用信息，以满足金融机构、企事业单位、政府职能部门的信息查询需求，实现"信息共享、合作共赢"的目标，有效补充宁波地区的征信体系，提升金融服务实体经济的广度和深度，助推辖区金融生态环境的健康发展。

基于风险信息共享系统，宁波市中小微企业信用服务平台将在功能、业务管理模式和安全系统建设等方面进行提升：

一是拓宽信息来源渠道。将税务局、移动运营商、海关以及人民银行数据库等信息数据统一整合纳入到新的服务平台中。数据采集主要通过外网信息交换或者宁波市金融局域网报送两种方式。对于数据更新频率较低、数据量较少的机构，直接采用外网报送方式，按照统一的基准数据格式，数据报送单位手工填报整理相关数据后，通过外网直接上报，再由信用服务平台的管理员人工手动将信用数据批量导入系统数据库中。而对于需要实时或定时更新的数据，则通过金融机构或政府部门的前置服务器及对应的数据采集报送系统上传更新。

二是扩大信息共享范围。将金融机构和相关政府部门的信用信息集中统一录入信息数据库中，形成共享信息数据库。通过信用查询的门户网站，为金融机构、政府、企事业单位提供便利的信用信息查询服务，同时满足风险预警等其他应用服务。

三是增加平台功能。完善风险信息共享系统信息采集、信息查询、系统管理、投诉异议处理等功能，同时新增信息统计、审计管理、合同履行查询、风险预警、融资平台、金融超市等功能。其中，核心的信息查询功能将提供更加动态的查询方式：系统可以按照信息查询种类、企业联系人、联系方式、组织机构代码、企业规模、注册类型、财务指标、外汇指标、增长性指标、资信评级指标等关键词，实现单项查询、批量查询、综合查询、组合筛选等多种查询需求。

四是创新融合业务管理模式。中小微企业信用服务平台的业务管理将采用集中管理模式和委托代理模式相结合。集中管理模式是指部分数据的采集和入库由平台管理中心集中统一管理，企业自主申报信用信息须经平台审核通过后才能发布。委托代理模式是指平台本身并不采集信用信息数据，仅作为数据信息交流通道，将查询请求转交信用信息数据提供方进行处理后，再将查询结果信息反馈给用户。

五是提高安全防护级别。新的中小微企业信用服务平台将采用数据证书、数字签名、动态验证码、手机验证码等安全技术措施，提高信息安全防护级别，为平台以后在互联网上推广使用打下坚实基础。

第二节　支付清算效率的提高

随着宁波经济的高速发展，越来越多的银行在宁波开设分支机构，银行每天资金的流入流出越来越庞大，这就涉及银行间资金清算效率问题。人民银行宁波市中心支行自20世纪90年代初组织同城票据并盘交换以来，业务覆盖地区范围不断扩大，要求加入同城票据交换的单位不断增多，票据交换业务量高速增长，原先的同城票据交换系统已难以满足飞速发展的银行资金清算业务需求：一方

面,受到票据交换所场地的限制,拓展空间十分有限;另一方面,由于同城票据交换采用的是传统手工交换模式,一天最多安排 2 场票据交换,资金周转速度慢,已不适应经济发展的需要。

为了加快同城票据的资金清算速度,提高资金清算的安全性,并为市民提供方便、快捷、安全的支付服务,改善宁波市对外开放的形象和投资环境,经过研究和讨论,决定选择实时清算即票据电子交换方式。因此,人民银行宁波市中心支行组织科技部门及其他相关部门进行前期调研,并撰写实现同城/区域票据的电子资金实时清算的项目总体方案。

这里还有一个背景,当时票据主要是根据图章印鉴来判定是不是真的。可是随着现代技术的发展,不法分子伪造图章印鉴不仅快速而且精确,给银行识别真伪带来很大困难,加大了银行风险。故人民银行宁波市中心支行决定牵头组织统一采用支付密码的方式来代替印鉴核对,方便各单位使用。所以,项目也将引入电子支付密码技术,用支付密码实现对票据要素的确认。支付密码,就是根据票据号码、金额、账号、日期等信息计算出的一组 16 位密码,相比之前的图章印鉴,它更具安全性和高效性。首先,支付密码能够防止票据信息被篡改。由于支付密码包含存款人身份信息和支付信息,即使票据信息被修改,银行只要核对支付密码,就会发现不符合并拒绝付款。其次,支付密码由支付密码器产生,且每张支票产生不同的密码,能够有效遏制票据伪造和复制。最后,支付密码技术通过计算机网络,使得票据真伪验证由计算机系统自动完成,传递速度快,大大提高了处理效率。

方案上报后,中国人民银行总行批准宁波建设同城资金实时清算系统,并于 1997 年 5 月将宁波列为支付密码试点城市。为此,成立宁波市资金清算中心,具体负责宁波市同城支付清算系统的日常运维,稳步推进建设进程。

1998 年 10 月 5 日,宁波市电子资金实时清算系统及电子支付密码系统简易版开始运行。

1999年11月16日,宁波市电子资金实时清算系统在宁波市海曙区、江东区、江北区、鄞州区及开发区、奉化市全面投入运行。

2000年1月,宁波市电子资金实时清算系统与全国电子联行系统无缝对接,实现电子联行业务实时转发。

2000年11月1日,宁波市公用事业缴费一卡通系统建成并正式上线运行。

2001年6月,宁波市电子资金实时清算系统在慈溪市、余姚市推广运行。

2002年7月,宁波市电子资金实时清算系统在宁海县、象山县推广运行。

2003年11月23日,宁波市电子资金实时清算系统和电子支付密码系统改造成功并试运行;2004年1月1日正式运行,改造后的实时清算系统更名为宁波市票据电子交换系统,并统一更换使用全国通用性支付密码器系统。

2004年9月8日,宁波市支票直通车系统在全国率先建成,开通支票圈存业务。

2005年12月19日,宁波市同城外币电子清算系统建成并投入试运行;2006年2月27日正式运行。

2006年6月,宁波市票据电子交换系统优化项目启动,分步进行优化改造。

2007年3月19日,宁波市票据电子交换系统优化项目一期工程建成并投入运行,实现本外币清算一体化、手工交换业务网络化。

2007年9月24日,宁波市票据影像处理系统上线,实现同城支票全面截留,并于12月以集中直联方式接入全国支票影像交换系统,顺利完成总行试点工作。

2008年6月21日,宁波市票据电子交换系统优化项目二期工程建成并投入运行,付费通、个人跨行通存通兑等业务上线运行。

2009年6月22日,宁波手工票据交换所正式撤销,结束了几十年银行间交换票据人工跑票的历史,票据传递的成本几近为零,大大节约了人工和社会成本。

2010年12月1日,集中代收付业务上线运行,先期开通批量对私代收代付业务。

宁波市同城支付清算系统是一个综合集约型系统,形成了以票据电子交换系统为主干,付费通系统、支票直通车系统、票据影像处理系统、电子支付密码系统等子系统为辅助,业务覆盖全面、功能齐全、层次多样的同城支付清算体系。宁波市同城支付清算系统主要处理以下业务:

(1)本外币实时清算业务。以支付密码作为付款人身份确认方式,通过将纸质票据要素转换为电子数据,实现同城人民币、外币客户资金的实时到账。主要用于支票、银行本票、汇兑、国库拨款与退库、国债兑付等业务。

(2)批量交换业务。商业银行或清算组织发起的批量代收代付业务,数据处理中心每天定时处理,客户资金定时到账。主要用于同城特约委托收款、付费通委托扣款、税款缴款书收税等业务。

(3)手工交换业务。银行网点发起提出票据业务,并接收提入票据业务,客户资金定时到账,纸质票据通过制作票据影像或票递进行传送。主要用于无支付密码的转账支票、银行汇票等业务。

(4)付费通业务。客户通过银行柜台、自助终端及网上银行等多种渠道缴付各种公用事业费用的业务,包括委托批量扣费业务和实时缴费业务。

(5)支票直通车业务。特约单位在出售货物或提供劳务而收受支票时,通过POS机、网上银行、网络电话等受理终端,预先从出票人账户上扣取支票金额,保证支票支付的业务。

(6)个人通存通兑业务。个人客户可通过银行柜台、自助终端及网上银行等多种渠道为本人或他人实时办理资金转账、现金存取款等业务。

（7）票据影像交换业务。银行网点采集票据影像发送付款行，付款行通过对票据影像的审核代替对实物票据的审核，实现纸质票据全面截留。目前已开通同城实时清算票据影像、同城无支付密码的支票影像、全国支票影像等业务。

（8）集中代收付业务。特定的收款或付款单位可以通过开户银行向本行或他行的存款人开户银行发起付款或收款的业务。

依托宁波市同城支付清算系统，不断拓展同城清算功能，提升同城清算服务水平，维护系统安全稳定运行，取得了显著的经济效益，受到社会的普遍认同和欢迎。

（一）强化同城资金清算枢纽地位，加速资金周转，提高使用效益

票据电子交换系统从正式运行起至 2012 年年末，共计清算人民币同城交易 1.1 亿笔，清算资金 33.4 万亿元。票据电子交换系统在处理本外币实时清算业务时，能使客户资金在 3～10 秒内及时到账，与票据交换手工处理模式相比，资金在途时间可以缩短 0.5 天至 1 天，加快了资金周转速度。根据 2012 年系统日均清算人民币 148 亿元的实际运行情况，假设资金在途时间平均缩短为 0.75 天，即相当于每天增加 111 亿元资金供各企业单位周转使用。若按照 2012 年年初贷款一年期基准利率 6.56％计算，收款企业每年节约的贷款利息支出可达 7.3 亿元。票据电子交换系统的建成，极大满足了客户即时支付的需求，提高了资金使用效益，促进了社会经济金融的良性发展。

宁波同城清算模式以基于支付密码技术实现支票实时借记截留为特征，实现客户资金实时入账，提高了同城清算效率，被总行支付结算司评价为同城清算的“试验田”，为小额支付系统建设积累了经验。

（二）契合宁波外向型经济发展需要，创新外币清算模式，提升城市竞争力

参照本币清算系统的运行模式，结合外币清算业务特点，人民银行宁波市中心支行于 2005 年 12 月 19 日建成并运行宁波市同城外币电子清算系统，实现外币资金在宁波市辖内的跨行实时转账；截至 2012 年年末，共计清算美元同城交易 252.7 万笔，清算资金 2093.9 亿美元。宁波市同城外币电子清算系统在全国率先采用外币清算代理模式，即选择中国银行宁波市分行作为全市外币清算代理银行，负责对各商业银行外币资金的清算、授信及风险控制。

本外币一体化的实时清算方式，使票据交换业务从单一的人民币向多币种拓展，高效的资金划拨和清算效率减少了由汇率波动产生的不利影响，这对外贸依存度高、外向型企业多的港口城市宁波来说具有重要的现实意义。系统已开通的外币币种有美元、欧元、港币和日元，较好地满足了辖内外贸结算对币种的需求；系统还具备增加新币种的功能，能及时根据市场需求开通，以满足各类经济主体不断增长的支付需求，为宁波外向型经济的发展提供良好的金融支付服务环境。成功运行的宁波外币清算模式被中国人民银行总行采纳用于境内外币支付系统建设。

（三）改善农村地区支付结算环境，拓展城乡支付渠道，促进农村经济发展

"三农"问题是中国的根本问题，人民银行宁波市中心支行始终把提高农村地区支付结算服务水平、完善农村支付服务体系摆在突出位置。原先的票据交换手工处理模式受到时间和空间的限制，参加票据交换的银行网点以市区内为主，市区以外特别是农村银行网点，一般须通过其上级行参加，再由上级行组织二次交换，导致票据当日抵用率偏低，资金周转速度延迟。而票据交换的电子化处理模式突破了时空的限制，将业务范围从市区扩大到乡村，银行网点从

251 家扩大到近 2000 家,均能直接参加一级交换。通过建立健全覆盖宁波城乡的现代化支付结算基础服务体系,极大地改善了农村地区的支付结算环境,拓展了城乡支付渠道。截至 2012 年年末,农村地区业务量占比近 40%,高效安全的支付结算环境为促进城乡支付服务市场均衡和谐发展做出了贡献。

（四）推动个人支付结算服务创新,着力解决民生难题,完善支付服务功能

秉承"以人为本、服务至上"的理念,人民银行宁波市中心支行多年来不断提升辖内支付服务水平,在完成上级行关于推广支农取款 POS 机等要求的基础上,坚持推动个人支付结算服务创新,使宁波城乡居民能够享受到堪称全国最好的本地个人支付结算服务。

（1）便利公用事业缴费。2000 年,宁波市公用事业缴费"一卡通"系统上线,将同城支付清算领域从对公拓展到对个人支付结算服务,着力解决"缴费难、银行排长队"的民生热点问题。其优点是市民通过一个个人银行账户,即可扣缴水、电、燃气等多种公用事业费用,极大地减少了每月须到多家公用企事业单位缴交不同费用或委托多家银行分别办理相关费用扣款的麻烦,便利日常生活,"一卡通"系统也因此被列为 2000 年宁波市政府十大实事工程之一。2008 年升级版工程"付费通"上线,在原有"一卡通"委托扣款的基础上,增加了实时缴费功能,市民可以到全市任一家银行(含邮政)网点现金缴费或通过网上银行、自助机具等办理自助缴费。"付费通"工程被列入宁波市"十一五"时期电子政务重点项目,至 2009 年年底已顺利实现宁波城乡全覆盖。为进一步解决部分边远农村地区银行网点少、居民偏好见单缴费以及现金缴费的问题,2012 年率先在国内采用 POS 刷卡缴纳公用事业费的创新缴费模式,农村居民可以在家门口用银行卡刷支农取款 POS 机缴费,城市居民同样可以在便利店、物业的 POS 机上刷卡缴费,使缴费渠道更为多样化。截至 2012 年年末,付费通覆盖宁波全市水、电、通信、燃气、数字电视五大类公

用事业收费费种的 90% 以上,全市受理网点 2000 余家,开通网上银行缴费业务的银行近 20 家,委托用户近 500 万户,日均业务量超过 11 万笔。

（2）个人跨行通存通兑。为有效解决城乡居民跨银行现金"搬家"的不便,2008 年又推出另一普惠金融创新服务——个人跨行通存通兑业务。居民可在收款银行或付款银行柜台办理资金实时转账,每笔手续费 2 元,周末也照常办理。宁波地区个人跨行转账频繁,这项业务一经推出,就凭借收费低廉、到账及时、办理方便的优点,迅速被广大城乡居民认可和使用。个人跨行通存通兑业务自上线以来基本保持年均近 20% 的增长率。2012 年,日均业务量达 1.7 万笔,成为宁波城乡居民跨行转账的首选;辖内另有近 10 家银行陆续自行推出网上银行、自助机具、手机银行等个人跨行转账服务,手续费走低至每笔 1 元,进一步拓宽转账渠道,更加便民、惠民。

第三节　行政效能的革命

随着信息技术的发展及通信网络的普及,依托信息化技术提升行政效能已经成为一种"新"常态。各类信息系统被广泛应用于日常工作,以推动办公信息化,优化管理组织架构,有效提高办公效率,增强协同办公能力,提升行政决策效能。

就如同实时清算系统给同城支付清算带来了新革命,人民银行宁波市中心支行研发的信息化系统,彻底颠覆了机关单位传统的办事方式,大力提升了自身的行政效能。古人说,不积跬步,何以致千里,办公信息化建设历程绝非一蹴而就,每一个信息系统的研发都倾注了研发团队的心血。在众多自主研发的系统中,以宁波市中心支行办公自动化系统（OA）、人民银行宁波市中心支行内联网站和宁波金融机构综合管理系统最具代表性。

（一）办公自动化

早些时候，计算机都还没有普及，机关单位办公靠的都是人工分类、整理和记录。随着央行开展的业务越来越多，办公室需要收发的文件也在不断增加，不但工作人员的负担加重，而且很容易出错，办公效率低下。20世纪90年代初，随着计算机在国内的逐步普及，人民银行宁波市中心支行决定开发一套自己的办公系统，提高文件处理效率。

这套办公系统采用的是当时较流行的C/S模式，用户可以安装特定的客户端软件进行办公操作。系统最早实现了收文的查询功能，即对纸质文件扫描归档，方便办公人员传阅、分办。这个查询功能，在当时的环境下，是革命性的一步。之后几年，这套办公系统得到不断改善，在原先收文查询功能的基础上增加了发文查询等实用功能，系统的影响也逐渐扩大，最终受到了中国人民银行总行的高度重视。当时，金电公司正准备在全国范围内推广一套办公自动化系统，这套系统也是基于C/S的模式，并实现了公文的流程化管理。由于人民银行宁波市中心支行刚好有办公自动化相关的运行和维护经验，便主动与金电公司展开合作，派专员参加了新OA系统在中心支行推广的培训工作，成为全国首批使用这套办公系统的分、支行之一。在新系统试用的过程中，人民银行宁波市中心支行从系统实用性角度出发，提出了许多建设性的意见，被金电公司采纳。

2009年，中国人民银行总行办公自动化系统又做了一次升级，这次是推广B/S架构的办公自动化系统。人民银行宁波市中心支行积极响应，在总行系统功能的基础上，参照人民银行宁波市中心支行和其所辖县支行公文流转规范的工作应用和业务流程，做了不少个性化定制项目，这些定制项目包括：制作收发文、签报、简报和金融信息系统的打印模板与稿纸模板；配置办公自动化系统与中国人民银行总行统一推广的电子公文传输系统、电子档案管理系统的数据库接口，实现与督查系统的整合；配置人民银行宁波市中心支

行与其所辖县支行之间的办公自动化公文中转传输;将原有C/S版系统数据迁移至现行B/S版办公自动化系统中以供查询使用等。这些个性化定制贴近业务需要,其中不少需求还突破中国人民银行总行原型系统功能的限制,实现了自主创新。这些小的细节,充分体现了人民银行宁波市中心支行敢为人先,追求卓越的精神。新的系统很好地满足了人民银行宁波市中心支行日常办公的需求,一直被沿用至今。

在中国人民银行系统办公自动化发展历程中,人民银行宁波市中心支行始终扮演着一个参与者的角色,默默付出着自身的艰辛和汗水。尽管,随着办公系统的逐代更替,人民银行宁波市中心支行的印记越来越淡,但对那些熟悉办公自动化历史的人来说,人民银行宁波市中心支行的团队无疑是值得尊敬的。

能够让央行员工用上流畅的办公自动化系统是人民银行宁波市中心支行办公自动化开发团队奋斗的目标。如今,新的办公自动化系统已广泛应用于央行各分、支行,使用者普遍对这套系统评价较高,这也是对人民银行宁波市中心支行所付出辛劳的最好回馈了。

(二)内联网站

想要推进人民银行宁波市中心支行信息化进程、构建全方位的电子政务系统,首先就需要研发一个属于市中心支行自己的门户网站。人民银行宁波市中心支行从自身业务需求出发,着眼谋划一个可信息共享、可学习充电、可互动交流的综合性平台,并在全中心支行范围内征求意见。征求意见的公告发布后,行内各处室积极响应,纷纷献计献策,提出了许多富有前瞻性的构想和需求。整合汇总后,中心支行成立了以行领导为组长、科技处负责实施的工作小组,全面推进内联网站的研发工作。在全中心支行上下的不懈努力下,中心支行自主研发内联网站于2002年正式上线运行。

人民银行宁波市中心支行内联网站内容丰富、功能强大,在当时互联网还未全面普及的年代，内联网的前瞻性和实用性显得尤为突出。

内联网站彻底改变了信息共享的方式。网站上线前，中心支行的员工往往需要通过别人口头转述来获取中心支行及总行近期发生的最新动态，这种滞后的消息传导方式，导致不少员工无法在第一时间获得有效信息，造成极大不便。内联网站建成后，开辟了多个发布消息的专栏，消息的获取变得实时而便捷，重要信息基本上能在第一时间传达给每一位支行员工。在内联网站"最新动态"专栏中，总行重大方针政策以及中心支行领导动态一目了然，方便大家参阅学习、领会贯彻。在"公告通告"专栏，所有中心支行举办的活动和学习培训的消息都公开，有意愿并符合条件的员工可及时报名参加，这既维护了支行员工活动参与的合法权益，又提高了活动本身的参与度。此外，每个处室在内联网站都开辟了属于自己的专栏，处室内部的工作进展和杰出成果将通过此专栏展示给全支行同仁，有兴趣的员工可以在自身司职领域之外，全面了解中心支行其他处室的工作动态。

内联网站改变了传统的学习方式。网站的"本地金融财经报道"专栏刊登了宁波地区发生的经济金融大事，以往需要从《宁波日报》《宁波晚报》、宁波电视台获取的新闻信息可以轻易从此专栏中获得。"国际金融经济新闻"专栏则刊登了近期国际上有影响力的经济金融事件，对于不太关注国外网站的员工来说，这是一个了解国际经济金融动态的便捷渠道。"网上学院"专栏中陈列了最新、最热的学习资料，这些资料涉猎广泛、内容新颖、实时性强；专栏中的多个主题，如业务在线、时事政治、管理艺术、知识百科等，深受中心支行员工的喜爱，是大家闲暇时休憩、充电的好去处。与此同时，内联网站上还设有一些特定主题的专栏，如"纪检监察"专栏，国家反腐倡廉的工作路线、方针政策被放在专栏最醒目的地方，多起发生在周边的违纪违法事件以通报的形式警示众人，振聋发聩、发人深省。

内联网站是一个理想的互动交流园地,被称之为"心灵港湾"的三江论坛就设在此处。三江论坛是中心支行员工私下交流学习和分享经验的温馨港湾,根据主题的不同,论坛开辟了众多栏目,如实话实说、网上书屋、看图说话、笑口常开、娱乐天天、行摄天下等。论坛"实话实说"栏目的宗旨是想说就说,在这儿,你可以了解到最新、最时尚的热点话题,并欢迎每一位员工亮出你的观点,分享你独特的视角,发出属于你自己的声音。当然,如果你在工作中有什么烦恼和困惑,也可以提出来和大家分享,行内许多前辈都会耐心予以指导,帮助你走出困境。与此同时,一些对中心支行的意见建议也可以通过论坛发帖的形式向大家提出来,其他员工可对建议进行交流讨论,从而形成最终意见递交给中心支行有关部门。"网上书屋"栏目是各位文学爱好者讨论文学的秘密花园,花园中陈列着各类经典的丹青妙笔,并附有发帖者对这些作品的独到见解。同时,花园中还散布着各类写作技巧,供众人学习研讨。在和谐互利的氛围下,众学员博采众长、交流促进,共同提升文学素养。"娱乐天天"栏目是娱乐八卦的发源地,各种意想不到的明星八卦、娱乐圈内幕纷至沓来,最流行的娱乐新闻,最大牌的明星访谈,最新鲜的娱乐焦点,应有尽有。

(三)宁波金融机构综合管理系统

提高引领金融系统的能力,是基层央行履职能力建设的关键。2011 年,人民银行宁波市中心支行为深入推进"两综合、两管理"工作,研发建成金融机构综合管理系统。

金融机构综合管理系统是多方智慧的结晶,在系统设计的过程中,人民银行宁波市中心支行同宁波大学展开深入合作,从技术层面、实践工作层面对系统的可行性、科学性进行了论证,进一步提升了信息系统的技术含量。信息系统以《宁波市金融机构综合管理办法》为蓝本设置模块,充分体现了实用性、操作简便化的基本准则。

金融机构综合管理系统共包含 12 个管理模块。一是业务类模块,包括开业管理、业务开办管理、重大事项报告、综合评价、执法检查、其他管理措施等 6 个模块,是信息系统的核心。二是共享类模块,包括支行综合管理和工作动态两个模块,加强中心支行与支行的上下联动,实现各执法部门之间的信息共享。三是工具类模块,包括法律法规和规章制度两个模块,前者包括全国人大、国务院制定的相关金融制度,后者包括中国人民银行系统制定的最新规章和规范性文件,共计 262 部、180 余万字,供执法人员查询使用。四是管理类模块,用于设置消费者权益保护以及管理约束模块,前者包括兄弟行经验借鉴、金融消费者教育、典型案例库等内容,后者包括廉政跟踪、职权目录、执法流程、行政自由裁量等一系列权力约束性内容。

"两综合、两管理"工作是提高基层央行引领能力的重要方法和手段。依托宁波金融机构综合管理系统,人民银行宁波市中心支行已经形成了从新设立金融机构的开业管理、业务开办,到在营业金融机构的重大事项报告、综合执法检查、综合评价和约见谈话等其他管理措施的运用,最终通过金融稳定工作的市场退出管理,形成了对金融机构从"出生"到市场退出的全过程、全方位、螺旋式上升的管理环,央行的权威性、引领能力得到充分体现。

宁波金融机构综合管理系统的建成,改进了基层央行的金融服务,提高了执法行为的合规性和一致性。借助管理系统的综合利用,延伸了管理的触角,极大地提高了管理的效率和水平。一是实现了管理信息的统计分析功能,系统开通以来,收集了 150 多条"两综合、两管理"的执法过程及结果信息,并能按照执法项目、执法对象、执法部门等关键词进行分类、汇总。二是强化了执法结果处理一致性,各执法部门之间实现了信息的实时沟通、反馈,加强了协调、配合,进一步杜绝了同案不同罚,以及同一金融机构频繁检查,甚至同时进点等管理不一致和"撞车"现象发生。三是系统实现了管理过程透明化,如开业管理涉及开业前期事项请示、50 余项业务

开办,系统记录了每项业务、每个步骤的办理过程和结果,便于内外上下协调,并掌控整个开业管理流程。在对中心支行和县支行20位执法人员进行电话调查,其中85%对系统在改进工作效率等方面表示认同。四是强化了对执法人员的监督和管理,执法人员必须在管理约束栏目所设定的7个方面职权及其流程依法开展工作,并通过廉政跟踪制度由被执法者评价反馈,实现了自我约束与外部约束相结合,提高了执法行为的合规性。

宁波金融机构综合管理系统的建成,形成了管理合力,填补了管理的真空地带。通过执法信息的集成、共享和反馈,各执法处室的管理手段实现了优势互补,实现了1+1>2的管理目标。以新设银行业机构业务开办为例,50余项申报业务中,有10项业务是金融机构营业前必须完成申报审批的,但其中接入城市金融网、"反假币上岗资格证书"持有情况、编制"假币"印章代码等3项业务单个执法处室事前难以监测和控制,需要通过事后监测或现场检查才能发现,造成一定的管理缺失。因此,各执法处室在信息共享的基础上,通过与开业及业务开办事项管理表、开业管理流程图比对、分析,实现业务开办事项的总体事前监测和把控,有效避免了管理真空地带的出现。

第四节　普惠金融的技术路径

2008年以来,宁波以建设市民卡工程为核心,以金融IC卡多应用推广为手段,率先全面深入推进金融IC卡各项试点工作,实现金融服务的信息化、安全化、便捷化。依托多年形成的领先金融IC卡应用环境,人民银行宁波市中心支行紧跟金融服务移动化发展趋势,将移动互联网和智能手机有机结合,大力发展移动金融,以实现金融普惠。

（一）全面深化金融 IC 卡多应用

2004 年,宁波市政府启动了市民卡项目,市信息办就《市民卡建设方案(讨论稿)》向中心支行科技部门征求意见。与此同时,中国人民银行总行也颁布新版金融 IC 卡标准(即 PBOC 2.0 标准),研究制定了中国 EMV 迁移的总体规划,正准备找几个城市进行试点。

人民银行宁波市中心支行积极组织对国内 IC 卡项目进行调研,并对福建的金融 IC 卡项目——"八闽一卡通"进行了实地考察,及时向总行汇报进展。针对市民卡方案中卡片标准不明确的问题,从专业的角度出谋划策,向市政府提交了《关于宁波市建设市民金融储值卡有关情况的报告》,得到了有关领导的充分肯定。经过多次研讨,于 2007 年 10 月完成了《宁波市民卡金融 IC 卡多应用试点业务方案(纲要)》《宁波市民卡金融 IC 卡多应用试点技术方案(纲要)》《宁波市民卡金融 IC 卡多应用试点实施方案(纲要)》等试点方案纲要的起草工作,向总行报批。

2008 年,中国人民银行总行正式批复人民银行宁波市中心支行上报的方案,宁波成为首个金融 IC 卡多应用试点城市,并鼓励宁波率先将与居民密切相关的民政、劳动、医疗卫生、公积金、公安、工商、税务、教育等政府服务项目和交通、公共事业以及其他小额支付商业业务集中整合到金融 IC 卡中,为居民提供多应用服务。自此,金融 IC 卡多应用试点项目在宁波全面启动。2008 年 12 月 22 日,在宁波南苑饭店内,全国人大代表杨晓霞作为维科精华家纺有限公司的一名普通员工,被特邀领取宁波市第一张市民卡,通过电子现金在 POS 机上非接触式支付,成功购买了一个价值 98 元的 U 盘,标志着国内首张具有金融 IC 卡应用功能的市民卡在宁波正式发行。

在人民银行宁波市中心支行的统一部署下,宁波积极开展金融 IC 卡多应用试点推广活动,不断努力创新,加快辖内金融 IC 卡的发展脚步,并逐渐应用到公交、农贸市场和医疗领域。2011 年 4 月 2 日,南苑菜市场成为全国首个可以刷银行卡买菜的菜市场,当天由

中心支行牵头举办的"用金融IC卡买菜9折"优惠活动,吸引众多市民踊跃参与,中央电视台二套为此专门进行了报道。菜市场能够刷IC卡,也从侧面说明了IC卡多应用的最大特点,就是紧扣民生服务。一个月后,时任中国人民银行总行行长助理的李东荣来宁波对金融IC卡试点项目进行验收,并且召开了全国金融IC卡工作会议。李东荣行长助理对宁波金融IC卡试点项目给予了高度肯定,认为宁波试点项目在业务开展和技术设计上符合中国人民银行颁布的《中国的金融集成电路(IC)卡规范(V2.0)》标准要求,在"试技术、试体制、试管理、试服务、试合作、试效益"方面取得许多突破与成果,并积累了一批可供借鉴的实践经验。他还表示,宁波作为我国实施金融IC卡标准以及多应用的首个试点城市,验证了金融IC卡技术、业务推广的可行性,探索了金融IC卡与公共服务领域、金融信息化与城市信息化相结合的实现路径,为推动我国金融IC卡多应用起到了积极的示范作用。

经过多年坚持不懈的发展,宁波试点地区扩大了金融IC卡的发行规模,改善了受理环境,增加了服务覆盖面,重点扶持了市民卡工程,提高了支付的安全性,得到社会各界的肯定。截至2012年年末,宁波市已有工商银行、农业银行、中国银行、建设银行等12家银行累计发行宁波金融IC卡472万余张,所有发卡银行营业网点全部支持金融IC卡的业务处理工作。金融IC卡除可以在传统涉及市民吃、穿、住、行等日常生活方方面面的近5万家商户、近5万台POS机具上使用,还拓展实现了在社会管理、社会保障、医疗卫生、文化教育、公用事业、公共交通、财政税务等公共服务领域的行政服务功能,大量替代了驾驶证、工会证、就诊卡、门禁卡、加油卡、社保卡、学生证、停车卡等卡证,在许多应用领域填补了国内政府公共服务的空白。如在医疗卫生领域,宁波率先在国内推出了兼具诊疗服务和支付功能的市民卡,实现了自助挂号、自助付费、自助取单、医生端结算等功能,便利了市民就医,为医疗卫生资源的高效利用提供了支持。

在便民服务领域,市民卡可以在停车场、加油站、菜市场、高速公路、便利店和文化娱乐行业使用,也可以完成水、电、燃气、电信等公用事业的缴费。

(二)自主创新手机金融 IC 卡信贷

金融 IC 卡多应用的发展,推动了宁波地区公共服务领域支付水平的提高,也为传统金融服务改革创新提供了经验和借鉴。在金融 IC 卡多应用发展模式不断成熟的基础上,2011 年浙江民泰商业银行宁波分行在确保授信风险和技术风险安全的前提下,结合金融 IC 卡安全芯片和移动通信技术,推出了手机金融 IC 卡信贷项目(以下简称"手机信贷"),在国内乃至国际上首次将金融 IC 卡运用从支付领域拓展到了小额信贷领域。

手机信贷是一种基于手机操作的全新小额循环贷款产品,客户可以通过手机完成贷款、还款和转账等银行交易。在完成对借款人资信评估和授信的前提下,手机信贷为客户提供了全天候 24 小时无地域限制的自助借贷、圈存、查询等银行服务,突破了空间和时间的限制,拓展了银行服务的范围,解决了部分银行营业网点少、金融服务无法覆盖农村边远地区的问题,实现了线上支付与线下支付业务的有效融合。手机信贷是金融 IC 卡的继承式发展,它以 PBOC 2.0 规范为基础,以非对称密钥体系作为身份认证手段,使用安全移动终端 SE(Secure Element)储存客户的敏感信息。其中,移动终端 SE 实质是金融 IC 芯片卡和其他卡片介质的融合,实现了一卡多用,主要使用的介质有 SIM 卡、SD 卡和蓝牙设备等,按操作界面不同,可以分为 STK(SIM Tool Kit)模式和应用客户端(APP)模式两类。

手机信贷试点初期,人民银行宁波市中心支行组织召开手机信贷现场推介会,邀请了 10 余家立足中小企业信贷服务的商业银行以及宁波移动、电信、联通三大电信运营商参加会议,向与会者宣传讲解项目内容和具体做法,得到了与会银行及运营商的积极响应。会后定期与试点银行召开探讨会,反复论证系统建设方案,督促银行

产品上线计划,协调移动等运营商和发卡机构推动卡片测试等技术工作,合力推动产品创新。同时,中心支行积极向宁波地方政府阐述手机信贷产品在高效服务"三农"和小微企业、支持实体经济发展和提升民生服务的现实意义,得到了地方政府的高度肯定和支持,为在辖区全面推广手机信贷产品奠定了坚实的政策基础。

手机信贷产品的推出,获得了小微客户的广泛欢迎。截至 2012 年年末,累计发行手机信贷卡 3573 张,完成贷款审批 3690 笔(个人经营性贷款 3501 笔,消费性贷款 189 笔),授信总额 7.45 亿元,贷款余额 2.22 亿元。其中,单户最高授信 50 万元,最低授信 2 万元,户均授信 20.19 万元。试点产品既是民泰银行支持民营经济的定向信贷渠道和支持小微主体的新型信贷工具,也是人民银行传递窗口指导意图的媒介,有效提升了金融服务的深度和广度。

一方面,手机信贷为银行客户提供了融资的便利。一是时间上的便利。客户可以突破银行工作时间的限制,在 7×24 小时的任何时间点,通过手机提出贷款需求,确认贷款交易,实现即时的贷款发放。二是空间上的便利。客户无须到银行柜台当面提交贷款申请,在手机信号覆盖的任何地点,均可完成贷款发放,将传统的柜面贷款和网上银行贷款延伸到了移动终端设备上,突破了空间的限制,满足了现代社会人们移动化生活方式的需要。三是互动上的便利。无论是短信还是智能化的操作界面,均是社会公众较为熟悉的信息化产品,客户在提交贷款需求后,系统将自动回复当前贷款利率等信息,操作简单,所有用户只需一纸说明便能操作自如。四是成本上的便利。手机信贷利用现代通信技术降低了交易的成本,提高了金融服务的可获得性。贷记卡预借现金模式下,贷款成本较高,而使用手机信贷系统可以节约 40% 以上融资成本;信用卡业务模式下,预借现金利率期限固定,日利率固定为万分之五,且存在固定还款日的限制,而手机信贷业务采用浮动贷款利率,利率定价方式灵活,在授信的有效期内,借款人可自行选择贷款期限。

另一方面，手机信贷提高了银行的管理效率。一是提高银行服务效率。手机信贷由后台计算机直接控制，贷款发放快速有效，优化了贷款的发放流程，及时满足了"三农"和小微企业领域海量用户的贷款发放需求，提高了银行服务效率。二是增强内控合规管理。手机信贷的整个授信贷款过程处于计算机流程控制下，免去了过多的人工操作流程，保障了内部操作规范性，减少操作风险的发生。三是细化管理方式。系统自动化操作为金融机构节省了较多的人力成本，金融机构可以将更多人力物力投向薄弱的贷前调查和贷后管理环节，使信贷工作迈上精细化之路。四是实现信贷的普惠。与传统金融贷款业务相比，手机信贷扩大了金融服务覆盖面，包含了"三农"和小微企业等主体，普惠了更多的社会群体，更好地履行了银行的社会责任。

宁波地区的手机信贷一直受到中国人民银行总行的密切关注和支持。时任总行副行长的李东荣于 2012 年 7 月来宁波重点调研手机信贷项目，对人民银行宁波市中心支行在金融 IC 卡方面的创新工作给予了高度评价，认为手机信贷方面的突出成绩，真正实现了"便民"的服务宗旨。同时指出，人民银行宁波市中心支行运用金融 IC 卡技术探索开展的手机小额信贷，具有十分积极现实的创新意义。

（三）普惠金融发展新方向——移动金融

随着互联网技术的发展以及移动客户端的普及，中国人民银行总行越来越意识到通过移动技术将金融服务和信息化相互融合的重要性，即发展移动金融，并做了不少调研工作。与此同时，宁波市也正好提出发展"智慧城市"和"电商换市"的战略，加上之前金融 IC 卡多应用试点项目的基础，可谓是天时地利人和。人民银行宁波市中心支行多个相关部门共同努力，组织协调各商业银行大胆创新，在终端开发、支付服务、平台建设和创新应用方面积极探索，不断丰富移动金融内涵，作为普惠金融的具体实践方向。

普惠金融,是党的十八大明确提出的概念,通俗的说法就是让小微企业、弱势群体和大企业、富人一样,充分参与到金融活动中来,享受到金融服务。它是一个新的理念,简单而复杂。简单在于普惠金融传递的是最朴素的思想——让所有人都能够获得同等的金融服务。复杂在于发展普惠金融的道路正处于起步阶段,未来社会各个层面的金融服务需求是不断变化、不断演进的,需要人民银行宁波市中心支行结合宁波当地实际情况不断调整、探索和创新。

经过大量调研,最终确定移动金融作为实现普惠金融的具体路径。主要理由是移动金融自产生、融合以及不断的演进过程中,通过发挥移动互联网和手机终端的新特性,与普惠金融"可持续、广覆盖、高便利、易获得"的特征天然契合。具体表现为:移动金融的服务模式是可持续的,服务主体具有广覆盖性,供求机制实现了高便利性,业务载体则保障了金融服务的易获得性。移动金融以移动支付为基础,可以说是金融服务的必然选择和普惠金融的重要创新平台。

从金融 IC 卡到移动金融,并上升到推行普惠金融,人民银行宁波市中心支行一步一个脚印地去探索和实践,并且逐渐走出了一条独具宁波特色的普惠金融道路。简而言之,就是立足地方发展实际,坚持服务民生导向,紧紧围绕金融 IC 卡移动化发展趋势,将移动金融作为宁波普惠金融发展的重要方向,真正做到以"科技普惠民生"。

第六章 反金融脆弱性

第一节　创建金融安全区

　　1999 年 1 月 25 日,在中国人民银行上海分行工作会议上,吴晓灵行长表示要把建立沪浙闽金融安全区作为中国人民银行上海分行成立后的第一项工作,并认为建立金融安全区要着手建立金融风险防范的"三道防线",即培育社会信用意识、提高金融机构经营管理水平和强化金融监管。为了更好地规划、建设金融安全区和对金融安全区进行定量测评,中国人民银行上海分行制定了一套指标体系。对照之下,20 世纪末宁波金融系统面临的主要风险有:

　　(1) 国有商业银行不良贷款集中暴露,不良贷款率连续攀高。1998 年,本外币不良贷款余额为 115.26 亿元,比年初增加 50.03 亿元,不良贷款率为 24%。

　　(2) 农村信用社的信贷资产潜伏着巨大的风险。1998 年,宁波市农村信用社不良贷款率为 23.56%,有高风险农村信用社 23 家,其中资不抵债的有 12 家。

　　(3) 宁波融资中心由于违规大量拆出资金,导致逾期无法及时收回,难以维持正常的资金周转,于 1997 年 9 月末被迫停止拆借业务。当时拆入资金余额 13.06 亿元,其中向市内各商业银行(农村信用社)清算备付金账户拆入资金余额 3.49 亿元。拆出资金余额12.5 亿元。

　　(4) 多家越权审批设立、违规办理金融业务的机构面临严重的

支付风险和违规经营风险。

（5）存在着大量的非法金融机构和非法金融活动，潜伏着较大的风险，企业逃废债现象严重。1998 年年末，宁波市有非法金融机构 1 家，从事非法金融业务活动 85 家，有乱集资企业 676 家，非法集资 17.9 亿元。1995 年以前，有逃废债行为企业 762 家，涉及银行资金 4.4 亿元；到 1998 年底，宁波共有逃废债行为的企业近 2000 家，逃废金额近 19.1 亿元。

（6）经济金融案件频繁发生。1997 年、1998 年宁波查处的经济金融案件数量多、金额大、涉案官员级别高，轰动全国。

宁波市在创建金融安全区过程中，实行了"一把手负责制"。地方政府在"创安"工作中起到关键性作用，在化解高风险信托机构方面，专门成立由市长任组长的"化解风险协调小组"，并组成经验丰富、具有高度责任感和协调能力的"顾问组"进驻高风险信托公司，帮助其化解风险。同时，市政府在"创安"工作实践中形成了"立足发展、积极稳妥、内紧外松、依法办事"四项原则，并在指导金融工作上提出三条方针：一要自觉按金融规律办事，尊重金融机构自主经营权；二要确保地方性中小金融机构的安全运行；三要切实维护金融债权安全，整治"金融三乱"现象，创造良好的信用环境。

各法人金融机构和市级银行分支机构的创建工作，由各金融机构一把手负责，每季度对照一次金融安全区各项指标要求，进行一次分析测算，评价自身的风险情况，区分不同情况，研究并落实具体工作措施。同时，人民银行宁波市中心支行和所辖各支行进一步完善监管网络，要求监管部门工作人员有 1/3 以上时间深入到各家金融机构调查研究，集中精力抓好监管。特别是对有问题的金融机构及其高级管理人员，加大现场检查的力度和频度；对有问题的不守信用企业和逃废债企业及其法人代表，实施各种制裁措施。

根据金融安全区的指标体系，1998 年宁波是金融不安全区，1999 年为金融次级安全区。2000 年在基本实现安全区目标的基础上，制定和实施了《辖区防范和化解金融风险工作三年规划》。加强对金融运行安全性的监测和分析，对辖内金融体系的薄弱环节和风险高发点进行全面排队摸底，对排查出来的突出问题，加以跟踪监管，采取切实有效措施消除风险隐患。

2003年，在实现金融安全区创建目标和防范化解金融风险工作三年规划的基础上，通过德尔菲法优选出较适宜评价区域金融稳定的指标，再根据区域金融稳定评价指标的选取原则，将区域金融稳定的指标体系分为三个层次，即目标层、准则层和指标层，并运用AHP来确定评价指标的权重。由于各指标的性质、量纲不同，因此，对指标进行性质转换和无量纲化处理，得出相应的变换值后加以合成。

第二节　打造良好金融生态环境

2004年12月，在"中国经济50人论坛"上，中国人民银行行长周小川首次提出"改进金融生态"，并在中国人民银行2005年工作会议上强调指出，要进一步改善金融生态环境，把促进改善区域金融生态环境作为中国人民银行各分支机构为地方经济发展服务的一项重要内容。周小川行长认为"金融生态"是一个比喻，它指的主要不是金融机构的内部运作，而是金融运行的外部环境，也就是金融运行的一些基础条件。

2005年，人民银行宁波市中心支行组织人员对辖内县（市、区）进行了县域金融生态环境专题调查，分析县域金融生态环境存在的问题。调查发现县域金融生态普遍存在产业层次较低、经济行为不规范、社会信用建设落后、产权不完整、抵押担保受限以及银行规避风险的手段单一等问题。针对这些问题，宁波市政府将改善金融生态纳入辖内县（市、区）政府目标责任制考核范畴，解决了改善金融

生态与发展地方经济的激励相容问题。市政府考核办法出台后,有关县(市、区)政府对改善金融生态的指标非常重视,和中国人民银行分支行一起分析现状,找出差距,研究措施,在改善金融生态的具体个案上出实招、办实事、说实话。

为改善区域金融生态,探索建立与金融监管部门的合作机制,整合监管资源,共同构建辖区金融生态。在市政府的领导下,人民银行宁波市中心支行与宁波银监局、证监局、保监局联手建立金融监督管理协调机制,实现辖区金融管理部门在金融政策的沟通协调、信息资源的交流共享、监管工作的协调合作、重大事项的沟通与紧急磋商等方面的合作,为维护金融稳定、改善金融生态建立了一个良好的工作机制。在这个架构下,增强工作的针对性与协调性。针对地方政府负债规模偏大的问题,指导金融机构客观评价政府类贷款项目本身的风险、收益和政府的财政实力,既对债务率、负债率、偿债率加以监测和控制,又避免因集中实施信贷退出而加剧风险。对房地产市场,加强风险监测与评估,密切关注房地产发展态势,通过多种方式防范和化解潜在的金融风险。

在市政府、"一行三局"的努力以及各金融机构的广泛配合下,金融生态环境得到有效提高,在 2005 年起的中国社会科学院历年《中国城市金融生态环境评价》中,宁波市排名一直相对靠前,稳居国内第一方阵。

第三节　区域金融稳定协调机制

2006 年,人民银行宁波市中心支行首次对外发布了《宁波金融稳定报告(2006)》,对宁波金融体系的稳定状况进行了全面评估,包括宏观经济形势,以及银行、证券和保险等金融机构运行情况。此后,每年都进行稳定报告的发布,并对金融稳定报告的内容逐步进行丰富,进一步报告了金融市场(同业拆借、票据市场、外汇市场以及黄金市场等)运行情况和金融基础设施(支付清算体系、征信体系、反洗钱体系和反假币体系)建设情况。

开展了金融机构稳健性自评估,这在全国是首创,内容包括基本经营情况、内部控制、创新业务以及风险控制等情况。稳健性自评估不仅可以使我们掌握金融机构的风险状况,还为下一步的现场评估埋下了伏笔,能事先发现问题的苗头,快速地切入现场评估的重点领域。

对于出险企业,展开了多层次的合作。2004 年 1 月 18 日,工商银行宁波市分行与华融资产管理公司杭州办事处在北京举行了采取收益分层合作处置抵债资产签约仪式。这标志着工商银行与华融资产管理公司首次以商业化运作方式合作处置不良资产。为尝试抵债资产处置新途径,工商银行宁波市分行和华融资产管理公司杭州办事处合作,组织由熟悉抵债资产管理和处置,熟悉法律、财务,具有律师和注册会计师资格的人员组成项目团队。工商银行宁波市分行将账面价值 7.1 亿元抵债资产,评估值为 5.017 亿元,按评估价的 80％设定为优先收益权计 4 亿元人民币转让给华融资产管理公司杭州办事处;次级收益权的价值为评估价的 20％,金额 1.017 亿元由宁波分行保留作为抵债资产处置的风险准备。处置收益按照优先收益、次级收益顺序分配,超过部分作为剩余处置收益,工商银行宁波市分行和华融资产管理公司杭州办事处按 80％比 20％的比例分配。

通过双方合作管理和处置,项目进展顺利,资产处置取得较好收益,剩余处置收益分配给双方带来盈余。合作处置充分发挥工商银行宁波市分行和华融资产管理公司在不良资产管理、信息、处置等方面的优势,实现优势互补。提高了工商银行宁波市分行抵债资产的流动性,提前获得现金流,改善资产结构,既赢得了处置时间,又保留了抵债资产的升值机会,实现抵债资产处置变现的最大化,同时通过对处置收益权和现金流瀑布分配的结构设计,控制了华融资产管理公司杭州办事处的投资风险,实现商业化经营,从而达到"双赢"的目标。

金融风险具有很强的传染性,没有固定区域边界。为加强金融稳定工作的跨地区协动,2010年浙东五市共同签署了《浙东经济合作区维护金融稳定合作备忘录》。依托于浙东经济合作区,制定和推进创建区域金融安全规划的实施,积极应对各类金融风险,维护区域金融稳定,合力应对重点企业、行业、地区的信贷风险,积极防范和化解资金链、担保链以及非法集资风险。强化信贷资金流向监测,严防银行信贷被挪用高利贷、非法集资以及流入虚拟经济等领域。

第四节　不良贷款证券化的探索

为积极探索不良贷款处置的新方法和新渠道,解决不良贷款问题,工商银行总行于2003年9月在宁波市召开了不良贷款证券化研讨会。然后,选定宁波市分行为不良贷款证券化项目试点行,聘请瑞士信贷第一波士顿有限公司和普华永道会计师事务所分别担任试点项目的财务顾问和尽职调查服务商,正式启动了国内银行首例不良贷款证券化处置的试点项目。

2003年12月前,宁波市分行先后完成了信息采集、资产审核、资产管理和处置计划审议、交易结构设计、法律结构设计等多项工作。项目选择238户企业,不良贷款本金26.03亿元,包括应收表内、表外利息共计33.09亿元组成资产组合。2004年年初,宁波市分行进行了中介机构选聘、方案设计、信用评级、交易条款的进一步论证、交易文本起草、承销安排等工作。项目采用了清算信托结构(Liquidation Trust,LT)的交易结构,通过将资产组合委托给信托公司的形式设立特殊目的的信托（Special Purpose Trust，SPT），达到证券化资产破产隔离的目的。经过结构分层，设计了 A、B、C 三级不同优先级的信托受益权证券化产品，并采用了现金储备账户，B级受益权回购承诺，C级受益权自行持有等安排。为保护投资人利益，维护金融市场秩序，增加试点项目的规范性和透明度，按照国际惯例宁波市分行同时聘请了中诚信国际信用评级有限公司和大公国际资信评估有限公司两家评级机构，为受益权进行了评级。评级结果，确定资产包现金流 8.18 亿元，其中，A级受益权 2 亿元为 AAA级，B级受益权 4 亿元为 AAA级，C级受益权 2.18 亿元不评级。4月 8 日，宁波市分行在北京与瑞士信贷第一波士顿有限公司签署了财务顾问服务协议，与中诚信托投资有限责任公司签署了不良贷款证券化财产信托合同，与中信证券股份有限公司签署了受益权承销合同和定价协议等文件。法律顾问对交易结构出具了法律意见书。接着，证券化产品销售正式启动，并在北京、上海、武汉、深圳、青岛等地进行了路演推介，向国内 100 多家机构投资者和个人投资者发放了问卷调查和不良贷款证券化受益权产品预约认购单。经过对市场的初步营销，根据当时宏观货币政策、市场利率水平和市场环境，经多方协商、评级机构确认，为达到既符合市场利率水平和投资者需求，同时又能降低发起行的融资成本的目标，在不影响评级结果的情况下，对受益权规模、发起期限和定价进行了调整。在项目实施过程中巧妙地运用特殊目的的信托（SPT）交易结构，实现了风险隔离和不良贷款处置风险转移。6 月 30 日，工商银行宁波市分行根据工商银行总行发布《关于增设资产证券化相关会计科目的通知》，对资产包进行了账务处理。7 月 1 日，工商银行宁波市分行向受托人中诚信托投资有限责任公司交付了信托财产，信托正式生效。承销商中信证券股份有限公司以包销方式承销 A级受益权 2 亿元和 B级受益权 4 亿元，7 月 30 日销售完成，工商银行宁波市分行收到 6 亿元受益权转让价款。随后的资产管理和处置回收工作进展顺利。这标志着国内商业银行首例按照国际通行标准的不良贷款证券化试点项目取得圆满成功。不良贷款证券化试点项目交易结构获英国《财务总监》(亚洲版)2004年度最佳交易奖。

通过不良贷款证券化方法处置,达到了不良贷款"真实销售"的标准,实现了银行将不良资产从资产负债表中剥离的目的,当年工商银行宁波市分行不良贷款率下降到 1.5％以下,比项目实施前下降了 6 个百分点,转移了资产风险,改善了资产结构,并且提前实现了未来可预见的、稳定的现金流,增加了资产的流动性,获得了从事具有更高边际收益项目的资金。工商银行通过宁波市分行不良贷款证券化试点,打开了一条不良资产处置的新途径。在试点基础上,工商银行建立了相关的规章制度,并在实践过程中逐步建立了一个包括法律、财务、会计、风险管理、资产管理、市场营销等多方面人才组成的项目团队,为工商银行在资产证券化业务领域的发展提供了制度和人才保证。

第七章 组织蝶变

第一节 宁波银行上市之路

宁波银行股份有限公司（以下简称"宁波银行"）成立于 1997 年 4 月 10 日，在原宁波市 17 家城市信用社和 1 家城市信用联社的基础上组建，成立时总资产 44.46 亿元，各项存款 31.9 亿元，各项贷款 21.8 亿元。2006 年 5 月，引进境外战略投资者新加坡华侨银行；2007 年 5 月 18 日，宁波银行上海分行开业；2007 年 7 月 19 日，宁波银行在深圳证券交易所挂牌上市，成为国内首批上市的城市商业银行之一。

宁波银行充分发挥经营体制灵活，管理体制高效的优势，顺应中国经济发展的浪潮，结合区域市场特征，聚焦中小企业，各项业务均取得长足发展，成为一家具备一定知名度的区域性上市银行。当前除扎根宁波经营之外，已在上海、杭州、南京、深圳、苏州、温州、北京、无锡、金华和绍兴设立 10 家分行，拥有 230 多家网点和 6300 多名员工。

宁波银行从刚成立时的困难重重，到上市后发展成为资产质量好、营利能力强、资本充足率高、不良贷款率低的银行之一。回顾发展历程，公开上市是重要的环节，在深交所公开上市，使得其建立起持久的资本补充渠道，为其建立规范化的公司治理机制，打造差异化的核心竞争力奠定了扎实的基础。

（一）以公开上市为契机，推动银行经营管理水平的提升

1. 消化包袱，轻装上阵

宁波银行在成立之初，历史包袱较重，一开始发展举步维艰。宁波银行在市委、市政府和各监管部门的帮助与指导下，进行了一系列卓有成效的改革，通过健全规章制度，突出经营重点，加大产品创新，引进民资入股等措施，为构建现代商业银行的发展架构打下了坚实的基础。经过坚持不懈的努力，宁波银行在没有政府不良资产剥离的情况下，依靠自身经营，到 2004 年左右消化了大部分历史包袱，逐步从一家高风险的银行转变成为城市商业银行中较好的银行之一，获得监管部门和业界的认可：在 2005 年、2006 年中国银监会对全国 100 多家城市商业银行的综合评价中，连续两年位列前 2 位；在中国《银行家》杂志评选的 2005 年度全国城市商业银行财务竞争力评选中排名第 1 位。

2. 引进战投，引资引智

为引进先进的经营管理理念，加快提升综合竞争能力，宁波银行从 2005 年开始着手开展战略投资者的引进工作。在引进战略投资者的过程中，宁波银行没有一味追求大银行，而是秉承"只有合适的，才是最需要的；只有文化接近的，才有可能真正地合作"的理念，选择最为合适的战略投资者。经过半年多的努力，2006 年 1 月，宁波银行最终选择在经营理念和文化背景上比较契合的新加坡华侨银行作为战略投资者。引进战略投资者为宁波银行提供了资本补充，同时使其能够快速借鉴国外先进银行的经验，进一步健全和提升经营管理机制，有效调整经营战略和发展目标，实现了既"引资"又"引智"。

3. 革新流程，提升效率

2005 年以来，中国银行业进入大变革时代，新的行业监管政策更加开放，这为宁波银行在新时期的快速发展提供了难得的历史机遇。宁波银行结合自身区位和业务特点，本着有利于控制风险、有利于拓展业务、有利于保持效率的原则,进行业务和管理流程再造,重新整合业务和管理的体系。到 2006 年,宁波银行初步形成分工明确的前中后台专业条线,前台为公司大中企业业务、公司小企业业务、个人业务条线,中台为风险管理条线,后台为综合管理条线。业务流程革新和专业条线的设置,为宁波银行提高各项业务的管理水平和运行效率,实现集约化、专业化发展奠定了良好基础。

4. 增资扩股,完善治理

宁波银行 1997 年成立时总股本为 2.38 亿股。由于业务规模持续增长,同时基于开办新业务的需要,宁波银行在上市前实施了 3 轮增资扩股,在增资扩股的过程中,引入了雅戈尔、杉杉、富邦、华茂集团等优质的民营企业入股,在优化股权结构的同时,实现与宁波区域经济的有机结合,使宁波银行股东包含政府、民营、外资等多种投资主体,形成股权相对多元化、没有绝对控股股东、各股东均能充分享受权利和履行义务的公司治理局面,是中国银行业中比较合理的股权结构。

5. 走出宁波,跨区发展

经过几年来持之以恒的努力,宁波银行各项经营管理水平均有了较大幅度的提升,与此同时监管部门支持经营状况好、管理能力和创新能力较强的城市商业银行实现跨区域发展。2007 年 1 月 8 日,宁波银行获准筹建上海分行。同年 5 月 18 日,宁波银行上海分行正式开业,成为首家在上海开设分行的城市商业银行,迈出了跨区域经营的第一步。此后,宁波银行相继在杭州、南京、深圳、苏州、温州、北京、无锡、金华、绍兴等地开设分行,持续完善以"长三角为主体,以珠三角和环渤海区域为两翼的一体两翼"机构发展布局。

6. 公开上市,加速发展

截至上市前的 2006 年年末,宁波银行总资产 564.87 亿元,各项存款 461.43 亿元,实现净利润 6.39 亿元,不良贷款率为 0.33%,各项经营数据较成立之初已有较大幅度改善,管理体制逐步成熟,经营业绩逐年好转，监管评价持续提升，成为城市商业银行中较好的银行之一。为进一步完善公司治理机制，扩大知名度和影响力，提升业务发展的竞争力，2006 年宁波银行启动了公开上市工作。2007 年 7 月 19 日，经中国证监会核准，宁波银行在深交所正式挂牌上市，成为国内首批上市成功的城市商业银行。

（二）打造差异化的核心竞争力，推动银行可持续发展

上市后，宁波银行逐步形成了自身的经营特色和竞争优势，始终以"了解的市场，熟悉的客户"为业务准入原则，坚持"门当户对"的经营策略，强化以中小企业为主体的市场定位，同时积极拓展个人业务，着力推动中间业务和资金业务的发展，经营业绩得到外界的广泛认可。

1. 公司治理运转高效

宁波银行持续完善以股东大会、董事会、监事会、高级管理层组成的公司治理结构，全行在董事会的领导下，价值取向明确，以客户为中心，为股东创造最大的价值，严格按照《公司法》和各监管机构要求，不断完善"三会一层"治理架构以及决策程序和规则，公司透明度较高，市场约束较强，先后荣获"中国上市公司董事会金圆桌奖""中国上市公司竞争力公信力十强单位""中国中小板公司十佳管理团队"等殊荣。

2. 利润来源日趋多元

积极推进管理创新和金融技术创新，努力打造公司银行、零售公司、个人银行、信用卡、金融市场、票据、资产托管、投资银行八大利润中心，利润来源日趋多元化。公司银行"三个专家"口碑渐显，即区域性进出口贸易金融专家、中型企业现金管理专家、中小企业电子金融服务专家；零售公司"金色池塘"金融系列产品持续丰富，小微企业基础客户群不断壮大；个人银行初步形成以"白领通""贷易通""薪福宝"等一系列拳头产品为带动的客户服务体系；金融市场的外汇做市商、利率互换等业务在同类银行中处于领先

水平；信用卡的商英卡、易百分等业务得到市场广泛认可；票据业务基础客户群积累初见成效；投资银行业务成为服务客户的重要手段；资产托管业务规模开始稳步增长，对赢利和资本节约的贡献逐步加大。

3. 区域市场协同发展

经过持续积累，宁波银行各区域市场业务稳健发展，市场竞争力不断增强。宁波地区业务转型稳步推进，市场竞争力持续显现；分行区域初步站稳脚跟，品牌影响力逐步建立。宁波银行的宁波地区支行在市场份额、产品创新、人才培养、品牌形象等方面的竞争优势逐步显现，在总量继续保持较快增长的前提下，个人银行和零售公司两条线的业务规模已占50％左右，为今后宁波地区业务的持续转型奠定了良好基础。同时，宁波银行各异地分行均能结合本地实际，有效贯彻稳健发展理念，在各区域市场初步站稳脚跟，赢得了市场、客户和监管部门的广泛认可。特别是随着业务流程、管理体系的不断完善，宁波银行各异地分行均呈现出良好的发展态势，规模效应正逐步显现。

4. 风险管理水准不断提升

在推进业务稳健发展的同时，宁波银行始终坚持"控制风险就是减少成本"的风险理念，不断完善全面风险管理体系。借助外部咨询机构，借鉴国内外先进风险管理理念及应用工具，已经初步构建起包括信用风险、市场风险、操作风险、道德风险、法律风险、声誉风险等在内，前中后台一体化的全面风险管理体系。宁波银行是同类银行中较早推动新资本协议项目实施的银行，在2011年年底便制定了《宁波银行新监管标准实施规划》，目前正按规划逐步实施。同时，宁波银行依托独立的授信审批体系，最大限度地规避行业和区域风险，适应经济周期波动，增强发展的可持续性。

5. 科技支撑能力不断增强

宁波银行成立之初，各项科技系统都较为落后，经过十多年的建设,已经在同类银行中建立起一定的比较优势。该行牢固树立科技就是第一生产力的理念,不断加大科技投入的力度,目前全行建有132套业务系统,能较为全面地支撑各项业务发展。宁波银行以业务驱动为着力点,持续深化应用系统建设,逐步构建面向业务、面向服务、面向客户的“三位一体”应用系统体系,为银行长远发展提供坚实的科技支撑。

6. 坚持以人为本的企业文化

宁波银行一直以来十分注重企业文化建设,逐步确立了“诚信敬业、合规高效、融合创新”的企业文化,塑造全行统一的价值观和经营理念。作为一家股权多元化的区域性上市银行,保持良好的开放性,营造宽容的、和谐的、奋发进取的环境,善于调动各级员工的积极性和创造性,善于融合吸收各类优秀人才、先进文化和经营理念、管理技术,不断地进行变革和创新,已经初步建立起一支高素质的人才团队。目前,宁波银行已经成为很多金融行业从业人员和应届大学生理想的发展平台,对人才的吸引力在不断加强,这有助于其不断提升员工队伍素质,迎接银行业新时代的挑战。

7. 积极履行企业社会责任

作为一家富于责任意识的上市银行,宁波银行秉承“公平诚信、善待客户、关爱员工、热心公益、致力环保、回报社会”的社会责任观,自觉将自身发展与社会进步相结合,积极履行社会责任。宁波银行在倡导节约资源、保护环境,积极发展绿色信贷的同时,热衷社会公益事业、关注弱势群体、扶贫帮困,深入到福利院、贫困小学、社区,开展公益活动,连续两年获得“宁波市最佳慈善机构”称号,并荣获“中华慈善突出贡献奖”等多项大奖。

回顾宁波银行的发展历程,引进战略投资者和公开上市是其快速发展过程中的重要节点。雄关漫道真如铁,而今迈步从头越,面对新的竞争形势,自强不息的宁波银行人一如既往地秉承“诚信敬业、合规高效、融合创新”的理念,以改革的精神、开放的心态、坚定

的信念,把宁波银行打造成一家令人尊敬、具有良好口碑和核心竞争力的现代商业银行。

第二节　鄞州农村合作银行的组建

鄞州信用合作联社(下称鄞州联社)于 1987 年经中国人民银行总行批准成立,是全国最早实施与农业银行脱离行政隶属关系的试点农村信用联社之一。1998 年 10 月,经中国人民银行浙江省分行批准,鄞州联社实施统一法人核算管理试点。2002 年 12 月末,各项存款余额 95.06 亿元,各项贷款余额 79.25 亿元,存、贷款余额分别占区域内 13 家金融机构的 33% 和 40%;其经营规模居宁波市县(区)级金融机构首位,资产总额 175.8 亿元,员工总数 1100 人,营业网点 140 余家。

2001 年 8 月 9 日,中国人民银行行长戴相龙、中国人民银行上海分行行长胡平西和浙江省委常委、宁波市委书记在鄞县信用联社调研时提出组建农村合作银行的设想。经过一年半时间的努力,到 2003 年 4 月 8 日,由中国人民银行上海分行行长胡平西和宁波市市长金德水共同为鄞州银行揭牌,为中国农村信用社改革提供了一个实践范例。至 2003 年 3 月末,各项存款已超过 100 亿元,各项贷款 81 亿元,资产总额 221 亿元。

尽管鄞州区经济发展很好,在全省、全国处于领先地位,区域内农民人均收入当时已达到 6510 元,区内个私工商经济发达,金融机构林立,资金供应充裕,但仍有相当部分的农民由于交通、文化、年龄结构、知识结构等因素没有脱贫,仍需要为他们提供维持简单再生产的资金扶持,仍有很大部分处于发展阶段的中、小企业由于规模小、风险高、内部管理不完善、财务报表不全等原因得不到商业性贷款的支持。对"三农"的政策性扶持与银行商业化经营的矛盾相

当突出。鄞州联社在当地具有很高的美誉度,经营业绩良好,领导班子管理能力也较强,其经营范围也比一般农信社要多(具有经财政部、中国人民银行、国家开发银行、中国进出口银行审定的国债、金融债承销商资格;经中国人民银行、国家外汇管理局批准的自营外汇业务资格等),但从本质上考察,还是存在产权不明晰、管理体制不顺、法人治理结构不完善等弊端。

为了从根本上解决这些矛盾和问题,在各级人民银行、行业管理部门领导及专家的具体指导下,组成专门班子,分别从产权体制、股权结构、治理架构以及业务定位等方面进行了研讨和探索,推出了把鄞州信用联社改造成农村合作银行的全新模式,在某些领域有重大创新和突破。

(一)以合作制为基础,吸收股份制精华的产权体制设计

农村信用社的发展方向和发展空间决定其特定的市场定位。农村信用社与农业、农村和农民有着千丝万缕的联系,生于斯,长于斯,与广大农民的命运、农村经济的发展紧密地联系在一起。离开"三农",农信社就会成为无源之水、无本之木。农信社的属性、地位及所处环境决定其市场定位必须是立足于"三农",服务于"三农"。为确保改制后的农信社不偏离服务"三农"的方向,必须从股权结构、治理架构上予以保证。根据当时鄞州经济、社会发展现状,如果把农信社在产权体制设计上改成纯粹的农村商业银行显然是不行的,追求利润最大化必然会给农业这一弱势产业的发展带来负面影响,会背离服务于"三农"的定位,不利于鄞州经济的协调发展,也许会使本来原已存在的矛盾更加激化。而原来一般意义上的农村信用社,又无法满足农村经济发展过程中广大中、小企业的融资需求和心理需求。可否把合作制的互助服务功能与股份制的现代企业制度结合起来,创造一个全新的产权模式?如若把其改造为农村合作银行,其产权如何明晰?怎样理顺体制?如何完善法人治理结构?如何满足农村不同层次(群体)的融资需求?带着这些问题,鄞

州联社曾组织召开大大小小 66 次不同类型、不同层次对象参加的座谈会，广泛倾听当地中小企业、农户、基层干部、信用社员工的意见，最终形成的共识是以创新的精神来突破产权体制设计，即以合作制为基础，同时吸收股份制的精华来设计产权制度，把鄞州联社改制定位在由辖内自然人、企业法人和其他经济组织自愿入股组成的，实行民主管理，主要为农民、农业和农村经济服务的农村合作银行，是具有真正意义的民办、民有、民管的民营银行，入股股东通过享受优惠的金融服务和投资分红来得到回报，同时以利益为纽带加强其对银行经营管理和监督的积极性。

股金募集在充分自愿的基础上定向、定量募集。所谓定向，就是把准备募集的股份以各行政区域为单位，根据当地的经济结构、群众参与意愿及金融服务供求关系等因素，核定高限，定向募集；所谓定量，就是根据产权结构设计，分自然人股、法人股定量募集，规定法人股募集不足的可增募自然人股，而自然人募集不足的只能异地调剂，不得改向法人募集。自然人股中员工股不得超过总股份的 25%，以确保设计目标从一开始就得到体现和保证。

(二) 以资格股为前提，增加投资股以满足不同层次参与者需求的股份结构设计

鄞州银行总股本金额为 22066.44 万元，在股权结构上设置了资格股和投资股。资格股的对象主要是区域内自然人（农户、个体工商户、银行员工等）及无法人资格的合伙制企业，其认购最低限额为 1000 股，其入股的目的主要在于满足其提供金融服务的需求，募股时规定在联社享有金融服务的对象均可自愿申请成为合作银行资格股东，尽量扩大入股面，以体现合作制的广泛性、群众性原则。为满足企业法人参与者的投资方面需求，规定凡已认购法人资格股（10000 股）的股东可追加投资股，但投资股仅限于吸收已认购资格股的有效益、讲信誉、管理好、业绩佳、有一定规模的区域内法人企业。通过对近 3000 家开户企业中按连续 3 年盈余、对外投资低于净

资产50％、资产负债率低于70％、无不良信用记录、在原信用社开立基本账户等5方面条件综合考虑，共吸收632家企业追加了投资股。资格股、投资股股东均有按其所持股份取得红利、获得合作银行金融服务的优先权和优惠权、按其与合作银行的业务交易量享受优惠返回等权利。

同时对不同层次的股份比例及单个自然人或法人的最高持股额进行了适当限制，规定："自然人股东持股总数不得低于总股本的50％；银行员工持股总额不得超过股本总额的25％；单一法人股东直接或间接持股比例不得超过总股本的5％；单一自然人股东直接或间接持股比例不得超过总股本的0.5％。"这样，既防止了一股独大，过分地追求投资回报，从而削弱对区域内农民、农业和农村经济的支持力度；又避免产生内部人控制现象，出现制约机制、监督机制乏力的问题。

（三）以防范风险、稳健发展为主要目标的治理架构设计

鄞州银行以股东代表大会作为其权力机构。在设计上，股东代表大会的构成形态为：员工股东、其他自然人（农户、个体工商户等）股东、法人股东三者之间分别以2∶3∶3的比例定向分块产生。股东代表按资格股一人一票，法人投资股每10万股一票选举产生。股东代表的选举办法是：自然人股东代表由银行员工、农民及其他自然人分地区以委托代理人的方式选举产生；企业法人股东由全体法人股东直接选举产生，股东代表在行使其权力时，即在股东代表大会上表决时，为一人一票，体现合作制的基本原则。因此，尽管法人投资股按每10万股一票选举产生股东代表，但由于法人股东代表只在其自身范围内直接选举产生，并且最多只能达到全体股东代表数的3/8，而银行员工和其他自然人组成的自然人股东代表则可达到5/8。而作为合作银行的决策机构董事会和监督机构监事会，其人员构成也以员工股东、其他自然人股东和企业法人股东的2∶3∶3比例按合作制精神一人一票选举产生。这样，在治理结构上就有效

地防止了被少数人、大股东控制的可能,从而保证对区域内农民、农业和农村经济的支持力度。同时,由于员工股在其中也占有一定比例,对经营成果更为关注,内部监督也相应加强,经营管理层的工作压力更大,激励亦更直接。三者之间既有机结合,又相互牵制,构成了鄞州银行既不同于合作制,又有别于股份制的全新机制。

第三节　股权投资的试点

宁波股权投资的发展与高新技术直接相关。2007 年 1 月,宁波市科技园区升格为宁波国家级高新区,以新能源、新材料和计算机信息产业为发展重点。2007 年 3 月,宁波激智新材料科技有限公司(简称"激智科技")在宁波国家高新区注册成立,由两位民间天使投资人投资 800 万,由海归博士张彦全权负责企业经营。到 2008 年,激智科技研发出第一条光学生产线,新配方也获得成功,一举打破了国外对光学扩散膜的技术垄断,填补了国内空白。为了推动激智科技光学扩散膜产品产业化,2008 年 8 月,来自美国的"挚信资本"向激智科技注入了 1000 万美金风险投资。2009 年 3 月,公司第 2 条生产线成功投用,当年销售额超过 1000 万元。此后,激智科技进入了发展的快车道,目前,作为国内特种薄膜材料的专业公司,拥有国内最大的精密涂布生产基地,对我国 LCD 产业崛起有着重要的意义。激智科技在 2011 年进行了股份制改制,从此开始走上市之路。

2007 年 6 月 1 日颁发的新《合伙企业法》,从国外成熟的法律中移植了一种新的组织形式——有限合伙制,明确规定有限合伙企业均不得作为所得税纳税主体,而是采取"先分后税"方式,由合伙人分别缴纳个人所得税或企业所得税。由于有限合伙人承担有限责任,且在税收上避免了两重征收所得税,有限合伙制受到了很多股权投资企业的青睐。

2008年，中国人民银行将宁波确立为长江三角洲地区私募股权投资试点城市，宁波也提出了"三个一"工作举措，即创建一个平台，出台一个政策，营造一个环境；发布了《关于鼓励股权投资企业发展的若干意见》，是继天津、上海之后第3个出台相关股权投资企业政策的城市。下辖的5个区（保税区/出口加工区、高新区、江北区、镇海区、鄞州区）随后制定了促进私募发展的政策措施，重点引进大中型股权投资企业，包括新型业态企业诸如量化投资与对冲基金机构等，促进了股权投资企业的活跃。

享受优惠政策前提条件有：①股权投资企业。注册资本应不低于人民币3000万元，出资方式限于货币形式，其中单个自然人股东（合伙人）的出资额应不低于人民币100万元。以有限公司或合伙企业形式成立的，股东（合伙人）人数应不多于50人；以非上市股份有限公司形式成立的，股东人数应不多于200人。②股权投资管理企业。股权投资管理企业以股份有限公司形式设立的，注册资本应不低于人民币500万元，以有限责任公司形式设立的，其注册资本应不低于人民币100万元。

税收优惠政策的主要内容包括：

（1）市政府出台的优惠政策。公司制股权投资企业缴纳的企业所得税和合伙制股权投资企业缴纳的个人所得税的地方留成部分的50%，由同级财政以补助形式进行奖励。如果适用的企业所得税率是25%，地方留成40%，那么财政对企业所得税的补助就是5%。

对企业副职以上的高级管理人员，按照其缴纳的个人所得税地方留成部分的50%，由同级财政以补助形式进行奖励。如果适用的个人所得税率是20%，地方留成40%，那么财政对个人所得税的补助就是4%。

（2）各区出台的优惠政策。保税区/出口加工区、高新区、江北区、镇海区、鄞州区在宁波市政府鼓励措施的基础上，出台了不同的优惠措施。比如，对注册资金的最低要求由市政府制定的3000万元提高到 1 亿元,高新区对基金规模达到 5 亿元以上的大型股权投资企业允许实行一企一策。所有 5 个区对于符合要求的股权投资企业前 3 年的所得税都全额补助。除高新区外,其他 4 个区对于营业税也提供一定的财政补助。梅山保税港区利用省级财政支配权,制定了返还地方留成 34%～36% 的优惠条件以及提供便利的工商服务。从地理便利度、税收优惠度及配套服务满意度的综合考量来讲,梅山保税港区在吸引股权投资企业落户上比国内其他地方更具竞争力。

上述 5 个区还为落户本区的股权投资企业的开办、办公租房购房、区内投资和企业股权融资提供补助和奖励。

在市级层面上,通过设立投资初创型企业和成长型企业两大政府引导基金,即宁波市创业投资引导基金与宁波市天使投资引导基金,利用政府财政资金的杠杆与示范作用带动社会资金投资私募股权,放大政策效应。区级层面也设立了引导基金。例如,鄞州区设立了区级创业(风险)投资引导基金。引导基金通过扶持商业性创业投资企业的设立与发展,引导社会资金进入创业投资领域,促进初创期企业和高新技术企业成长。

国家和宁波市的政策颁布与实施以及高新区特有的产业优势,促进了股权投资企业在高新区的发展聚集。2009 年 8 月,全市首家股权投资管理企业——宁波君润股权投资管理有限公司在高新区成立。2010 年 1 月,全市首家外资背景的创业投资管理企业——宁波新以创业投资管理有限公司落户高新区。鄞州区对注册在辖区注册资本(出资金额)不低于 1 亿元的股权投资企业、股权投资管理企业及成功引入股权投资的区内企业,给予开办奖励、区内投资奖、办公用房补助、股权融资奖、政府特别奖等奖励。

2009 年以后,宁波市的私募股权投资机构不仅在数量上有了巨大的增加,同时也向着北仑区、鄞州区和高新区这三地聚集。2010 年,保税港区开始重点针对股权投资产业招商。2011 年,梅山保税港区成立了新兴产业促进局,类金融事业部专门开展股权投资、融资租赁产业招商服务工作,股权投资产业获得了长足发展。

宁波市创业投资引导基金发挥财政资金的杠杆效应和引领作用,引导社会资金重点投向新材料、新装备、新能源、新一代通信技术、海洋高技术、节能环保、生命健康、创意设计等领域。宁波双翼能源科技有限公司拥有 18 项专利技术(其中 4 项发明专利),2011年被评为宁波市高新技术企业,产品符合国家倡导的节能、环保产业导向,所有产品通过浙江环保业协会认证,并获浙江省优秀能源奖。

创业是一项高风险的行为,孵化器的作用在于通过提供一系列创业者需要的增值服务可以大大地提高创业成功的概率。到 2012年,宁波市目前已有 5 家科技部火炬中心认定的国家级科技孵化器,都是由政府行政部门或事业单位主导,按第一次认定年份,分别是宁波市创新创业管理服务中心(原宁波市科技创业中心)(2002)、宁波保税区科技促进中心(2006)、宁波经济技术开发区科技创业园服务中心(2008)、宁波市鄞创科技孵化器管理服务有限公司(2009)、浙大科技园宁波发展有限公司(2009)。

2011 年,宁波东元创投有限公司入选浙江省"2011 年度服务浙江成长型企业最佳投资机构",被浙江省股权投资协会授予"2011 年度优秀投资机构"称号。2012 年,在宁波从事私募股权投资的企业总数为 281 家,注册资本总额为 257.3 亿元。

第四节　国家高新技术金融企业的形成

宁波市资金清算中心(以下简称清算中心),1997 年 5 月成立,为宁波全市金融系统提供资金清算服务。在中国人民银行宁波市中心支行的指导和支持下,宁波市资金清算中心从建设银行间人民

币对公同城清算业务的电子化实时处理系统起步,在20世纪末前瞻性地选择使用当时刚刚推出的支付密码技术使传统票据要素数字化,利用计算机技术和网络技术实现票据信息的实时传输,建起了全国首个同城跨行实时清算系统。随后,清算中心坚持契合市场需求,先后推出了解决老百姓缴费难的公用事业缴费一卡通、无须送达银行也能即时圈存转账支票资金的支票直通车、适应宁波外向型经济发展的同城外币实时清算、解决居民个人跨行现金搬家的跨行通存通兑……在无借鉴模式、无市场使用基础、无制度示范的情况下,宁波市资金清算中心从无到有在宁波本地建立起强大的集本外币、对公对私、城乡一体化的现代化综合集约型同城支付清算平台,在全国同城清算系统的建设中全面领先。宁波市同城支付清算系统2012年交易量5800万笔,交易资金6.9万亿元,业务规模在全国排名第三,成为宁波经济社会发展不可或缺的一项重要的基础设施。因创新成果丰硕,社会效益突出,宁波市资金清算中心于2009年被初次认定为国家高新技术企业,2012年又顺利通过高新技术企业复审,是目前浙江省金融行业唯一一家国家高新技术企业。

(一) 清算中心成立的由来

改革开放以来,宁波经济一直保持高速发展,特别是进入20世纪90年代,宁波开放型经济、民营经济进入快速发展期,越来越多的银行机构在宁波开设分支机构,本地企事业单位之间的资金结算数量和金额也都快速增长。而当时宁波同城支付清算模式采用的是传统的票据手工交换模式,跨行的票据需要人工传递集中进行银行间的交换,印鉴也是人工验印,不仅资金清算速度慢(少则半天,多则三五天),人工成本高,票据传递环节、验印环节均存在较大的风险隐患,原始的跨行清算模式已难以适应经济发展的需要。

为加快宁波同城票据的清算速度,提高资金清算安全性,为商业银行、企事业单位提供方便、快捷、安全的支付服务,改善宁波支付环境和金融生态。1996年,中国人民银行宁波市中心支行(当时

为宁波市分行)积极研究同城清算的发展方向。经过一系列细致的调查研究,针对宁波的同城业务规模、经济发展现状和支付市场的实际,大胆提出利用计算机和网络技术以及票据支付密码技术这些当年尚未普及使用的新生事物,筹划在宁波市建设一个先进的同城支付清算系统。1997年5月,经中国人民银行总行批复,宁波同城支付清算系统建设作为我国现代化支付清算系统建设的"实验田"先行先试。为了更好地开展系统建设和运营,人民银行宁波市中心支行决定出资组建一家专门的机构,肩负支付创新的使命,宁波市资金清算中心应运而生。

(二)清算中心建设的主要历程

清算中心的创新发展从人民币同城票据交换业务的电子化系统建设开始。1998年10月,首先建成的宁波市票据电子实时清算系统及辅助系统电子支付密码子系统简易版开始运行,在宁波市区的部分银行机构开始试点;1999年11月,第一代宁波市电子资金实时清算系统在宁波市区和部分县(市、区)开始投入运行,至2002年7月完成宁波全辖的推广使用。2000年1月,系统与中国人民银行总行当时用于异地汇划的全国电子联行系统实现对接,本地企事业单位和个人早于5年实现异地汇划资金的当天清算;2000年11月,宁波市公用事业缴费"一卡通"系统建成并在宁波老三区(海曙区、江东区、江北区)正式上线运行;2004年9月,宁波市支票直通车系统在全国率先建成,开通支票圈存业务;2005年12月,宁波市同城外币电子清算系统建成并投入运行。

在清算中心发展的第一阶段,针对市场需求陆续建立起一个个独立的业务系统,开展特定的业务。随着创新业务的不断推出,分散独立的业务系统不仅资源无法共享、业务拓展性差,而且管理和运行成本增加、风险点多,已经不利于清算中心未来的业务发展。

2006年6月,清算中心全面启动了原有系统的优化工程,从而进入了新的发展时期。通过整合前期各个业务系统,建起了功能强大、安全控制严密、适合业务创新的综合性支付清算平台。

2007 年 3 月,综合支付清算平台——宁波市票据电子交换系统一期工程投入运行,实现本外币清算一体化、手工交换业务网络化;同年 9 月,票据影像业务上线,实现同城支票全面截留,并于 12 月以集中直联方式接入中国人民银行全国支票影像交换系统;2008 年 6 月,宁波市同城支付清算系统优化项目二期工程建成并投入运行,个人跨行通存通兑业务上线运行,公用事业缴费"一卡通"升级为增加了实时缴费功能的付费通。

随着综合性支付清算平台的建成,2009 年 6 月,宁波手工票据交换所正式撤销。宁波结束了几十年银行间交换票据人工跑票的历史,票据传递的成本几近为零,大大节约了人工和社会成本。另一方面,新的清算平台也提供了良好的业务拓展性,新业务可以不断叠加在平台之上。2009 年 3 月,新增银联特约商户入账业务,改变了银行卡刷卡清算分缴模式,一站式服务将资金实时逐笔直接转入 POS 机商户指定账户中;2010 年 12 月,集中代收付业务上线运行,并开通了个人批量代收代付业务;解决了保险公司等特定单位日常大批量业务清算的需要。2012 年年底,个人跨行定期还款等新业务即将开通。

随着创新业务的不断开展,清算中心于 2009 年被评为宁波市信息化试点单位,2011 年被授予宁波市金融信息服务工程技术中心,清算中心拥有核心技术几十项,至 2012 年年底已获得 24 项软件权专利。

(三)清算中心主要的创新实践和成效

(1) 首创利用支付密码实现跨行资金实时清算,奠定创新本地清算服务的坚实基础。清算中心率先建成的宁波市资金实时清算系统,在全国首创利用支付密码技术,基于支付密码的使用,将票据的重要信息加密运算,生成唯一的包含票据签发人身份信息和支付信息的一组数字。在此基础上,通过宁波市资金实时清算系统将全

面数字化的票据信息实时网络传输至付款银行进行验证并实时完成资金清算,解决了同城清算中最为核心的借记支票(收款业务)的支付清算难题。客户提交银行有支付密码的他行转账支票,银行柜员在票据信息录入后3～10秒内可入账,实现立等可收。

由于实时清算,保守测算,客户清算资金在途时间平均可缩短0.75天。以2012年为例,相当于全市每天增加了200亿元资金可供各企事业单位周转使用,按活期存款利率(2012年年底利率0.4%)计算,1年就为各类单位增加了近8000万元存款利息收入。而实际上资金周转速度的加快,对企业而言不仅仅是存款利息收入,更重要的是有效充实了企事业单位的现金流,助推本地企业的良性发展。

由于实时清算,突破了原有票据交换在空间和时间上的限制,实现了空间上的"零距离"和时间上的"零在途",使清算服务实现城乡一体。宁波农村地区的银行网点直接从原有手工交换清算方式地理上的末端、清算效率最低的区域,直接跃升实现了支付服务与市区网点零差别。实时清算系统的建设有力促进了城乡之间的统筹发展,有力支持了新农村建设,促进了宁波城乡支付服务市场均衡和谐发展。

由于实时清算,系统通过对企事业单位支付密码器与账户的绑定,通过对凭证、账户、支付密码的严密控制,有效防范了原有伪造票据印鉴的风险。20世纪90年代曾经在宁波发生过的不法分子伪造存款人预留银行签章诈骗资金案件销声匿迹,清算系统建成运行十多年,实现了资金安全零风险。

率先建成的宁波市资金实时清算系统,在宁波本地营造了高效安全快捷的支付清算环境,快速替代了大量的手工票据交换业务,赢得了银行机构和企事业单位的高度赞誉。系统连接起了宁波当时30余家银行机构的1000多个网点,形成了一个完整的金融服务网络,也为清算中心持续创新开启了良好的开端。

（2）首创支票圈存业务，进一步提升转账支票使用的安全性。依托宁波市资金实时清算系统，支付密码在本地得到广泛使用。在此基础上，为进一步提升企事业单位收受转账支票的资金安全保障，2004年9月，清算中心在全国率先建成支票直通车系统，开通支票圈存业务。支票圈存业务是特约企事业单位在收受支票时，可以通过POS机、网上银行、网络电话等受理终端，经系统向出票人开户银行发出圈存指令，预先从出票人账户上转出支票金额，以保证支票及时足额支付。支票圈存业务的推出，使特定收款人无须提交银行也可以在第一时间对支票发起预先的验证和交易资金的锁定，不仅在一定程度上提升了企事业单位交易环节的效率，还有效防范了企业签发空头支票的行为，保障了收款人的合法权益，维护了支付市场的秩序。这项业务创新被中国人民银行总行在建设小额支付系统时借鉴使用。

（3）在全国率先实现外币同城实时清算，有力支持宁波外向型经济发展。相比于原有人民币的手工票据交换，宁波地区的外币清算没有集中的票据交换所，直接由银行间点对点进行清算，清算成本高而效率更低，而宁波的外币交易量却逐年上升。借鉴人民币实时清算的成功经验，清算中心于2005年12月在全国率先建成了外币实时清算系统，宁波也成为首个涉足外币同城清算系统建设的城市。

外币实时清算系统的建成，实现了客户外币资金在宁波市辖范围内的跨行实时转账，从而大大缩短了客户外币资金的入账时间，提高了使用效率。系统设计外币币种可以按需增加，至2012年年底已开通了美元、港币、欧元、日元4个币种，基本满足了宁波全市外贸结算对币种的需求。高效的外币资金清算效率降低了由于汇率波动而产生的不利影响，为外贸依存度高、外向型企业多的宁波港口经济发展提供了良好的支付环境支撑。

（4）公用事业缴费工程多项创新，市民缴费便利全国领先。

2000年,清算中心开始涉足个人支付领域,当年针对公用事业缴费难问题日益突出的情况,清算中心在人民银行宁波市中心支行的组织领导下,利用现有同城清算系统连接全市所有银行机构的网络优势,将各类公用事业接入,建设起一个全新的缴费平台。该工程被命名为公用事业缴费"一卡通"工程,并被列入2000年宁波市政府十大实事工程。

建设公用事业缴费平台,在当时是个人支付领域的又一项创新实践。十多年来,清算中心继续创新脚步,将缴费便利步步深入,从"一卡通"为市民缴费提供"任一家银行、任一个结算账户、多个费种、一次委托、长期有效、定期扣款"的单一代扣模式,到2007年,系统升级新增包含银行网点、自助机具、网上银行等多种渠道的实时缴费功能,更名"付费通"系统,并列入宁波市"十一五"时期电子政务的重点建设项目。2009年在实现宁波城乡业务全覆盖的基础上,2011年又在全国首创了POS机刷卡缴纳多种公用事业费,边远地区的居民在远离银行网点的村里也可以用POS机轻松实现缴费。

至2012年年底,缴费平台已有水、电、通信、燃气、数字电视五大类40多个费种,2000多个银行受理网点,近500万委托用户,100多万现金用户,年业务处理量超过2亿笔,成功交易近4000万笔,"付费通"缴费占宁波城乡居民公用事业费缴费份额的80%以上。在全国同类缴费项目中处于绝对领先地位,完美解决了宁波城乡居民的缴费难问题。

(5)个人跨行通存通兑业务深入人心,支付多样化时代不惧竞争。2008年,清算中心针对个人跨行转账在银行间现金搬家和排长队的问题,又推出了个人跨行通存通兑这一个人支付结算领域的新业务,宁波成为首个开通这项便民支付业务的城市。本地居民办理跨行转账或现金存取业务,只需选择一家银行网点(收款行或付款行),即可轻松实现资金的实时转账。该业务不仅办理方便,服务时间长(每周7天),业务控制严密(自动核对收付款账号户名),而且结算速度快,手续费低廉(转账业务每笔手续费最高2元)。随着业务的深入开展,不仅外币也开通了通存业务,宁波多家银行机构的网上银行、银行自动机具、手机银行也陆续开通了通存业务,个人跨行通存通兑业务办理渠道更加多元化。在近几年支付转账渠道更加多样化的竞争格局下,个人跨行通存通兑业务凭借处理机制、渠道建设、资金限额(其中通存业务无上限)、业务开放时间等方面的优势,业务量连年快速增长,逐渐成为在本地个人跨行支付,尤其是大额转账的首选。

第八章 外汇政策先行先试

第一节 搭建交易平台

宁波外汇交易中心全称是中国外汇交易中心宁波分中心，成立于 1988 年，原名国家外汇管理局宁波市外汇调剂中心，1992 年 9 月由宁波市人民政府办公厅确定，由人民银行宁波市中心支行与当地相关部门共同出资设立的企业单位。宁波外汇交易中心作为中国外汇交易中心的分支机构，主要职责是为宁波市金融机构提供银行间外汇市场和人民币同业拆借市场的运作平台。

2002 年，中国人民银行和中国外汇交易中心对全国 36 家分中心进行了清理，撤销了 18 家分中心（含杭州分中心），宁波分中心作为浙江地区唯一的一家分中心得以保留。

2012 年年底，宁波分中心共有 6 家会员银行，分别为宁波银行、鄞州农村合作银行、余姚农村合作银行、宁波慈溪农村商业银行、宁波通商银行和协和银行。其中，宁波银行外汇交易量最大，占辖区外汇总交易量 92.8%；鄞州银行第二，占总交易量 6.7%；慈溪农村商业银行第三，占总交易量 0.3%；其他银行共占 0.2%。

从交易规模发展情况来看，宁波市外汇交易市场的发展可以大致划分为三个阶段。第一阶段是在 2006 年之前，可称为起步阶段，全年外汇交易量在 20 亿～30 亿美元之间，并且变化不大。第二阶段是从 2006 年到 2009 年，交易总量呈现爆发式增长态势，特别是在 2008 年年末宁波银行获得人民币外汇市场做市商资格后，给该行注入了巨大的生机活力,该行人民币外汇交易规模成倍上升,带动全辖外汇交易总量爆发式增长。第三阶段是 2009 年以后,宁波分中心外汇交易量步入平稳增长期,在 2010 年突破 2600 亿美元以后,2011 年略有回落,全年成交 2559 亿美元;2012 年全年成交 3478 亿美元,同比增长 35.9%,外汇交易量和增速再创历史新高。以上成绩的取得与各位会员的努力密不可分。

从全国排位情况来看,宁波分中心的交易规模在全国 18 个分中心中牢牢占据第 3 名的位置,排在第 4 名的南京分中心仅为宁波的 50% 左右,而前两名的广州和深圳分中心则比宁波高出 50%。会员单位的成绩也是非常显著,宁波银行多次获得"年度最佳进步奖""年度最佳做市能力单位""年度交易优秀会员""优秀交易主管"等多个奖项;鄞州银行连续获得银行间外汇市场"即期最具做市潜力会员""最佳交易规范会员"等奖,多名外汇交易员连续多年被评为全国优秀交易员。

宁波市外汇交易中心的发展植根于本地涉外经济,在服务于地方外向型经济的同时,形成了特有的结构和特点。

一是交易机构呈现"一大领先"格局。"一大"是指宁波银行,作为辖区唯一一家外汇交易做市商,宁波银行的"大"包括三个方面:市场占比大,交易范围大,交易规模大。首先是市场占比大,2012 年全年外汇交易总量达到 2947 亿美元,占宁波辖区总交易量的 85%,在全国所有会员银行中位列前茅;其次是交易范围大,宁波银行已经取得了涵盖即期、远期、掉期、期权等大多交易种类,交易对手已达 200 多家,几乎包含了所有类型的银行;最后是交易金额大,是宁波外汇交易市场当之无愧的龙头。

二是特色业务发展初现规模。宁波外汇交易中心会员银行不断创新,在宁波银行"大而全"的做市商模式业务背后,还有很多中小会员银行特色业务纷纷涌现,其中最为典型的是鄞州银行小额"零售"业务模式。随着全国城商行、农商行、农合行、农

信联社的不断涌现，一些已经获得批准经营结售汇业务的银行由于暂时未加入交易中心，不能进行场内交易，并且这些银行通常规模小、交易量不大，交易成本高，具有一定规模的商业银行一般不愿与他们开展交易，鄞州银行抓住市场机遇，利用现有的设施与业务规模，主动与他们做代理交易，在场内以完全市场化的价格进行小额交易，自主承担汇率波动风险，业务规模不断扩大。目前，与鄞州银行开展询价交易的银行超过 100 家，在同类银行中具有一定影响。

宁波外汇交易中心以促进地方经济发展、服务会员银行为宗旨，坚持服务与管理并重，持续提升市场服务水平，努力拓展中小法人银行成为交易成员，积极支持会员银行不断开拓创新外汇业务，服务宁波外向型经济。

一是对涉外企业形成正向辐射。外汇交易中心完善的询报价交易体系、丰富的交易产品，以及富有特色的业务模式都能够对实体经济，特别是涉外经济产生外部性作用。首先，询价交易模式提供交易经济性，降低交易成本。目前，询价交易是宁波分中心最主要的交易形式，占总交易量的 80%。会员银行通过不断询价、报价，形成良性的价格发现机制，确定合理价格，有效降低中小银行和涉外企业的外汇交易成本。其次，丰富的交易产品体系为企业提供多样性。目前，宁波银行能够为其他中小银行和涉外企业提供几乎所有类型的外汇交易服务，尤其是远期、掉期、期权等衍生品业务的开展能够帮助企业实现规避汇率风险、保值增值等各类本外币资产管理需求。最后，小额零售交易等特色业务模式提供便利性。以鄞州银行小额零售为主的便利化交易模式在满足各中小银行交易需求的同时，也将这种交易便利传导到涉外企业，间接地增加了非会员银行的交易品种，延伸了外汇交易触角，扩大了外汇交易覆盖范围，便利了涉外企业的用汇需求。

二是上缴税收支持地方财政收入。作为全国 18 家分中心中唯一一家地方性全民企业单位,宁波分中心实行独立核算的法人财务管理体制,以法人身份接受社会相关监管部门的监督检查,按规定缴纳各项税金。近年来,随着交易规模的不断增长,在实现利润增长的同时,上缴税金也逐年增加。2012年宁波分中心缴纳税收290.3万元,较2006年增长32倍。会员银行外汇交易项下缴纳的税款更是对地方财政做出了有力的支持。据不完全统计,2011年宁波银行缴纳税金接近6000万元,其他会员银行缴纳税款合计近700万元。

三是培育和发展市场主体。作为宁波地区唯一一家做市商银行,宁波银行发挥在外汇市场中做市商会员的优势,保持外汇交易量继续稳步增长,不断完善内部管理制度,防范交易风险,提升交易水平。与此同时,积极服务中小金融机构,主动与辖区小银行、非会员银行开展交易,适当降低交易费率,利用自身交易资质全面、交易品种丰富、交易系统完善的优势,帮助中小金融机构拓展交易渠道、完善交易体系、扩大交易规模,带动宁波地区外汇交易整体水平再上一个台阶。中小会员要开展差异化经营,丰富交易品种,扩大交易规模。鄞州银行以小额零售外汇业务为特色,做出规模、做出品牌,保持现有良好发展势头,积极尝试争取成为外汇市场做市商会员银行。通商银行转制为城商行以后,发挥原国际银行经营外币业务的优势,调整人民币结售汇与外币对交易结构,优势互补,丰富外汇交易品种,争取更多交易资质,拓展衍生品交易范围,提升外汇交易整体水平。其他农合行依据头寸管理原则,优化头寸结构,扩大交易范围,提高交易总量。协和银行、东海银行积极参与外汇交易市场,整合内部资源,发挥自身优势,实现外汇交易水平逐步提升。

第二节　支持走出去外汇政策体系创新

（一）率先开展跨境贷款试点,发挥金融资本对产业资本的"输血"作用

由于国内金融机构境外布点落后于对外投资的增长,难以有效为"走出去"企业提供资金支持。有鉴于此,2011 年宁波积极争取成为全国唯一开展跨境贷款对外债权登记试点的城市,开拓了宁波辖内银行直接为海外机构提供资金"输血"的新渠道。宁波试点新突破在于"一个原则、一个办法、一个系统"。

"一个原则",即确立以登记为核心的市场化管理原则。宁波试点秉持市场化原则,跨境贷款管理中摈弃了事前逐笔审批的传统管理模式,建立起以登记为核心的市场化监管制度。银行依据自身授信要求,可自行选择海外客户,决定跨境贷款方式、币种、金额、利率、期限等。只需在贷款资金发放海外客户当日,通过外汇局系统登记相关数据。

"一个办法",即颁布登记办法引导银行跨境贷款。宁波市制定并发布实施《宁波市银行跨境贷款对外债权登记管理办法》,首次明确跨境贷款登记流程、登记平台、登记要素,银行为境外机构提供贷款(含授信、贸易融资)服务得以有章可循,为跨境贷款的大规模发展奠定了操作性基础,填补了对外债权登记管理方面的空白。

"一个系统",即开发登记系统完善对外债权统计监测。为便利银行跨境贷款登记、完善对外债权统计,宁波开发了基于公共网络平台的跨境贷款对外债权登记系统(http：//rz.nbfet.gov.cn)。银行跨境贷款实现全程网上登记,无须到外汇局柜台办理,体现了快捷、简便的特点。外汇局依托登记系统采集数据,实时监测辖内银行逐笔跨境贷款的流向、方式、金额等关键信息，填补了我国对外债权统计监测的空白。

依托试点政策，宁波辖内银行开发了一系列符合监管要求和企业需求的产品组合，包括与NRA（非居民账户）配套的开证、押汇等多款贸易融资产品、海外项目贷款、流动资金贷款、银行保函＋跨境授信、跨境销易达、海外贷、跨境盈融资平台等。丰富了跨境金融服务产品结构。截至2012年末，试点银行增长到12家，跨境贷款规模从2011年的1.1亿美元上升到10.7亿美元，累计发放跨境贷款近12亿美元，成为走出去企业的重要资金后盾。

一是金融服务领域：拓展中资商业银行跨境金融服务范围。银行跨境金融服务包括对海外非居民的"存、贷、汇"，即吸收非居民存款、提供跨境贷款（授信）及贸易结算等中间业务。"存、汇"业务基本已全面放开，但在"贷"方面（外币），截至2012年年末除了4家有离岸银行业务牌照的中资银行及外资银行之外，依然是境内中资商业银行业务空白地带。宁波跨境贷款改革，填补了"贷"的空白，全面拓展了银行跨境贷款业务的广度与深度。2011年试点以来，宁波辖内银行纷纷参与试点，除外资银行及政策性银行之外，大型国有银行、股份制银行、地方法人银行均有代表性银行参与跨境贷款业务。如宁波银行依托试点首次介入跨境贷款领域，开发了一批针对NRA账户的贸易融资新产品。跨境金融服务获得跨越式发展。

二是国际贸易领域：促进便利化，支持境外采购、销售中心的建设。作为外贸型城市，宁波在海外有大量贸易公司开拓市场。但此前这类公司只承担接单、账务处理、客户维护等贸易辅助功能，核心贸易环节都要国内企业完成。宁波试点后，海外贸易公司获得国内银行的跨境授信，真正承担起贸易主体的角色。原来借助国内公司"背对背"信用证的多笔交易简化为独立开证的单笔交易，贸易链条大幅缩短。例如，中基集团旗下香港公司，在获得宁波银行、工商银行宁波市分行5000万美元跨境授信后，直接向海外矿产商开证采购

红土镍矿等原料,并分销给国内终端用户。支持香港公司扭亏为盈,2012年首次实现赢利338万美元。由于有贸易实绩支撑,香港公司财务指标逐渐符合境外银行授信要求,2013年年底香港恒生银行首次为其提供了3000万美元的授信额度。在试点政策支持下,香港平台公司无论是具体业务还是融资能力,都实现了由"虚"向"实"的转变,逐步发展为境内外采购、销售的中心。

三是海外投资领域:缓解融资压力,促进海外项目可持续发展。走出去企业在东道国银行融资难是一个普遍的问题,宁波民营企业无论是承揽海外工程项目还是设立建厂、开矿,企业自有资金十分有限。宁波跨境贷款试点,为其提供了一条高效解决的途径。宁波的企业总部只需要面对辖内银行的一个客户经理,即可凭借国内银行与投资主体长期合作的优势,获得其对海外项目直接贷款支持,解决海外企业的资金需求。例如,中远集团下属希腊比雷埃夫斯集装箱码头有限公司,承包当地码头建设工程,建设周期长达5年,整个项目资金高达4亿欧元,企业自身无力承担,国家开发银行直接为其提供总额2.64亿美元的贷款,保证了整个项目的顺利建设。

(二)率先开展境外放款试点,拓宽企业间跨境借贷渠道

境外放款是国内公司对海外机构提供资金支持的重要渠道。但长期以来,我国在外汇管理上秉持"宽进严出"的原则,不断积累外汇储备,一直未放开流出端的境外放款。随着宁波企业走出去步伐不断加速,我们按照"均衡管理"的理念,毅然开展境外放款政策研究。首次提出了对境外债权投资和债权登记等管理思路。2007年经国家外汇管理局批准,宁波在全国率先开展试点,打破此前国内公司直接提供跨境借款的政策限制。2009年,全国层面推广宁波境外放款试点政策,有力支持了企业走出去。宁波试点最大突破在于自行拟订《宁波市境外放款外汇管理改革试点办法》,填补了外汇管理的空白,使得债权投资成为企业走出去的新通道,改变了此前股权投资单腿走出去的局面。境外放款对走出去的支持体现在"快、低"两方面:

一是加快企业资金出境。首家试点企业宁波新明达针织有限公司表示，以前海外子公司需要资金，只能通过增资渠道，从递交申请到资金汇出，前后要1个多月的时间；而现在境外放款1～2个工作日企业即可将资金汇到境外公司账上，十分有利于企业的财务运作。因此，境外放款在企业走出去的重要性也不断上升，从试点之初寥寥数笔，迅速发展到与股权投资并驾齐驱，占据走出去的半壁江山。

二是降低财务成本。国内银行支持走出去的传统模式是内保外贷，即国内银行开立保函，再由海外关联行为境外机构提供贷款。据调查，银行开立融资性保函的费率在1%左右，且需占用4成以上的保证金，财务成本相对较高。境外放款可以利用境内母公司的富余资金，选择最合理的放款额度、时点和期限对境外子公司进行及时的资金支持，为企业提供了低成本的融资手段。如宁波辖内某公司，利用境外放款政策，为海外子公司提供440万美元的资金，替代原来高成本的保函项下融资，总体节约利息成本超过100万人民币/年。

第三节　跨境融资的实践

（一）首批试点中资企业"外保内贷"，增加中资企业从境内银行获得融资的机会

中资企业"外保内贷"是指中资企业可以利用境外资产提供担保，获取境内银行贷款，扩大了民营企业可担保资源，增加了企业获得银行贷款的机会。此前，只有外资企业能够开展"外保内贷"业务。2012年7月，国家外汇管理局批准宁波试点，宁波成为全国首批试点城市。宁波春和钾资源有限公司利用"外保内贷"试点政策，以收购的加拿大企业 MagIndustries Corp. 77.63%股权作质押，成功获得进出口银行宁波分行给予的1.4亿美元贷款，解决了企业境

外并购资金来源问题。首创了以境外股权质押来提升母公司融资能力的成功案例。

（二）首批试点外汇质押人民币贷款,便利企业财务安排

外汇质押人民币贷款是指允许中资企业使用自有的外汇资金进行质押,获取国内银行的人民币贷款。此前,只有外资企业能够开展外汇质押人民币贷款业务。2011年1月,宁波成为全国首批试点城市。在汇率波动剧烈的背景下,该政策可以有效规避汇率风险。如宁波甬嘉变压器有限公司利用欧元贬值的背景下,以自有的273.3万欧元提供质押,获得银行人民币贷款2000万元,等欧元升值后再选择合适时机结汇成人民币。这样既解决其短期流动性问题,又节省了汇兑成本,在欧元汇率回升后还能实现资产增值。2011年底,在宁波试点基础上,总局在全国推广。

（三）首批试点中资企业借外债,拓宽中资企业跨境融资渠道

中资企业借外债是指允许境内中资企业直接到境外借款的行为。此前,只有外资企业能够在投注差范围内直接境外借款,中资企业借款需要发改委等部门严格审批。2010年3月,宁波成为全国首批试点城市,在地区短期外债指标内,直接为中资企业核定借债额度。试点当年,宁波市韵升进出口有限公司成功向香港中信嘉华银行借入900万美元短期外债,成为浙江省最大一笔中资企业直接向境外金融机构借用外债的成功案例,满足了企业利用境内外利差合理降低融资成本的需求。

（四）首批试点"资本项下跨境人民币结算",打开人民币境外融资渠道

资本项下跨境人民币结算是指资本项目交易使用人民币进行跨境结算。此前,只有贸易项下交易允许使用人民币结算。2010年8月,国家外汇管理局批准宁波开展直接投资、外债项下交易人民币结算,宁波成为全国首批试点城市。当年金光食品和金光油籽增资、借

用和归还外债均使用人民币结算，新借用人民币外债 3250 万元。据企业测算，上述交易以人民币结算为企业节省结购汇财务成本 100 万元，同时有效规避了汇率风险，增加了企业资金运作的灵活性。

第四节　精准化管理的探索

（一）首创外汇年检"代申报"制度，大幅提升年检成效

外商投资企业外汇年检是直接投资外汇管理的重要一环，是外汇管理局获取外国投资者在我国境内直接投资存量权益的重要渠道，也是后续加强管理的数据基础。但在外汇年检实践中，数据质量一直有待提高。2009 年，国家外汇管理局宁波市分局首创外汇年检"代申报"制度，把外汇年检工作"外包"给事务所，在全国范围内率先允许外商投资企业委托会计师事务所代为申报经审计的外汇年检信息并取消现场年检程序，足不出户完成外汇年检，大幅度提高了外汇年检成效。该项工作创新获得国家外汇管理局全国外汇年检"创新奖"。2010 年初，国家外汇管理局委托宁波市分局制定全国外商投资企业外汇年检改革方案和外汇年检系统改造需求，将宁波外汇年检代申报制度推广至全国。

一是外汇年检覆盖面大幅提高。通过国家外汇管理局宁波市分局多渠道广泛宣传和会计师事务所的积极配合，外商投资企业逐渐认识到外汇年检"代申报"制度具有可以减轻企业年检负担、提高报送数据质量、确保外汇年检顺利通过等诸多好处，参加外汇年检的积极性有所提高。自 2009—2012 年，宁波地区外商投资企业外汇年检参检率始终在 98％以上，比未实施外汇年检代申报制度的 2008 年高 3～5 个百分点。

二是年检数据质量大幅提高。实施外汇年检代申报制度的关

键是引入会计师事务所申报经审计的年检信息,依靠会计师事务所来审核填报外汇年检信息,充分发挥了会计师事务所的专业优势,大幅度提高了数据的准确性。从外汇年检数据审核情况看,会计师事务所代申报的外汇年检数据质量和年检通过率明显高于自行申报年检信息的外商投资企业。2009—2012 年,宁波地区外商投资企业委托会计师事务所申报外汇年检信息的比例由改革期初的 80%逐步提高至 99% 以上,从整体上保证了宁波外汇年检数据的准确性,使得国家外汇管理局宁波市分局准确掌握了外国投资者在宁波地区直接投资存量权益的情况。

(二)率先开展数据综合利用平台试点提升监管效率

数据综合利用平台,是国家外汇管理局按照易纲局长"五个转变"精神开发的一个事后监测分析系统。该系统通过建立按主体和时间序列的数据资源库,实现已有信息共享,构建数据间的有机联系,探索主体监管方式,提升外汇监管实效。2011 年 1 月,国家外汇管理局选择江苏、宁波两个分局开展试点。在宁波试点实践中,我们充分利用数据综合利用平台"功能独特、数据全面、指标合理、操作简便"的优势,提升监测效率,实现对外汇违规行为的精准打击。试点期间,宁波市分局组织业务骨干,按照"主体找异常、异常找主体"双向核查思路,依靠数据综合利用平台,开展异常企业异常指标集中排查工作,不仅通过主体异常监管功能排查异常企业异常指标,还积极探索通过专题分析设定的异常指标分析外汇主体异常情况,排查结果成功实现对违规主体的精准打击。试点 2 个月内,宁波市分局集中排查 10342 家关注企业,共计 98860 笔业务,涉及金额 48.65 亿美元;查实问题企业 4619 家,问题业务 18234 笔,涉及金额 17.93 亿美元(主要集中在贸易信贷方面问题企业 4520 家,问题业务 18149 笔,金额 15.41 亿美元);已移交检查部门处理 8 家企业,涉及 31 笔业务,共计金额 1054.18 万美元。有力提高了外汇局打击违规行为的效率。

（三）率先开展资本金结汇发票核查试点

为进一步规范外汇指定银行办理外商投资企业外汇资本金结汇行为,2011 年 7 月 18 日,国家外汇管理局下发《国家外汇管理局综合司关于完善外商投资企业外汇资本金支付结汇管理有关业务操作问题的补充通知》。在江苏省、四川省、福建省分局辖内无锡市、成都市、泉州市以及天津市、上海市、广东市、深圳市、大连市、宁波市分局首先进行试点,对 2011 年以来办理的外商投资企业外汇资本金结汇业务存量发票进行核查,对新发生的结汇业务要求银行审查上笔结汇发票的真实性,对结汇额达到账户发生限额 95% 的要求核查前期结汇发票凭证,建立健全企业资本金违规结汇黑名单制度等。宁波在试点实践中,首先,结合宁波实际形成宁波特色资本金结汇发票核查实施细则,有效提高资本金结汇发票核查方案可操作性;其次,对全辖支局和银行人员进行试点政策培训,有效提高全辖外汇管理局和银行外汇人员的政策和操作水平;再次,以银行为抓手,强化资本金结汇发票核查,对 2011 年前 7 个月辖内资本金结汇业务开展全面核查,累计核查 6605 张发票,涉及结汇金额 10.56 亿美元。

宁波资本金结汇发票核查试点实践取得了四项显著成效：一是外汇资本金结汇率明显下降。银行通过发票核查加强了资本金结汇支付用途真实性审核力度,有效遏制了无真实贸易背景的资本金结汇行为。2011 年,全辖资本金结汇率由第一季度的 120%,逐季下降至 69%。二是事后核查,精准打击了一批违规主体。通过发票核查已立案查处资本金违规结汇的 19 家企业、2 家银行,累计处罚 1556 万人民币。三是大幅提升了外汇主体合规意识。辖内银行、企业资本金结汇的合规意识得到提高,资本金结汇操作进一步得到规范,试点后资本金结汇业务尚未发现违规结汇现象。四是外汇管理局非现场核查能力得到提高。外汇管理局宁波市分局及辖内各支局通过开展资本金结汇事后非现场核查,积累了非现场核查经验,锻炼了一批非现场核查业务能手。

第三部分

理性的思考

第九章

结构红利论

第一节　什么样的结构是好结构?

改革开放以后宁波产业结构的变化总体上呈现以下趋势:第一产业产值比重不断下降,第三产业的产值比重不断上升,特别是20世纪90年代以后,这种趋势更加明显,而第二产业则保持了相对的稳定。在生产要素的配置上,资本和劳动力总体呈现向第二、三产业转移的趋势,第二产业中的生产要素占据了较大的比重。

第一产业:宁波的农业基本形成了创汇蔬菜、榨菜、蔺草、竹笋、茶叶、水果、花卉、水产、生猪、禽蛋等为主的十大主导产品的结构,以及以设施农业为特征的蔬菜产业带、以名特优水产品为特色的沿海水产养殖产业带、以生态型为特征的林木花卉产业带和以规模化养殖为特征的畜禽产业带。

第二产业:宁波的第二产业基本上以制造业为主,形成了一些具有特色的制造业产业集群。传统优势产业集群包括:服装产业集群、塑机及塑料加工产业集群、家电产业集群、汽车配件产业集群、文具产业集群。临港工业集群包括:石化、能源、造纸、钢铁、电力、修造船等支柱行业。高新技术产业集群是自20世纪90年代后期以来快速发展起来的,主要有光电一体化、新材料、电子与信息三大产业。

第三产业:宁波第三产业产值在地区生产总值的占比不断提高,但是发展仍然相对缓慢,缺乏有竞争力、有影响力的特色行业。

宁波的第三产业中,交通运输和仓储、批发零售、金融等行业占有较大比重。

在资源禀赋和地理环境上,宁波港地处我国大陆海岸线中部,在南北和长江"T"形结构的交汇点上,地理位置适中,是我国著名的深水良港。宁波港自然条件得天独厚,内外辐射便捷。向外直接面向东亚及整个环太平洋地区,海上至香港、高雄、釜山、大阪、神户均在1000海里之内;向内不仅可连接沿海各港口,而且通过江海联运,可沟通长江、京杭大运河,直接覆盖整个华东地区及经济发达的长江流域,是中国沿海向美洲、大洋洲和南美洲等港口远洋运输辐射的理想集散地。

产业结构优化是能够促进经济增长的产业结构调整,而在资本和劳动力等生产要素供给相对稳定的情况下,经济增长主要依靠要素生产率的提高。也就是说,通过产业结构优化促进经济增长是通过提高要素生产率实现的。因此,能否提高要素生产率是产业结构是否优化的标准。

将全要素生产率引入到产业结构的分析中,利用全要素生产率作为判断宁波产业结构优化的标准。具体方法是通过考察宁波的产业结构调整与宁波的全要素生产率之间的关系,如果某种产业结构调整有利于提高全要素生产率,那么这种产业结构的调整是合理的,符合产业结构优化的方向。

全要素生产率受到多种因素的影响,包括技术进步、制度变迁、产业结构及宏观经济政策等,其中产业结构对全要素生产率的影响表现为"结构红利说"。由于各产业部门的生产率水平和增长率具有系统差别,因此当投入要素从低生产率或生产率增长较慢的部门向高生产率或是生产率增长较快的部门转移时,就会促进由各部门组成的经济体的总生产率的增长,而总生产率增长率超过各部门生产率增长加权和的余额就是结构变化对于生产率增长的影响,即"结构红利"。

一、 结构红利说的理论基础

"结构红利说"是解释结构变动和生产率增长的重要理论,在这里,利用 shift-share 法(偏离-份额法)来分析产业结构变动对于全要素生产率增长的影响,shift-share 方法的基本思想是将全要素生产率的变化分成不同的组成部分,从而判断不同因素对全要素生产率的影响。设 LP 为劳动生产率水平,下标 i 代表不同的产业部门 $i=(1,2,3)$,S_i 是产业 i 的劳动力占经济体中总劳动力的比例,上标 0 和 T 表示研究阶段的开始和最后时期。T 和 0 时期的总劳动生产率分别为

$$LP^T = \frac{Y^T}{L^T} = \sum_{i=1}^{n} \frac{Y_i^T L_i^T}{L_i^T L^T} = \sum_{i=1}^{n} LP_i^T S_i^T \ ;$$

$$LP^0 = \frac{Y^0}{L^0} = \sum_{i=1}^{n} \frac{Y_i^0 L_i^0}{L_i^0 L^0} = \sum_{i=1}^{n} LP_i^0 S_i^0$$

$$(9-1)$$

则 T 和 0 时期的劳动生产率之差为

$$LP^T - LP^0 = \sum_{i=1}^{n} (LP_i^T - LP_i^0) S_i^0 + \sum_{i=1}^{n} (S_i^T - S_i^0) LP_i^0$$

$$+ \sum_{i=1}^{n} (S_i^T - S_i^0)(LP_i^T - LP_i^0)$$

$$(9-2)$$

(9-2)式两边同除以 LP^0,则总的劳动生产率增长可以分解为三部分:

$$\frac{LP^T - LP^0}{LP^0} = \frac{\sum_{i=1}^{n}(LP_i^T - LP_i^0)S_i^0}{LP^0} + \frac{\sum_{i=1}^{n}(S_i^T - S_i^0)LP_i^0}{LP^0}$$

$$+ \frac{\sum_{i=1}^{n}(S_i^T - S_i^0)(LP_i^T - LP_i^0)}{LP^0}$$

$$(9-3)$$

(9-3)式右边的第一项为各产业的内部增长效应(within-growth

181

effect），它衡量了在不存在结构变动即每个产业维持原来的劳动份额的情况下，各产业自身的劳动生产率增长对总生产率增长的影响。右边的第二项为产业结构的静态转移效应（static shift effect），它衡量了在劳动生产率水平不变的情况下，劳动向最初时期具有较高生产率水平的产业转移时导致总的生产率增长的影响。如果初期具有较高生产率水平的产业吸收了更多的劳动，并提高了自己的劳动份额，则该项的符号为正，并被称为结构红利假说（the structure bonus hypothesis）：

$$\sum_{i=1}^{n}(S_i^T - S_i^0)LP_i^0 > 0 \qquad (9-4)$$

（9-3）式右边的第三项为产业结构的动态转移效应（dynamic shift effect），它衡量了劳动向更高劳动生产率产业转移时对总生产率增长所造成的影响。如果产业的劳动生产率和劳动份额同时增长（或者同时减少），该项为正；如果生产率增长较高的产业劳动份额减少，或者劳动生产率较低的产业劳动份额增加，则该项为负。该项为负的情况为结构负利假说（the structure burden hypothesis）：

$$\sum_{i=1}^{n}(S_i^T - S_i^0)(LP_i^T - LP_i^0) < 0 \qquad (9-5)$$

由于劳动生产率只涉及单个劳动力要素投入，因此采用劳动生产率概念只能对劳动在产业之间的转移的影响做出分析。在此基础上，李小平、卢现祥（2007）构建了一个模型将全要素生产率的增长分解为内部效应、产出效应、劳动力转移效应和资本转移效应，用来分析制造业内部结构变动对全要素的影响。本文参考其方法，将此方法用于产业结构的分析。

假设每个产业在时期 t 的产出为 $Y_i(t)$，投入要素为 $L_i(t)$ 和 $K_i(t)$，按照前文全要素生产率的概念，则产业 i 在时期 t 的全要素生产率为

$$tfp_i(t) = Y_i(t) - \alpha_i(t)L_i(t) - \beta_i(t)K_i(t) \qquad (9-6)$$

其中，$tfp_i(t)$，$Y_i(t)$，$L_i(t)$，$K_i(t)$ 分别代表产业 i 在时期 t 的全要

素生产率的增长率、产出增长率、劳动力投入增长率、资本投入增长率。$\alpha_i(t),\beta_i(t)$ 分别代表劳动和资本的产出弹性。我们假定总量生产函数与各个产业的形式相同,所以整个经济的全要素生产率增长率为

$$tfp(t) = Y(t) - \alpha(t)L(t) - \beta(t)K(t) \qquad (9-7)$$

总生产函数变量与各产业生产函数变量之间具有以下关系:

$$L(t) = \sum L_i(t), K(t) = \sum K_i(t)。$$

对(9-6)式两边乘以该产业产出在总产出中所占的比重 $\rho_i(t)$,然后对所有产业进行求和,可得

$$\sum_i \rho_i(t)tfp_i(t) = \sum_i \rho_i(t)Y_i(t) - \sum_i \rho_i(t)\alpha_i(t)L_i(t)$$
$$- \sum_i \rho_i(t)\beta_i(t)K_i(t)$$

$$(9-8)$$

(9-7)式左右两边与上式的左右两边相减并整理,可以得到下式:

$$tfp(t) = \sum_i \rho_i(t)tfp_i(t) + \left[y(t) - \sum_i \rho_i(t)y_i(t)\right]$$
$$+ \left[\sum_i \rho_i(t)\alpha_i(t)L_i(t) - \alpha(t)L(t)\right]$$
$$+ \left[\sum_i \rho_i(t)\beta_i(t)K_i(t) - \beta(t)K(t)\right] \qquad (9-9)$$

我们将(9-9)式右边的第一项$\{\sum_i \rho_i(t)tfp_i(t)\}$称为内部增长效应(within-growth effect),可以衡量各产业自身全要素生产率的增长对总体全要素生产率增长的影响。

第二项$\{[y(t) - \sum_i \rho_i(t)y_i(t)]\}$称为产出结构效应(output structure effect),衡量由于各产业产出的增长不同对全要素生产率增长的影响。因为各个产业产值比重不同($\rho_1(t),\rho_2(t)$ 和 $\rho_3(t)$ 之间各不相同),产业之间的不同产值增长率[$y_1(t),y_2(t)$ 和 $y_3(t)$ 之间各不相同]会对全要生产率产生不同的影响。

第三项$\{[\sum_i \rho_i(t)\alpha_i(t)L_i(t) - \alpha(t)L(t)]\}$称为劳动转移效应

(labor shift effect)，衡量劳动力在各产业之间的转移对全要素生产率增长的影响。因为各个产业产值比重不同，不同产业之间劳动力增长率的不同[$L_1(t)$，$L_2(t)$ 和 $L_3(t)$ 之间各不相同]会对全要素生产率产生不同的影响。

第四项$\{[\sum_i \rho_i(t)\beta_i(t)K_i(t) - \beta(t)K(t)]\}$称为资本转移效应(capital shift effect)，衡量资本在产业之间的转移对全要素生产率增长的影响。因为各个产业的产值比重不同，不同产业中资本投入增长率的不同[$K_1(t)$，$K_2(t)$ 和 $K_3(t)$ 之间各不相同]会对全要素生产率产生不同影响。

我们将第二、三、四项之和称为结构变动对全要素生产率影响的总效应。

二、 结构红利说的宁波检验

基于"结构红利说"的思想，分析宁波产业结构调整对于全要素生产率的影响，就是通过分析宁波过去的产业结构调整与全要素生产率变动之间的关系，从而判断能够提高宁波全要素生产率的产业结构调整方向，并以此作为宁波产业结构优化的方向。

关于样本区间的选择。考虑到数据的可得性和产业结构变化的趋势，1992 年以后产业结构总体的变化趋势是第一、二产业比重不断下降（第二产业比重下降的趋势相对较小），第三产业比重持续上升，因此选取的样本区间是 1992—2006 年。

(一) 总产出

以宁波的地区生产总值来表示总产出，以各个产业的生产总值来表示各个产业的产出。在这里，地区生产总值必须要调整为可比价格。在《宁波统计年鉴》中，有以 1978 年为基期的各年 GDP 指数，利用该数据将 1992 年以来的宁波地区生产总值调整为以 1992 年为基期的可比数据（表 9 - 1）。

表 9-1　经过价格调整的宁波实际 GDP(1992—2006)(以 1992 年为基期)

单位：亿元

年份	实际 GDP	年份	实际 GDP
1992	213.5	2000	692.7
1993	257.9	2001	776.6
1994	312.3	2002	879.0
1995	376.4	2003	1016.2
1996	441.1	2004	1173.7
1997	501.6	2005	1321.6
1998	556.9	2006	1501.3
1999	618.5		

资料来源：《宁波统计年鉴(2007)》。

（二）劳动力投入量

严格地说，生产要素的投入数据应该是一定时期内要素提供的"服务流量"。它不仅仅取决于要素的数量，还与要素的利用效率、要素的质量等因素有关。劳动力投入是指生产过程中实际投入的劳动量，用标准劳动强度的劳动时间来衡量。劳动质量、时间、强度一般与收入水平相联系，在市场机制的调解下，劳动报酬能够比较合理地反映劳动投入的变化，所以以工资水平作为劳动投入是最合适的。但是因为统计数据的缺失，很难收集到关于各个产业的工资水平，所以就以宁波各个产业的从业人数作为劳动力的投入量，这也是目前很多关于全要素生产率研究文献的普遍做法（表 9-2）。

表 9-2　宁波分产业劳动力投入量(1990—2006)

单位：万人

年份	第一产业	第二产业	第三产业	总量
1990	144.81	128.87	48.45	322.13
1991	144.55	133.24	54.59	332.38
1992	157.8	129.3	55.47	342.57
1993	133.9	160.2	76.7	370.8
1994	138.9	165.9	81.6	386.4
1995	133.5	191.6	91.8	416.9

续表

年份	第一产业	第二产业	第三产业	总量
1996	134.1	190.1	89.8	414.0
1997	133.9	182.4	95.7	412.0
1998	110.9	147.3	86.9	345.1
1999	108.5	149.7	88.4	346.6
2000	109.9	156	91.7	357.6
2001	96.6	180.2	108.2	385.0
2002	93.3	194.7	89.9	377.9
2003	88.1	198.4	99.7	386.2
2004	79.5	201.4	114.6	395.5
2005	76.4	213.2	125.5	415.1
2006	70.8	224.2	134.8	429.8

资料来源：《宁波统计年鉴》(1990—2007)。

(三) 资本投入量

资本投入量是直接或间接构成生产能力的资本存量,它既包括直接生产和提供各种物质产品与劳务的各种固定资产及流动资产,也包括为各种生产过程服务的各种服务和福利设施的资产(表9－3、表9－4)。

表9－3　宁波分产业固定资产投资额(1991—2006)(以1992年为可比价)

单位：亿元

年份	第一产业	第二产业	第三产业
1991	0.84	15.95	11.90
1992	1.50	42.72	12.21
1993	0.081	44.64	20.03
1994	0.67	43.91	26.06
1995	0.62	58.52	35.62
1996	2.02	80.02	42.64
1997	1.52	88.64	40.97
1998	1.09	100.25	46.28
1999	1.38	95.70	56.65

年份	第一产业	第二产业	第三产业
2000	2.09	97.33	74.11
2001	1.12	89.00	107.02
2002	3.22	158.05	119.16
2003	2.25	240.83	135.90
2004	1.08	305.46	171.60
2005	1.65	561.53	200.86
2006	2.71	540.35	249.52

表 9-4　宁波分产业资本存量情况(1990—2006)(以1992年为可比价)

单位：亿元

年份	第一产业	第二产业	第三产业	总资本存量
1990	42.37	116.30	46.80	205.47
1991	39.97	121.08	54.21	215.26
1992	37.62	152.17	61.21	251.00
1993	34.82	182.20	75.363	292.39
1994	32.14	208.63	94.18	334.95
1995	29.67	247.12	120.77	397.56
1996	28.84	303.41	151.82	484.07
1997	27.59	362.93	178.21	568.73
1998	26.03	428.34	207.38	661.75
1999	24.91	482.91	244.12	751.94
2000	24.60	533.88	294.85	853.33
2001	23.35	571.63	373.57	968.55
2002	24.34	674.80	456.86	1156.00
2003	24.25	850.85	548.90	1424.00
2004	23.00	1074.63	667.80	1765.43
2005	22.45	1532.99	804.56	2360.00
2006	23.00	1926.18	976.84	2926.02

（四）劳动和资本的产出弹性 α 和 β 的估计

劳动和资本的产出弹性的计算主要有两种方法：一种是参数法，即利用已有的生产函数模型，通过计量的方法估计产出弹性。

参数法要求假定规模生产报酬不变，即劳动和资本的产出弹性之和为 1($\alpha+\beta=1$)。第二种是非参数法，即使用投入要素的收入份额来计算。非参数法需要劳动收入（工资和福利）和资本报酬（利润和固定资本折旧），相较于劳动收入来说，资本报酬的数据难以获得，因此采用参数法来估计 α 和 β，样本区间为 1992—2006 年。

生产函数表示如下（对数形式）：

$$\ln Y_t = \ln A + \alpha \ln L_t + \beta \ln K_{t-1} + \mu,$$

因为 $\alpha+\beta=1$，所以

$$\ln \frac{Y_t}{L_t} = \ln A + \beta \ln \frac{K_{t-1}}{L_t} + \mu$$

利用 Eviews 5.0，我们可以估计出 $\alpha=0.2$，$\beta=0.8$。假设宁波各个产业的生产函数和总的生产函数相同，因此各个产业的劳动和资本产出弹性都等于 0.2 和 0.8，即 $\alpha_1=\alpha_2=\alpha_3=0.2$，$\beta_1=\beta_2=\beta_3=0.8$。

（五）宁波产业结构调整对全要素生产率的影响

在得到模型中所有变量数据后，根据（9－9）式，可以得出 1993—2006 年宁波全要素生产率的变化情况及其构成（表 9－5）。

表 9－5　宁波的全要素生产率增长情况及其结构

年份	TFP 增长率（％）	内部增长效应（％）	产出结构效应（％）	资本转移效应（％）	劳动转移效应（％）
1993	5.87	2.76	−0.57	0.98	2.70
1994	7.06	6.74	−0.11	0.39	0.04
1995	7.30	6.43	−0.048	0.10	0.82
1996	2.37	2.96	−0.34	−0.17	−0.08
1997	−3.60	−2.75	−0.55	−0.37	0.07
1998	0.28	0.98	−0.16	−0.69	0.15
1999	−2.11	1.44	−0.005	−0.85	0.18
2000	0.46	0.83	−0.10	−0.39	0.12
2001	−0.21	1.39	−0.21	0.06	1.33
2002	2.70	2.68	−0.056	0.18	−0.10
2003	−0.31	−0.31	−0.14	−0.41	0.55

年份	TFP 增长率 （％）	内部增长效应 （％）	产出结构效应 （％）	资本转移效应 （％）	劳动转移效应 （％）
2004	−3.52	−3.45	−0.074	−0.74	0.74
2005	−7.57	6.91	−0.048	−0.98	0.37
2006	−14.05	−12.69	−0.07	−1.67	0.38

根据表 9-5，可以得到以下结论：①从对 TFP 贡献的各个效应来看，首先 TFP 中主要的贡献在于各个产业自身 TFP 的变化。无论是 TFP 的提高还是降低，主要是由于各个产业 TFP 的变化引起。②产出结构效应 $\left[y(t)-\sum_i \rho_i(t) y_i(t)\right]$ 对 TFP 的贡献都为负数，在这里我们认为宁波第二产业产值的过大使得 TFP 的产出结构效应为负，即 ρ_2 过大，使得 $\left[y(t)-\sum_i \rho_i(t) y_i(t)\right]$ 偏小，影响了全要素生产率的产出结构效应。③从劳动和资本的转移效应来看，资本和劳动力的转移确实能够对 TFP 产生影响。TFP 的资本转移效应和第二、三次产业资本存量比（第三产业资本存量/第二产业资本存量）有着显著的正相关关系（图 9-1），即如果第二、三产业资本存量比提高，也就是资本向第三产业转移，TFP 就表现出正的资本转移效应。特别是 1999 年以后，两者表现出了高相关性，2002 年以后，TFP 中的资本转移效应为负的原因在于资本相对地向第二产业转移（第二产业资本存量比重增加）。劳动的转移效应和第二、三产业劳动的投入比也表现出了类似的关系（图 9-2）。

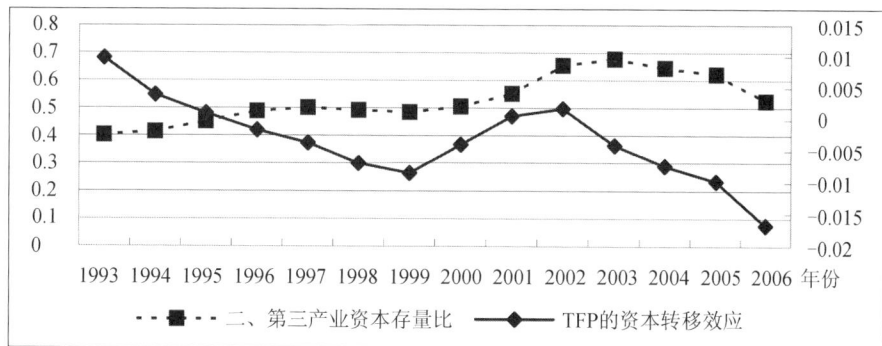

图 9-1　TFP 的资本转移效应和第二、三产业资本存量比走势

第三部分

理性的思考

189

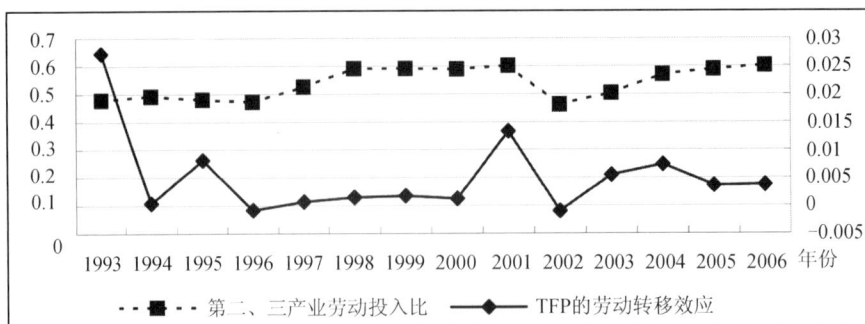

图 9-2　TFP 的劳动转移效应和第二、三产业资本存量比走势

　　从宁波第二产业和第三产业的产出和生产要素的比值来看（图 9-3 和图 9-4），无论是产出资本比还是产出劳动力比，第三产业都要高于第三产业，这说明相同的资本和劳动力投入，第三产业的产值要高于第二产业。也就是说，第三产业的要素生产率要高于第二产业。因此，生产要素（资本和劳动力）从第二产业转移到第三产业可以提高宁波整体的全要素生产率。

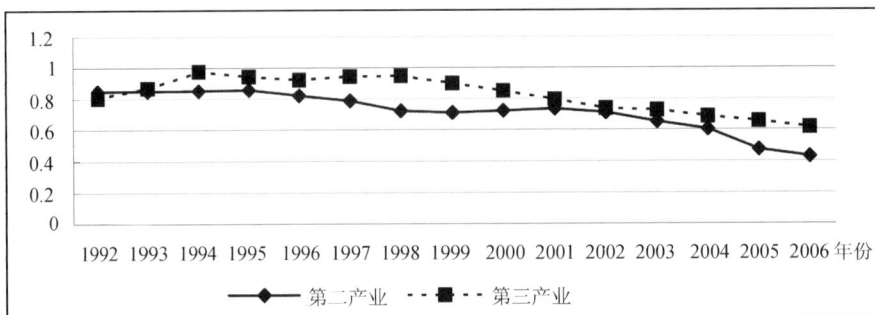

图 9-3　宁波第二、三产业间产出资本比的比较：1992—2006

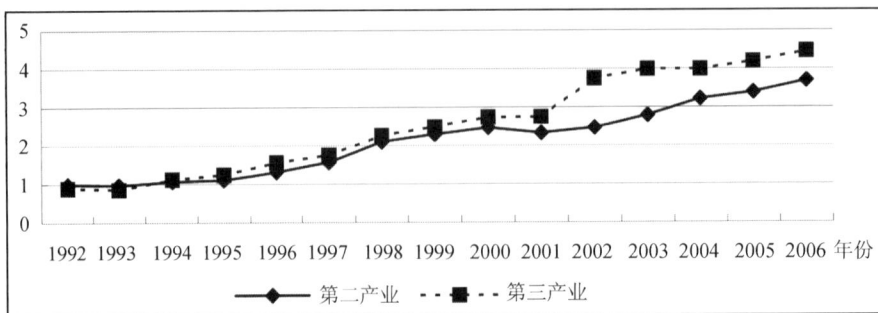

图 9-4　宁波第二、三产业间产出劳动力比的比较：1992—2006

　　同时，比较宁波的产出资本比和产出劳动力比可以发现，产出资本比一直处于下降的过程中，而产出劳动力比是一个上升的过

程,这说明宁波的经济正逐步地从劳动力密集型向资本密集型转变,资本的投入对经济增长的作用越来越大。

通过对宁波全要素生产率的计算,可以得到以下结论:

(1) 从对 TFP 贡献的各个效应来看,首先 TFP 中主要的贡献在于各个产业自身 TFP 的变化。无论是 TFP 的提高还是降低,主要是由于各个产业 TFP 的变化引起的。

(2) 因为在产业间的产值结构中,第二产业产值的比重过大,使得全要素生产率的产出结构效应为负。本文认为第三产业产值比重的提高可以提高全要素生产率。

(3) TFP 的生产要素转移效应和第二、三产业的生产要素比(第三产业/第二产业)有着显著的正相关趋势关系。因为宁波第三产业的产出资本比和产出劳动力比都要高于第二产业,这说明第三产业的要素生产率要高于第二产业。因此,生产要素从第二产业向第三产业转移可以提高全要素生产率。

前文利用 shift-share 方法论证了无论是第三产业产值比重的提高还是生产要素向第三产业的转移都可以提高全要素生产率,因此从数学的意义上,发展第三产业是宁波产业结构优化的方向。那么从经济学方面分析,为什么宁波应该着力发展第三产业呢?宁波以第二产业(制造业)为主导的经济发展模式至少受到以下两个因素的制约:

(1) 宁波是典型的外向型经济区,2007 年对外贸易依存度(进出口总额/GDP)达到了 120% 左右,出口对于经济的贡献率(出口总额/GDP)达到了 81.3%。而在出口的商品中,制造业占据了绝对比重,因此出口是宁波第二产业发展的主要动力。在劳动力短缺和成本提高、人民币升值成为趋势的情况下,出口商品的价格优势将会受到削弱,出口竞争力也因此面临严峻的挑战。

首先,农村劳动力的无限供给导致的低廉劳动力成本一直被认为是我国的"比较优势",低价格也成为我国出口商品竞争的"优势"。但是随着劳动力的无限供给向相对短缺的转移,出现了"劳动荒"现象,导致劳动力成本上升。劳动力成本的上升直接影响到了出口商品的竞争力。

其次,从人民币的汇率来看,自汇改以来一直处于一个持续的升值阶段,到 2007 年年底,累计升值幅度已经达到了 10%,人民币的升值使得出口产品的竞争力受到严重削弱。

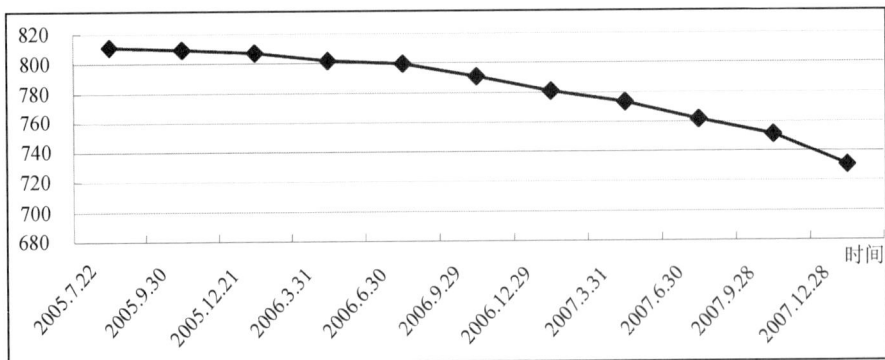

图 9-5 自 2005 年 7 月 21 日汇改以来人民币汇率走势

数据来源:国家外汇管理局网站。

（2）宁波的资源匮乏,宁波制造业所需的能源、原材料大部分都是依靠进口或是外地区输入,对外依存度很高。宁波产业结构的现状使得经济发展受到资源瓶颈的制约,一旦资源价格上涨或是供给短缺,将对宁波的经济发展带来巨大的威胁。

第二节　资金的结构优化功能为什么不一样?

在产业结构的优化过程中,资本有效地发挥其甄别功能,需要一些前提条件。因此,如果金融系统和 FDI 市场在这些条件满足程度上存在差别,就有可能导致金融发展和 FDI 在产业结构优化中所起作用的差异。

一、金融发展和 FDI 对宁波产业结构影响的差异: 基于 VAR 模型的分析

改革开放以来,宁波充分发挥自身的港口优势,产业结构得到

不断调整,三次产业的产值比由 1978 年的 32.33:48.04:19.63 调整为 2007 年的 4.48:55.01:40.51。在影响产业结构的因素中,金融发展和 FDI 对于宁波产业结构的变迁起到了尤为重要的作用。

宁波经济有两个主要特点:良好的金融生态和发达的外资经济。首先,宁波的金融业无论是在金融总量还是金融质量方面都取得了巨大的发展。中国社会科学院 2007 年发布的《中国地区金融生态环境评价(2006—2007)》中,宁波金融生态环境综合指数在 90 个中心城市中排在第 4 位(表 9-6)。

表 9-6　宁波金融生态环境评价指标

	评价指标	得分	在 90 个中心城市的排名
	综合指数	0.830	4
方面指数	政府对经济的主导	0.828	7
	经济运行质量	0.822	3
	地区金融发展	0.841	6
	金融信用的基础设施和制度基础建设	0.843	5

在金融总量方面,我们用金融机构的存贷款变化来说明宁波金融业的发展情况。在这里分别考察宁波市金融机构存、贷款的绝对额(图 9-6),占 GDP 的比重(图 9-7)以及占全国存贷款比重(图 9-8)的情况。

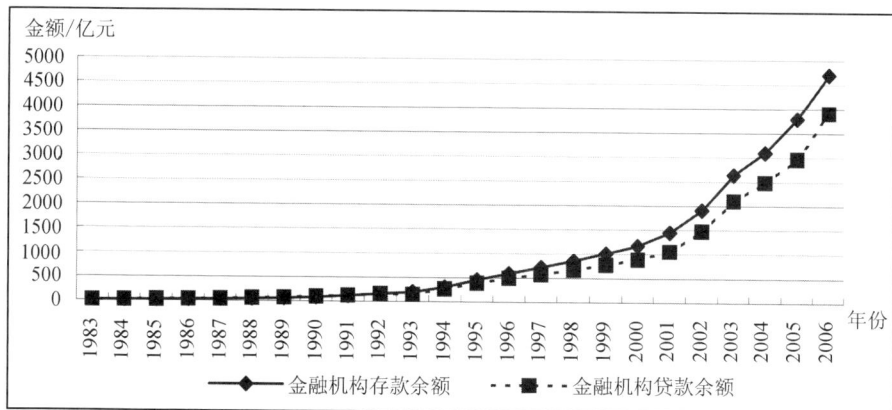

图 9-6　宁波金融机构本外币存贷款余额变化情况:1983—2006

资料来源:《宁波金融年鉴》(1983—2006)。

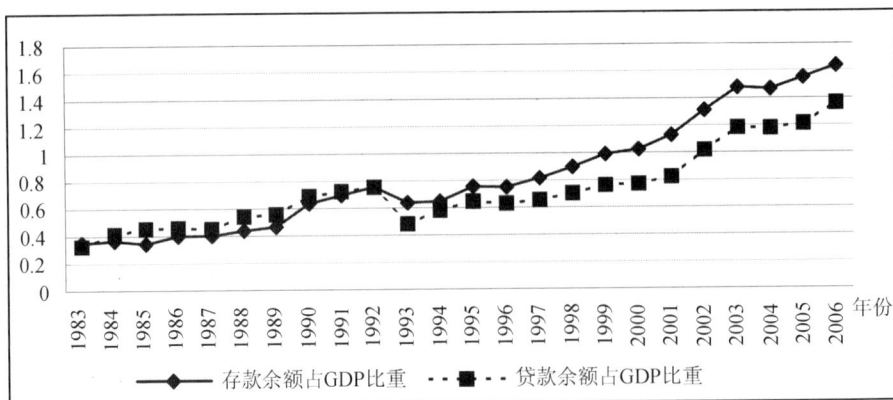

图 9-7　宁波金融机构存贷款余额占 GDP 比重的趋势变化：1983—2006
数据来源：《宁波金融年鉴》（1983—2006）、《宁波统计年鉴》（2007）。

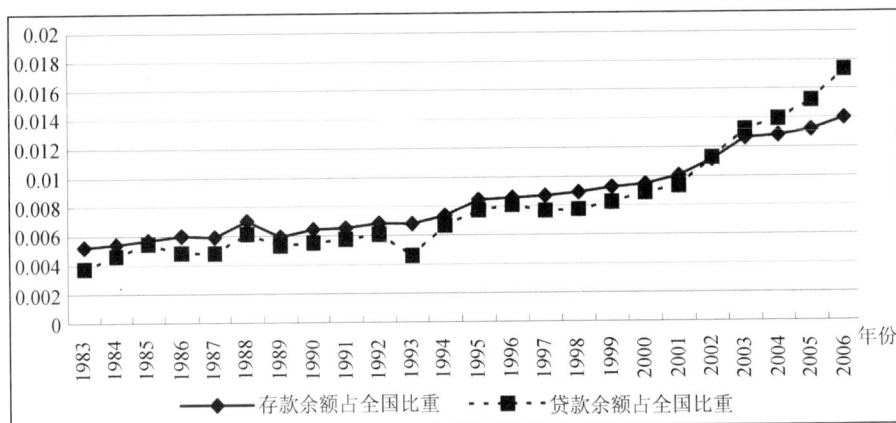

图 9-8　宁波金融机构存贷款余额占全国比重的趋势变化：1983—2006
数据来源：《宁波金融年鉴》（1983—2006）、中国经济信息网。

改革开放后，宁波金融机构的存贷款保持着高速的增长。从绝对量上看，存款余额由 1983 年的 14.6 亿元增加到了 2006 年的 4700 亿元，年均增长率达到 26.3％，贷款余额由 1983 年的 13.5 亿元增加到 2006 年的 3910 亿元，年均增长率达到了 26.6％。同时，宁波市金融机构存贷款余额占全国的比重也保持着持续的上升，1983 年宁波存贷款余额占全国的比重分别只有 0.052％和 0.037％，到了 2006 年，则分别达到了 1.4％和 1.7％。从金融深度上来看，宁波金融机构存贷款占 GDP 的比重也是一个持续的上升过程，1983 年存贷款占 GDP 的比重分别只有 0.35 和 0.32，到 2006 年分别达到了 1.63 和 1.36。

其次,宁波良好的经济基础和投资环境对 FDI 也有很强的吸引力。改革开放以来,宁波作为我国第一批沿海开放城市,按照积极、合理、有效的方针,利用外资从无到有,从小到大,已经形成一定的规模。截至 2006 年年底,宁波市累计批准的外商直接投资企业 11060 家,投资总额 548.23 亿美元,合同外资 298.3 亿美元,实际利用外资达到 147 亿美元。截至 2006 年年底,宁波市现存外商直接投资企业 5805 家,比上年增长 11.5%,全年实现销售收入 2779.6 亿元,增长 38.6%,纳税总额 88.4 亿元,利润总额 131.1 亿元,增长 61.8%。2006 年年末,从业人数 80.1 万人,同比增长 15.3%,占全社会从业人数的 18.6%。外商投资企业实现进出口 175.1 亿美元,占宁波市进出口总额的 41.5%。外商直接投资已成为宁波市经济中的重要组成部分(图 9-9、图 9-10)。

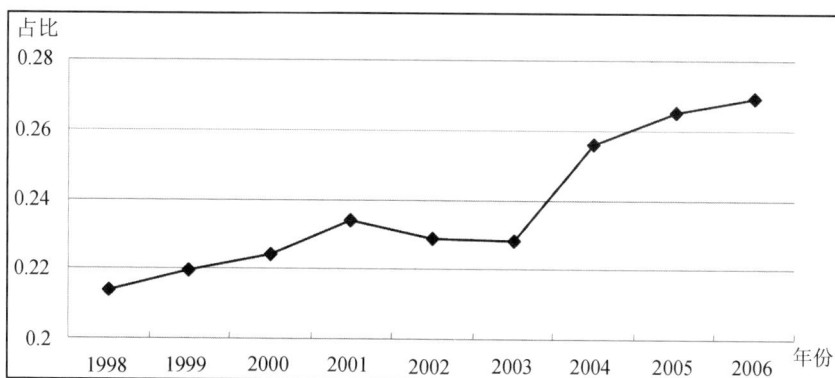

图 9-9　宁波规模以上工业企业外资企业数量占比情况(含港澳台投资企业)
数据来源:《宁波统计年鉴》(1999—2007)。

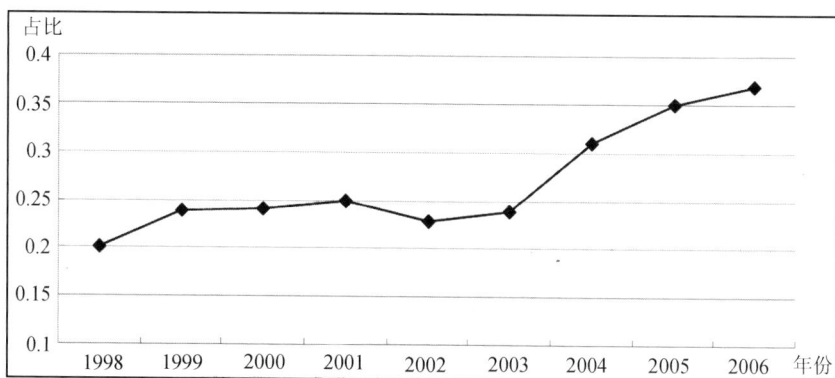

图 9-10　宁波规模以上工业企业增加值外资企业占比情况
数据来源:《宁波统计年鉴》(1999—2007)。

从图9-11可以看出，从1990年以来，无论是实际利用外商直接投资的绝对额，还是占全国的比重，宁波一直处于一个持续的上升期。

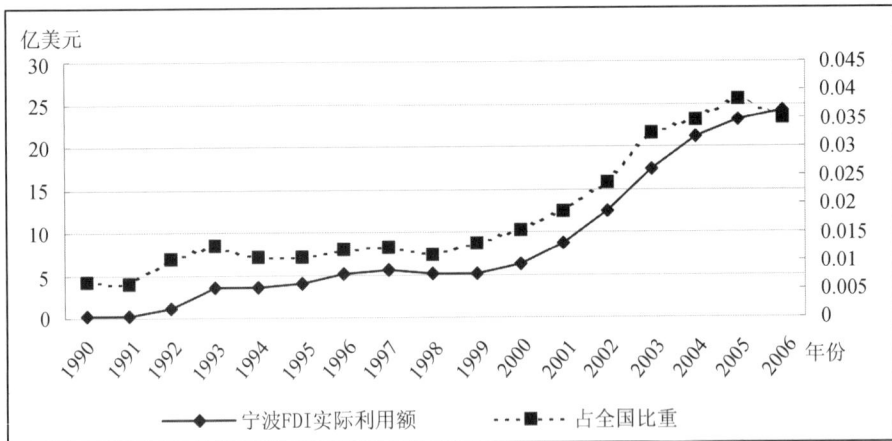

图9-11　宁波外商直接投资变化情况：1990—2006

数据来源：《宁波统计年鉴》(2007)、《中国统计年鉴》(2007)。

从图9-12可以看出，在外商直接投资的产业分布上，2000年以来主要集中在第二产业和第三产业，而第一产业的比重很小，第二产业占据了绝对大的比重。

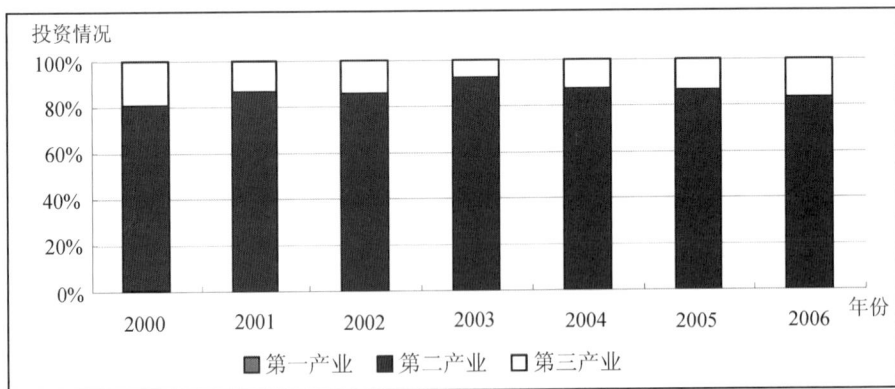

图9-12　宁波分产业外商直接投资情况

数据来源：《宁波统计年鉴》(2007)。

因此，对于宁波来说，金融发展和FDI与产业结构的关系也更加紧密。为了说明宁波产业结构调整和金融发展、FDI的关系，我们先来看它们之间的变化趋势比较（图9-13、图9-14）。在这里我们用宁波金融机构的存款与 GDP 的比值来表示金融发展的情况,以外商直接投资实际利用额与 GDP 的比值表示宁波 FDI 的情况,以第三产业产值占 GDP 的比重作为产业结构优化的情况。

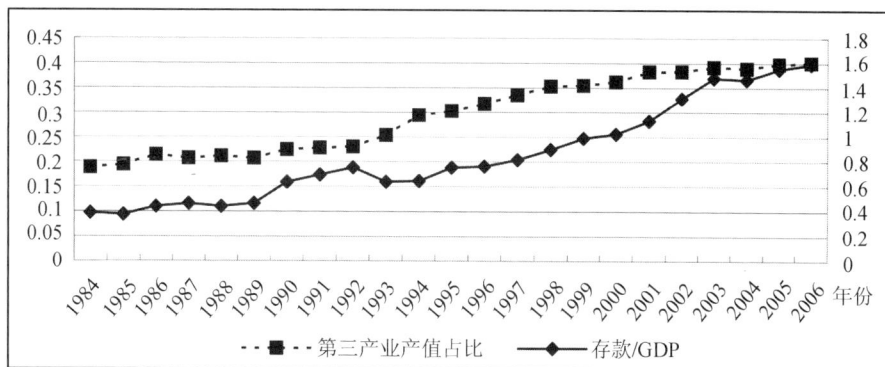

图 9 - 13　宁波金融机构存款余额/GDP 和第三产业产值占比比较:1984—2006
数据来源:《宁波统计年鉴》(1985—2007)。

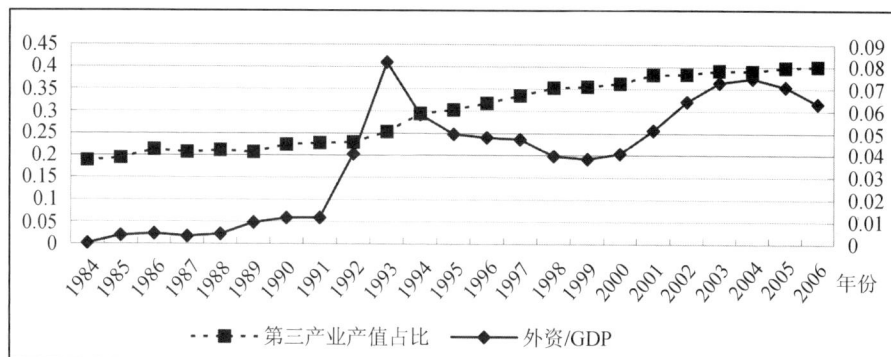

图 9 - 14　宁波实际利用外资/GDP 与第三产业产值占比比较:1984—2006
数据来源:《宁波统计年鉴》(1985—2006)。

从图 9 - 13 和图 9 - 14 可以看出,1984—2006 年间,宁波金融机构的存款余额/GDP、实际利用外资/GDP 和第三产业产值占比的走势有很大的趋同性,这说明宁波产业结构的优化(第三产业的发展)和金融发展、FDI 有很强的相关性。但是,因为这些因素影响的相互性,比如金融发展和 FDI 可以影响产业结构的调整,产业结构的优化升级带来经济的增长,而经济增长又可以促进金融发展和吸引国外投资,这使得我们很难直观地判断宁波产业结构优化和金融发展、FDI 之间的因果关系。

为了更加明确地说明它们之间的关系，在这里我们建立一个VAR 模型。VAR 模型是用所有当期变量对模型中所有变量的若干滞后变量进行回归，用于相关时间序列系统的预测和随机扰动对变量系统的动态影响，是一种非结构化的多方程模型，它不带任何事先约束条件，将每个变量均视为内生变量，从而可以分析不同变量之间的关系。

（一）模型的建立

在建立模型前，需要定义几个变量：

$istru$：产业结构；

fd：金融发展；

fdi：外国直接投资（FDI）。

VAR 模型建立如下：

$$Y_t = \sum_{i=1}^{t} \prod_i Y_{t-i} + U_i, U_i \sim IID(0, \Omega)。$$

Y_t 是 $istru$，fd，fdi 构成的列向量，Π_i 是系数矩阵，U_i 是随机误差项矩阵，Ω 为方差协方差矩阵。

（二）数据的选取

以第三产业产值占 GDP 的比重代表宁波的产业结构优化情况，以金融机构存款余额/GDP 作为宁波金融发展的情况，以实际利用外资额/GDP 作为宁波引进 FDI 的情况。选择的样本区间为1984—2006 年，样本容量为 23。数据全部来源于《宁波统计年鉴》。

（三）模型的检验

（1）平稳性检验。建立 VAR 模型时，我们需要对变量进行平稳性检验，这里我们利用 ADF 法（扩展的迪克-福勒法）检验变量的平稳性。检验结果如表 9-7 所示。

表 9 - 7　变量平稳性检验结果

变量	检验形式(C,T,K)	ADF 检验值	临界值
$istru$	$(C,T,4)$	-3.12	-4.57^* -3.69^{**}
$\Delta istru$	$(C,0,0)$	-4.13	-3.79^* -3.01^{**}
fd	$(C,T,0)$	-1.53	-4.44^* -3.63^{**}
Δfd	$(C,0,0)$	-3.93	-3.79^* -3.01^{**}
fdi	$(C,T,1)$	-2.74	-4.47^* -3.64^{**}
Δfdi	$(C,0,0)$	-3.62	-3.79^* -3.01^{**}

注：(1) 检验类型(C,T,K)中 C 表示常数项，T 表示趋势项，K 表示滞后阶数；
　　(2) 滞后阶数根据赤池信息准则确定(AIC)；
　　(3) $*$ 表示在 1% 的显著水平下的临界值，$**$ 表示在 5% 的显著水平下的临界值；
　　(4) 本书利用的计量软件是 Eviews 5.0。

从检验结果看，在 5% 的显著水平以内，$istru$，fd 和 fdi 存在着单位根，都是非平稳的；而在 1% 的显著水平下，$istru$，fd 的一阶差分 $\Delta istru$ 和 Δfd 都是平稳的；在 5% 的显著水平下，Δfdi 是平稳的。所以我们可以认为这 3 个变量都是一阶单整，即 I(1)，可以建立 VAR 模型。

(2) 格兰杰因果检验。为了说明金融发展、FDI 和产业结构之间的关系，我们分别对金融发展和产业结构、FDI 和产业结构进行格兰杰因果检验(表 9-8、表 9-9)。其基本思路是如果一个变量 X 无助于预测另一个变量 Y，则说明 X 不是 Y 的原因；相反，若 X 是 Y 的原因，则必须满足两个条件：第一，X 应该有助于预测 Y，即在 Y 关于 Y 的过去值的回归中，添加 X 的过去值作为独立变量应当显著地增加回归的解释能力；第二，Y 不应当有助于预测 X，其原因是，如果 X 有助于预测 Y，Y 也有助于预测 X，则很可能存在一个或几个其他变量，它们既是引起 X 变化的原因，也是引起 Y 变化的原因。

表 9-8　金融发展与产业结构的格兰杰因果检验结果

假　　设	观测值	F 统计值	概率	结论
H_0：$istru$ 不是 fd 的格兰杰原因	21	1.836	0.191	接受 H_0
H_1：fd 不是 $istru$ 的格兰杰原因		3.025	0.077	拒绝 H_1

表 9-9　FDI 与产业结构的格兰杰因果检验结果

假　　设	观测值	F 统计值	概率	结论
H_0：$istru$ 不是 fdi 的格兰杰原因	21	1.323	0.294	接受 H_0
H_1：fdi 不是 $istru$ 的格兰杰原因		6.876	0.007	拒绝 H_1

从检验结果可以看出，首先对于金融发展与产业结构的因果关系来说，假设 H_0（$istru$ 不是 fd 的格兰杰原因）不能被拒绝，而假设 H_1（fd 不是 $istru$ 的格兰杰原因）可以被拒绝，这说明 fd 是 $istru$ 的格兰杰原因，即宁波的金融发展是其产业结构优化的原因。

同样，对于 FDI 和金融发展来说，假设 H_0（$istru$ 不是 fdi 的格兰杰原因）不能被拒绝，而假设 H_1（fdi 不是 $istru$ 的格兰杰原因）可以被拒绝，这说明 fdi 是 $istru$ 的格兰杰原因，即宁波的 FDI 是其产业结构优化的原因。

实证结果表明，宁波的金融发展和 FDI 都是产业结构优化的原因。改革开放以来，宁波金融总量增长、金融生态的改善和外商直接投资都支持了宁波第三产业的发展。

（3）脉冲响应函数。由于 VAR 模型参数的 OLS（普通最小二乘）估计量只具有一致性，对单个参数估计值的经济解释是很困难的，但是可以利用系统的脉冲响应函数和方差分解来对 VAR 模型进行有效的分析。

在 VAR 模型中，变量的冲击不仅直接作用于自身，而且还通过模型的动态结构传递到其他内生变量，最终又返回到自身，脉冲响应能够清楚地概括这种动态结构的性质。脉冲响应函数描述的是内生变量对误差冲击的反应。具体地说，就是在随机误差项上施加一个标准差新息（S. D. Innovation）的影响后对内生变量的当期值和未来值所带来的冲击。

图 9-15 中,横轴表示冲击作用的期数(年),纵轴表示 *istru*(产业结构)的响应程度,曲线表示了脉冲响应函数,代表了产业结构对内生变量的冲击响应。图 9-15(a)是金融发展的冲击引起产业结构变化的脉冲响应函数图。从中可以看出,在本期金融发展一个标准差的冲击后(金融发展程度提高),产业结构(第三产业占比)在第 1 期响应为正值(0.0012),但是从第二期开始,产业结构出现了负响应。图 9-15(b)是 FDI 的冲击引起产业结构变化的脉冲响应函数图。从图中可以看出,给本期 FDI 一个标准差的冲击后(FDI 数值增加),产业结构的响应快速上升,第 4 期到达峰值后便保持稳定。脉冲响应函数的结果说明,相比较 FDI,金融发展对于产业结构优化的影响相对较小。

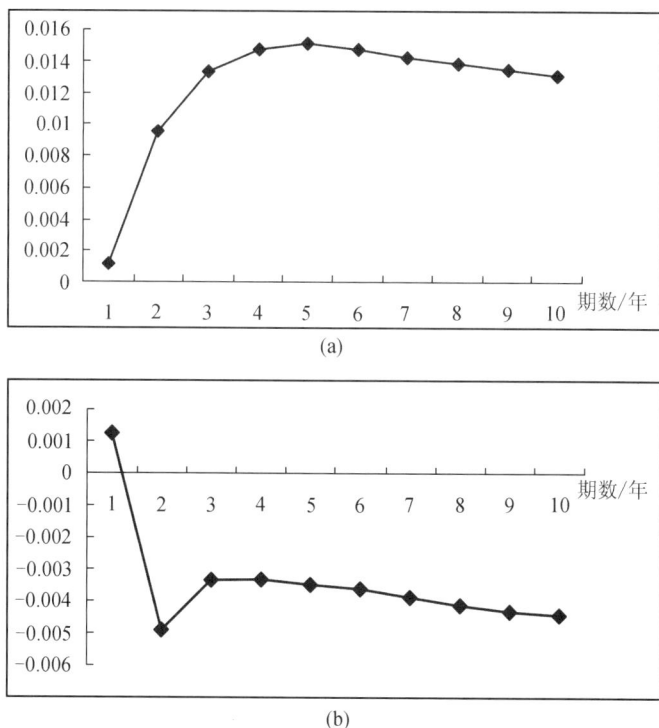

(a)

(b)

图 9-15 *istru* 对 *fd* 和 *fdi* 反应曲线

(4) 方差分解。方差分解是一种基于 VAR 模型的描述系统动态的方法,用来将系统的均方误差分解成各变量冲击所做出的贡献。其基本思想是把系统中每一个内生变量的波动按其成因分解为与各方程随机扰动项即信息相关联的几个组成部分。

从表9-10可以看出，FDI对产业结构预测方差的贡献率随着时间的推移而增加，在第5期达到了80%，而此后一直稳定在80%以上；而金融发展的贡献率要相对小得多，一直都维持在7%左右的水平上。方差分解的结果也说明宁波的FDI对产业结构优化的作用相较于金融发展要大得多。

表9-10　*istru*（产业结构）的方差分解

时期	标准差	金融发展（%）	FDI（%）	产业结构（%）
1	0.070303	3.05576	2.556737	94.3875
2	0.097271	13.6561	49.73603	36.60786
3	0.109431	9.341962	68.87378	21.78426
4	0.116879	7.468284	76.46482	16.06689
5	0.121492	6.700054	80.08284	13.21711
6	0.126349	6.411579	81.92367	11.66475
7	0.133420	6.42957	82.88531	10.68512
8	0.143178	6.614108	83.40655	9.979346
9	0.155158	6.878277	83.69912	9.422607
10	0.168604	7.171446	83.86879	8.959763

第三节　对结构优化的作用金融为什么不如 FDI？

（一）利率的管制使得商业银行缺乏定价的自主权，被动地接受管制利率，无法充分利用利率工具选择提供贷款

宁波虽然金融基础设施良好，金融市场活跃，但是和全国其他城市一样，商业银行目前不具备自身的定价权，必须要接受管制利率，即规定了存款利率的上限和贷款利率的下限。政府对利率管制的目的在于避免商业银行的恶性竞争，维护金融系统的安全。但是管制利率也导致银行贷款丧失了对贷款项目的甄别功能,资本难以得到最优的配置。下面我们通过一个简单的模型来分析。

商业银行 A 面临着两个投资项目的贷款选择:第二产业的项目 a,第三产业的项目 b。对于项目 a 来说,其为传统行业,虽然目前的收益率较高,但是发展的前景难以确定,面临的市场风险也很大,项目 a 愿意以利率 r_1 向 A 申请贷款,同时 A 面临的风险是 σ_1^2,所以 A 的风险收益组合是 (r_1, σ_1^2)。对于项目 b,虽然目前的收益率较低,但是因为是新兴的行业,具有良好的市场前景,面临的风险也比较小,项目 b 愿意以利率 r_2 向 A 申请贷款,同时 A 面临的风险是 σ_2^2,所以 A 的风险收益组合是 (r_2, σ_2^2),在这里 $r_1 > r_2$,$\sigma_1^2 > \sigma_2^2$。下面我们用效用无差异曲线来说明 A 的选择。

图 9-16 表示 A 面临的效用无差异曲线,每一条曲线都表示能给 A 带来相同效用的贷款组合。无差异曲线以凹状向右上方倾斜,图中 U_1 和 U_2 表示两条无差异曲线,其中 $U_2 > U_1$,即落在 U_2 上的贷款组合给 A 带来的效用要大于落在 U_1 上的贷款组合。

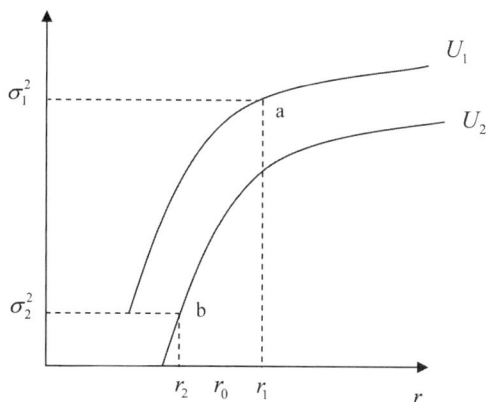

图 9-16 利率管制条件下商业银行贷款的选择

对于项目 a 和 b,虽然有不同风险与利率,但是从图中可以看出,项目 b 相对于项目 a 给 A 带来了更大的效用,所以 A 在具有自主定价权的条件下,会选择以利率 r_2 向 b 提供贷款。此时 A 获得了最大的效用,资本也充分发挥了甄别功能,支持了新兴产业的发展。

但是，如果存在利率管制，情况就会发生变化。假设 A 只能以不低于 r_0 的利率提供贷款，而对于项目 b 的借款者来说，他认为合适的利率应该等于或是小于 r_2，就不会接受 r_0。所以即使 A 愿意向项目 b 提供贷款，但是因为存在着利率管制，只能选择次优的项目 a。这样，资本没有运用到最优的项目中去，没有实现最优的资本配置，资本的甄别功能失效，因此限制了其在产业结构优化中的作用。

（二）政策性金融的缺陷

政策性金融对于产业结构调整存在着"矫枉过正"的负面作用。政策性金融是以弥补市场缺陷，体现政府意图，不以追求自身利润为主要目标来配置金融资源。政策性金融的初衷在于纠正市场在产业结构调整中的缺陷，但是这需要一些前提条件。首先，要求政府对于产业结构优化方向的判断是正确的，能够准确地把握产业结构调整的方向，利用政策性金融工具支持适合本地区的产业。但是，对于复杂多变的市场，很难保证决策的正确性。其次，政策性金融要发挥作用，必须要保证政府站在社会的立场上，一旦与政府有复杂关系的国有企业存在，就很难保证政策性金融方向的准确性。所以，不恰当的政策性金融破坏了金融的市场机制，使其难以充分发挥资本的甄别功能。另外，政策性金融的职能缺位也影响到了其在产业结构优化中的作用。如支持中小企业融资是政策性金融的重要组成部分，也是政策性金融所要达到的目标。因为中小企业存在于第三产业或是劳动技术密集型、高科技企业，所以支持中小企业的政策性金融机构有利于产业结构的优化。但是，目前尚没有专门的服务于中小企业的政策性金融机构。

（三）不合理的金融结构影响了金融系统中资本的甄别功能

虽然宁波民营经济发达，经济富有活力，非正式金融对于民营经济发展具有突出重要的支持作用。但是，银行信贷仍然在融资结构中占据主导,大一统的金融体系沿革带来的影响深远。尤其是商业银行具有天生的谨慎性,使得这种金融结构不利于创新企业的发展。市场主导型的金融体系能够提供更为丰富灵活的风险管理工具,可以根据不同的情况设计不同的金融风险产品;而银行主导型的金融结构只能提供比较基本的风险管理服务,金融中介适于为技术成熟、不确定性低、投资者对投资决策的看法相对一致的项目提供融资,具有节约信息成本的优势;但金融市场在投资的不确定性高、对投资项目存在重要的看法差异且信息成本较低的环境中具有相对优势。

金融系统以间接融资为主,对于商业银行在利差可以保证的情况下,控制风险是需要首先考虑的问题,所以它们更加偏好那些规模大、目前经营状况良好的大型企业,对于中小企业明显缺乏金融支持,而中小企业一般都是那些市场潜力大、发展前景好的新兴行业。所以,商业银行的这种经营策略虽然可以在一定程度上控制商业银行的风险,但是却不能实现本身利润的最大化,资本也不能实现最有效的配置,资本对于产业的甄别功能难以发挥。

在宁波的融资结构中,间接融资占绝对比重(图9-17),直接融资的比重也低于全国的平均水平。宁波的这种金融结构不利于实现风险的转移和分担,无法有效满足新兴行业发展的要求。

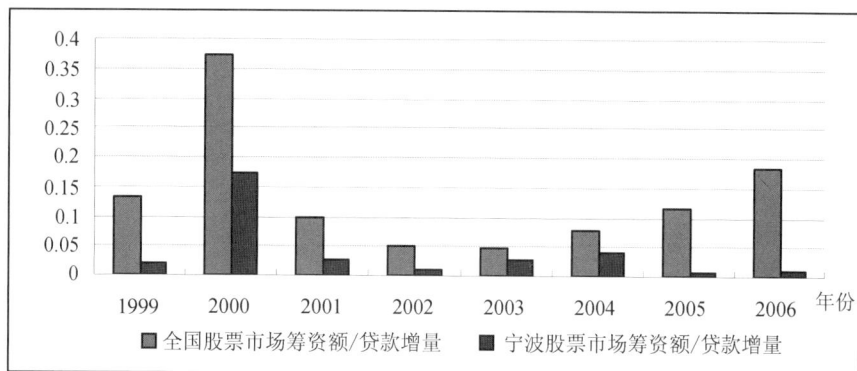

图9-17 宁波通过股票市场筹资额和全国平均水平的比较

数据来源:《中国金融年鉴》、《宁波金融年鉴》、中国证监会宁波监管局网站。

（四）风险投资机制的缺陷限制了高新技术产业的发展，阻碍了产业结构的优化

风险投资机制包括风险资本的筹集、运作和退出机制。在风险资本的筹集方面，风险投资主体单一，资金渠道狭窄，资金缺口大。保险基金、养老基金和其他民间资金等进入风险投资领域的渠道和运作机制尚未建立，由于创业投资资金来源渠道单一，资金供不应求。在风险资本的运作方面：一方面，缺乏有效的风险投资企业组织形式；另一方面，风险资本的使用方向较少为高新技术产业。有限的风险投资并没有真正投入到最需要风险资本支持的创新企业。

在风险资本的退出方面，尚缺乏有效的渠道，退出方式单一，只有股权转让这一方式，具体包括企业收购、兼并等。同时由于缺乏风险投资的中介服务和缺乏科学地为高科技企业进行技术定级的标准与方法，导致风险投资的高科技企业在其上市过程中，对其上市主体资格的认定有可能出现偏差，使其应享受的优惠政策因其主体资格的认定偏差而丧失，进而影响风险投资的有效退出。产权交易成本远远高于股票市场的成本，使风险资本在投资不理想或失败后退出较为困难，退出成本高，而且非证券化的实物型产权交易仍占主导地位。

第四节　结构红利论意味着应该怎么办?

（一）外商直接投资对于宁波的产业结构优化起到了非常重要的作用，因此，宁波应该继续加强基础设施建设，优化投资环境，不断吸引外资进入宁波，充分发挥 FDI 在宁波产业优化中的作用

外商直接投资是资金、技术、品牌、人才、经营和管理经验的综合体。因此，吸引外资不能仅仅局限于其资金功能，要从落实科学

发展观、建设和谐社会的目标出发,树立新的利用外资观念,进一步积极、合理、有效利用外资,更好地发挥外资进入对宁波市经济发展的技术溢出效应。一是要由注重引进资金,向注重引进先进技术、先进管理经验和高素质人才转变。二是要由注重引进外资规模和增速,向引进环境友好型、资源节约型和有利于经济社会和谐发展的项目转变。三是要完善社会保障制度,促使外商投资企业增强纳税、员工权益、环保、社会公益等多方面的社会责任,提高员工工资待遇,改善员工工作条件,让员工分享企业发展实惠,实现企业与社会共赢。四是要改变招商引资考核机制,重点考核利用外资的质量,将投资效益、技术水平、环保要求、资源利用效率、社会责任等质量指标作为招商引资考核的主要指标。

通过合理的激励机制,引导外资的地区投向与产业投向,通过优化利用外资的地区结构与产业结构来促进宁波市产业结构优化和经济社会的和谐发展。一是实施地区差别化投资优惠政策,引导外资流向经济发展相对缓慢、利用外资规模小的南部地区。二是实施产业和技术差别化投资优惠政策,鼓励引进技术水平高、管理先进、能耗低的高质量外资,鼓励外资流向服务业和高新技术行业,鼓励内外资企业自主创新,鼓励外资重点投向高新技术产业、先进制造业、现代服务业、现代农业和环保产业。注重引进高附加值、高辐射力、低能耗和处于产业高端的外商投资项目,鼓励外商投资企业加强原材料、零部件本地化配套,延长增值链条。为建设资源节约型、环境友好型社会,保证引资政策与可持续发展目标的一致性,宁波市应从资源集约度、投入产出效率和环境效应等方面出发,设立外资进入的资源消耗和环境标准,严格限制高污染、高能耗和产能过剩的外资项目进入。不断提高第三产业利用外资比重,以现代服务业和基础设施利用外资为主要方向,优先引进与宁波市先进制造业基地战略相配套、与区域产业特色相吻合的现代服务业项目,重点加大金融保险、现代物流、城市设施和旅游开发等方面的招商引资力度。

顺应当前跨国并购已成为全球跨国投资中最重要方式的潮流，针对目前土地资源制约外资增长空间的形势，宁波市应当适当控制需配套大量土地的"绿地投资"利用外资方式，积极探索跨国并购等多种利用外资新方式。一是有选择地开展"以民引外"和"以外引外"，鼓励世界 500 强等真正有实力、管理先进、技术水平高的外资企业并购民营企业，从而引进国外资金、产品、技术、管理和人才等，加快产业升级，提高宁波市企业的市场竞争力。二是积极推进"以外引外"，鼓励原有外商投资企业增资扩股，扶持经营业绩佳、投资效益好、市场前景好的外资企业做大做强。三是大力收集利用闲置土地、厂房等有效资源，建立闲置资源信息库，加强闲置资源的整合与集约利用。

通过建立对内资企业适当补贴与外资企业合理优惠的双向激励机制，引导和鼓励内外资企业之间的技术开发、经营管理、人才交换等多方面的交流合作，以此全面发挥外资进入的技术溢出效应。一是鼓励本地企业要加强与外资企业的技术合作和技术交流，构筑技术外溢的有效渠道和机制。二是通过相关的政策措施促使 FDI 企业向国内企业购买中间产品或相关的服务，发挥 FDI 企业的后向链接溢出效应。三是鼓励外资企业员工到国内企业就业和工作，通过这种人员流动来带动 FDI 对国内企业的技术溢出，使得 FDI 在促进技术进步方面发挥更大的作用。

（二）金融体系存在的一些弊端使得资本的甄别功能难以有效发挥，从而阻碍了其在产业结构优化中的作用，因此，要着力完善金融市场体系，充分发挥金融资本的甄别功能

金融机构要增强利率的定价能力，完善定价机制，根据贷款需求的风险和收益进行合理的市场定价。政策性金融虽然可以在一定程度上纠正市场的缺陷，但是如果职能定位不准确，过度的政策性也会扭曲金融市场。首先要结合本地区的资源禀赋和经济发展条件,提高产业或是行业发展决策的准确性,对主导产业或是行业的选择做出准确的判断,合理、有效地发挥政策性金融在产业结构优化中的作用。其次,政府在政策性金融中要有准确的定位,避免过分干预,使得政策性金融机构在政策性框架内市场化运作。

与间接金融相比,直接金融具有更强的自主性,更高的流动性,资本的甄别功能也更加有效。所以应该积极地鼓励中小企业利用股市融资。构建多层次的资本市场体系,不同产业或是不同类型企业的融资以及金融需求、投资经营的风险特征是不相同的,要求有相应的资本市场类型和融资渠道。为满足不同产业和企业的融资需求,根据融资需求的风险收益特征,建立具有不同上市标准、交易制度、监管要求的资本市场。在中小企业板的基础上,推出以高新技术企业为主要上市对象的创业板市场。

宁波民营经济发达,民营资本雄厚,可以积极地鼓励民营资本成立风险投资基金,丰富金融市场,充分发挥风险投资基金在产业结构优化中的作用。风险投资往往是高技术导向的,这使得风险投资在成本和收益上具有相当大的不确定性,存在着市场失灵问题。为此,要规范风险投资机构的组织形式、设立条件、筹资方式、运作程序、内控制度,以及风险投资运作过程中的知识产权保护、规范创业财务信息披露制度等,为风险投资的正常运作提供必要的政策法律保障。要充分利用宁波民营经济发展的特色,鼓励民营资本成立风险投资基金,完善风险投资的退出机制。

第十章 对称金融论

第一节 什么叫对称性金融？

不同金融工具各有特点，但是我们不能孤立地评价这些金融工具的优劣。金融工具解决信息不对称问题的途径不同，因而适合不同特性的融资者。金融结构和实体经济结构的完全对称即对称性金融，才是一种最优的金融结构。

（一）"对称性金融"概念的提出

金融交易中的信息不对称由于交易双方价值收付时间的不一致而具有特殊性。金融资产是一种关于未来价值的权利，金融资产的购买者（即资金供给者）支付当前价值购买的是融资者关于未来价值支付的某种承诺，而未来是不确定的，这种未来的不确定性加剧了金融交易双方关于金融资产真实价值的信息不对称程度。金融资产的价值不仅取决于融资者所承诺的未来支付价值的高低，更取决于这种承诺能否实现，而后者又取决于两个方面：首先是融资者能不能履行承诺；其次是融资者愿不愿意履行承诺。融资者能不能履行承诺，主要取决于融资者能够获得的未来现金流，这种未来现金流是不确定的，但是相对于外部投资者，融资者事先对于所投资项目的特征及其未来现金流的分布拥有更多的信息。而且，未来现金流的不确定性不仅包括未来环境因素导致的不确定性，更包括融资者的行为因素导致的不确定性，或者说，融资者的行为本身就是决定融资者未来现金流的首要因素。因此，在关于融资者履行承

诺的能力方面,既存在事先的逆向选择问题,也存在事后的道德风险问题。在金融交易中,如何解决信息不对称问题是金融交易顺利进行的保证,也是金融体系有效的基本要求。因为在金融市场中,不同的融资者存在着不同的特性,也需要不同的金融工具来解决信息不对称问题。各种解决信息不对称问题途径的有效性取决于融资者的特性。就企业来说,其主要包括以下属性:

(1)企业的规模。企业的规模对企业的信息透明度和抵押品具有直接的影响。一般来说,大规模的企业一般能够定期公布具体完善的财务报表,同时能够提供合适的抵押品,信息不对称问题相对较小。小企业的"硬"信息相对较少,也不能提供合适的抵押品,这就需要特定的能够解决小企业信息不对称问题的融资方式。同时,金融机构在信息收集时,也需要支付一定的成本,因此企业的规模,即收集信息的成本存在着规模经济。大规模的企业在当地有着更大的影响力,因此监督的成本也相应较低。

(2)企业的产权属性。企业的产权属性主要是指企业的所有权不同,也会影响到其融资方式的选择。如对于国有企业或是地方政府所属的企业来说,因为存在政府的隐性担保,而政府的信用一般都较高,信息不对称的解决方式也较为简单,可能更加容易得到商业银行的贷款。而对于民营企业来说,因为缺乏政府的担保,在商业银行提供贷款时则可能面临更大的风险。

(3)企业的产业属性。不同产业的企业,其经营方式、风险特征都存在不同。如对于高新技术产业来说,其风险一般较高,因为对未来的不确定性使得信息不对称问题更加严重,因此具有谨慎性的商业银行一般难以满足其融资的需求;而第三产业因为主要是服务业,相比较第二产业,其适合抵押的资产较少,因此银行贷款可能也不是其最佳的融资方式。

(4)融资者的风险特性。融资者的风险特性是影响金融交易中信息不对称的程度及其解决方式的核心因素。如果一个企业的技术创新风险和市场风险很低,而主要风险来自企业家风险,则资金供给者可以通过对企业和企业家相关信息的搜索来降低信息不对称的程度,并通过一定的契约安排和治理机制加强对企业管理者的监督与控制,进而降低投资风险。对于这类风险,金融市场和金融中介都发展了相应的机制,如金融市场中的收购威胁,对企业管理者的激励作用,各类金融机构为了获取金融市场中的套利机会而进行的信息生产活动,不断将融资者的相关信息整合到金融市场的价格体系中去,金融中介则会作为资金供给者的代理或联盟对融资者进行筛选和监督。但是如果一个企业不仅具有企业家风险,而且有很高的技术创新风险和市场风险,则资金供给者通过对相关历史信息的搜集来识别风险的成本将会非常高。因此,除非资金供给者或者相应的金融机构熟悉融资企业所在产业的技术和市场情况,否则金融交易双方的信息不对称程度将会提高,而资金供给者难以通过对企业家的监督来降低投资风险。对于这类风险的承担,在很大程度上需要通过金融市场的风险分散机制来解决。

在一个经济体中,不同特性企业需要不同的金融工具来为其提供融资服务,而不同特性融资者之间的比重不同,则形成了不同的经济结构,这也就需要不同的金融结构与之相对应,才能在最大限度上满足融资者的金融需求。金融体系的效率取决于金融体系的构成及其和实体经济的匹配程度。

金融是服务于实体经济的,因此金融必须要符合实体经济的要求,如果金融和实体经济完全相匹配,我们可以称这种金融体系为"对称性金融"。"对称性金融"概念并不是指金融发展的快慢对经济增长影响的"不对称"性,而是指与实体经济完全相匹配的金融体系。实体经济中不同特性的融资者都能得到与之相适应的金融工具的服务,从而金融体系的效率也是最高的。因为金融是服务于实体经济的,而实体经济中最主要的融资主体是企业。企业的特性不同,其所适合的金融工具也不同。企业只有通过最适金融工具的融

资,才能最大限度地解决金融交易中的信息不对称问题,从而降低交易成本。

"对称性金融"包括了总量的对称和结构的对称。总量的对称是指金融的发展水平要和实体经济相对称。虽然金融发展能够促进经济的增长,但是金融总量并不是越大就对经济增长的作用越大,而应该和实体经济的发展相适应,金融发展相对实体经济的过度超前也不利于实体经济。结构的对称是指实体经济中各种特性的融资者都能得到相应金融工具的服务,并且不同融资者之间的相对比重应该和不同金融工具之间的比重保持相对一致。

"对称性金融"只是理想状态下的金融体系,现实中不可能存在金融体系和实体经济的完全匹配,因为市场摩擦、政策干预等因素,金融体系难以达到与实体经济的完全"对称"。但是这种"对称"却存在程度上的差异,即金融体系和实体经济的"对称"程度越高,金融体系的效率就越高,其对经济增长的作用也更加明显。

(二) 不同金融结构(金融工具)的静态比较

金融结构是指一个经济体中不同金融制度安排所融通的资金量的相对规模,包括:

(1) 融资结构(直接融资和间接融资的比例关系)。融资结构是指直接融资工具(债券、股票)和间接融资工具(银行信贷)之间的结构比例关系,它们具有各自不同的特点和优势:①风险分担和管理的比较。金融市场能够在不确定性的环境中将资产按既定的价格转化为购买力提供便利,避免和分散流动性风险。对于需要获取流动性的投资者来说,只要在二级市场上以市场价格卖出证券就可以获得流动性。而银行作为一种金融中介机构,其基本功能是将不具有流动性的金融资产转化为流动性资产,在防范因消费需求的意外流动性冲击而造成的不确定性方面具有独特的作用。这里所说的不确定性是指投资者将资金投入长期项目后,在项目未产生收益期间,投资者可能需要使用这部分投资资金以应付未预期到的消费支出。②信息处理的比较。证券市场具有信息生产和处理功能，这是因为证券市场上总是存在着信息驱动交易者，他们相信自己拥有关于某种证券的尚未被他人所掌握的信息，并认定该证券被市场错误地定价了，可以通过买卖该证券来获利。由于信息驱动交易者的存在，各种证券的内在价值总能被挖掘出来，并反映在相应的证券价格上。金融中介的信息处理基于金融中介理论，即"金融中介为什么存在?"这一核心问题，强调银行对企业的代理监督功能。从信息生产的角度看，金融中介比金融市场更具有优势，这主要表现在两方面：一是信息生产的规模经济；二是信息生产的垄断性。因为银行在做出贷款决策时不需要将信息披露给市场，从而避免了"搭便车"问题。

（2）银行结构（银行业集中度）。竞争性银行市场所面临的一个最大的问题就是缺少借款者的信息（包括借款者如何使用贷款），信息不对称将诱发逆向选择和道德风险问题，从而降低资源配置的效率，而这一问题在垄断的银行市场结构下却变得较易解决。一个处于垄断地位的银行可以通过选择利率水平和信贷配给，或者和借款者形成长期的联系，达到对不同类型的借款者进行甄别并减少道德风险行为的目的。但是，垄断的银行结构有利于效率提高的结论存在片面性，这种局部均衡模型仅仅注意了银行和借款者之间的关系以及银行市场结构对它的影响，没有考察银行业结构中的所有重要特征。沿着这一思路，理论模型的修正把局部均衡模型拓展为一般均衡模型，不仅考虑银行的信贷行为，而且考虑居民的储蓄行为，认为局部均衡模型假定银行有足够的资金进行信贷，忽略了银行的存款来源，没有详细分析特殊的银行结构对经济的全面影响，包括对资本积累和经济增长的影响。在考虑了这些因素以后，垄断的银行结构所带来的成本很有可能超过它所带来的好处。

（3）金融的导向结构（政策性金融和市场性金融的比例关系）。

政策性金融是指国家为了达到一定的目的,以贯彻国家产业政策和区域发展政策为目的而设立的金融机构以及从事的金融活动。政策性金融本身不以营利为目的,着眼于国家和社会的整体利益和长远发展。市场性金融是指遵循市场原则,以本身营利为目的的金融活动。两者在资源配置主体、业务目标和运行机制方面有不同特点:①资源配置主体。在现代市场经济条件下,金融资源配置的主体包括市场性金融主体和政策性金融主体,两者应该保持双向协调的可持续发展。在某一特定领域、特定地区和特定产业,即市场机制作用的盲区,政策性金融应该充分发挥作用。在两者的关系上,市场性金融主体依照市场机制的正向选择是基础,政策性金融主体的逆向选择是结果,并且是一个不断变化和调整的动态过程。②业务目标。为了实现社会公平合理和持续协调地进步的社会合理性目标,政策性金融机构就不能以追求利润最大化为经营目标,而是专门为贯彻、配合政府特定社会经济政策或意图,充当政府发展经济、促进社会发展稳定、调节管理宏观经济的工具,并以此作为其业务目标。③运行机制。政策性金融和市场性金融在运行机制上也表现为以下不同的特点:一是政策性金融具有特定而有限的业务领域和对象,不与市场性金融竞争;二是政策性金融遵循特殊的融资原则,表现为特殊的融资条件或资格,而市场性金融以市场为导向,一般不会提供优惠利率,并且在融资过程中会考虑风险因素。

(4)金融的渠道结构(正规金融和非正规金融的比例关系)。正规金融市场往往面临着市场和政府的双重约束,发展中国家的信贷市场上存在大量的市场失灵,这些市场失灵导致了信贷市场上资金配置的低效率。相比较正规金融,非正规金融具有以下几方面的优势:①信息优势。非正规金融市场上的贷款人对借款人的资信、收入状况、还款能力等相对比较了解,可以避免或减少信息不对称问题。非正规金融机构的信息优势还反映在它对贷款的监督过程中,由于地域、职业和血缘等原因,非正规金融市场上的借贷双方保持相对频繁的接触,对借款人资金运用和自身的经营情况有着充分的了解,从而保证了资金的安全。②担保优势。非正规金融机构关于担保的灵活安排缓解了农业和中小企业面临的担保约束。首先,在非正规金融市场上,借贷双方能够绕过政府法律法规以及金融机构关于最小交易数额的限制,由于借贷双方居住的地域相近并且接触较多,因此担保品的管理和处置成本相对较低,不被正规金融机构当作担保品的财物仍可以作为担保品。其次,关联契约实质上也是一种担保。关联契约是非正规信贷市场上比较常见的现象,借款人和贷款人之间除了在信贷市场上存在借贷的关系外,还在其他市场上存在交易关系,因此双方在签订信贷契约时,还把其他市场的交易情况附加到里面。这种存在于信贷市场之外的交易关系,不仅为贷款人提供了关于借款人资信、还款能力的信息,实质上也是一种担保。再次,在非正规金融市场上,还存在一种社会担保机制或者隐性担保机制,即社会资本中的声誉机制。③交易成本优势。非正规金融的交易成本优势体现在以下几个方面:首先,非正规金融机构的操作比较简便,合同的内容简单而实用,对参与者的素质要求也不是很高。而正规金融机构往往要有复杂而漫长的运作程序,操作难度比较大,这些都导致了正规金融机构的运行需要高昂的交易费用。其次,虽然非正规金融机构的组织和运转也需要花费一定的时间与精力,但是经济落后地区的时间和精力的机会成本也较低,这进一步降低了非正规金融机构的交易成本。再次,非正规金融机构本身具有小而灵活的特点,以及根据实际情况进行的种种创新,也节省了交易成本。此外,借贷双方还可以就贷款的归还期限、利率、归还的方式等进行创新和变通。相反,正规金融机构在相关领域的创新却往往因为各种各样的管制而发生扭曲,导致交易成本的上升。

第二节　如何计量金融对称指数？

（一）金融结构和经济结构中对称点的分析

从定性上来说，"对称性金融"就是金融体系和实体经济的完全匹配，实体经济中的每一个融资主体都能得到最适金融工具的服务。因此，由量化金融与实体经济的对称程度从而判断金融体系或是金融结构的合理性，对于制定某国或是某一区域的金融发展战略有着非常重要的意义。在量化金融结构与经济结构的对称程度之前，我们必须要分析两者之间的对称点。金融结构和经济结构包含了很多内容，金融与经济的对称是由很多对称点组成的两个平面之间的对称，而不是简单的两个点之间的对称。但是，要一一分析所有金融结构和经济结构之间的对称点存在着很大的难度或者不现实。因此，选取两者之间具有典型性的对称点来开展重点分析。

（1）融资结构和产业结构。企业产业属性的不同，其最适金融工具也会不同。对于金融中介（商业银行）来说，投资者可以组成一个"共同体"——银行，由其中的一名投资者（银行经理）负责投资项目的筛选和贷款发放后的监督，其监督成本由"共同体"中的投资者分摊。对于传统产业，技术更新比较缓慢，产业结构相对稳定，投资者对于同样的信息容易做出一致的判断。但是，对于新技术和新产业，面对同样的信息，投资者的判断很可能存在不一致。在这种情形下，投资者面临的困境是，代理监督可以节约信息成本，但是作为"共同体"的代表——银行经理的判断和决策，与投资者本人的判断和决策就有可能不一致，这种不一致损害了投资者的利益。对于投资者来说，当投资利益的损失大于代理监督节约的信息成本时，相对于以银行为主导的金融结构，直接融资更有优势。因此，对于新技术和新产业,在资本市场上更加容易筹集到资金。在银行制度下,银行经理认为不值得投资的项目,在资本市场上可能有投资者认为值得投资。下面通过一个简单的模型进一步阐述上述结论。

假设:①企业拥有一项新的项目需要投资者的资金支持,市场上有 I 个投资者,每个投资者有一个单位的资金,投资者花费 C 个单位资金后可获得此项目的详细信息。在获得相同信息的情况下,投资者对该项目未来赢利性的判断可能存在着差异。为简化模型,我们把投资者分成乐观者和悲观者两种类型,乐观者认为该项目的预期收益为 $H(H>0)$,悲观者认为该项目的预期收益为 $L(L<0)$。每个投资者为乐观者的概率为 a,为悲观者的概率为 $1-a$。②在 I 个投资者中,随机抽出的一个投资者为乐观者时,随机抽出的另一个投资者也是乐观者的概率为 b,这里的 b 作为衡量投资者之间对同样的信息做出同样的判断(一致性程度)的指标,$1-b$ 可作为判断差异性程度的指标。

通过资本市场直接投资时,每个投资者必须先花费 $C(0<C<1)$ 个单位资金获得该项目的信息并做出判断,看好时($H>0$)投资,不看好时($L<0$)不投资。投资者预期收益 V_m 为

$$V_m = aH - C$$

通过银行的间接投资可以看成 I 个投资者组成一个"共同体",由其中的一个投资者作为代表(银行经理),花费 C 个单位的资金获得信息并做出判断,其信息成本由投资者分摊,这时每个投资者的预期收益为

$$V_n = a[bH + (1-b)L] - C/I,$$

因为银行经理是乐观者时,其他投资者也是乐观者的概率为 b,银行经理决定贷款时,其他投资者的预期收益为 $bH + (1-b)L$。

令 $V_m > V_n$,整理后,得到:$a(1-b)(H-L) > C - C/I$。

该不等式的左边可解释为通过银行间接投资的预期损失,$a(1-b)$ 表示银行经理是乐观者而其他投资者为悲观者的概率,

$(H-L)$ 为投资者因此而遭受的损失,不等式的右边可解释为通过银行的间接投资而节约下来的信息成本。因此,该不等式的经济含义是:当间接投资的预期损失大于节约的信息成本时,通过资本市场的直接融资是投资者的最佳选择。

根据以上分析,有 4 个因素影响投资者投资方式的选择:第一,投资者对投资项目未来营利性的看好程度,a 越大,投资者越有可能选择直接投资的方式,企业在资本市场上越容易筹集到资金;第二,投资者对同一投资项目未来营利性判断的差异性,$(1-b)$ 越大,即投资者之间的分歧越大,投资越有可能选择直接投资方式,企业在资本市场上就越容易筹集资金;第三,乐观者和悲观者对同一项目未来预期收益估计的差值,$(H-L)$ 越大,投资者越有可能选择直接投资方式,企业在资本市场上越容易筹集到资金;第四,信息成本 C 和投资者规模 I,C 和 I 越大,投资者越有可能选择通过银行的间接投资方式,因为这样可以大大节省信息成本。

通过以上的分析,可以得出以下结论:一个国家金融制度的选择和设计必须考虑其信息成本与产业结构。当信息成本成为约束金融制度效率性的主要因素,当一个国家的产业结构以农业和传统的工业部门为主时,一个以稳健高效的现代银行体系为主的金融结构制度更能促进经济增长。当高新技术产业成为一国经济的最重要产业,而信息生产和处理成本较低时,以发达的资本市场为主的金融制度更能鼓励技术创新和新兴产业。因此,高新技术产业的比重和直接融资的比重成了金融结构与经济结构的一个对称点。

(2)银行结构和企业规模结构。从银行业结构来说,存在着一个基于规模的专业化分工,即大银行主要向大企业提供贷款,而小银行主要给小企业贷款。这主要是基于以下两个因素:第一,从风险分散的角度看,资产规模较大的大银行有能力向资金需求规模大的大型企业提供信贷和其他金融服务;而资产规模较小的中小银行难以提供大额贷款。第二,在克服信息不对称的方式和能力方面,大银行更适于监督大企业，而中小银行则在监督小企业方面具有相对优势。这是因为，大企业一般都具有完整的、经过审计的财务报表等易于传递的"硬"信息，具有一定的成长历史和信用记录，拥有一定规模的可抵押资产，银行向大企业提供贷款所需要的信息相对容易获得，抵押要求也较容易得到满足。但是中小企业往往缺乏完整的、经过审计的财务报表等"硬"信息，信用记录较短，缺乏可用于抵押的资产，银行对中小企业的贷款决策常常只能依赖于企业主的个人品质和经营能力等难以传递的"软"信息。而在小银行中，信息的生产者往往就是贷款决策的制定者，银行内部的信息传递链条很短，信贷决策者能够有效地将有关借款者的"软"信息用于信贷决策；由于收集借款者"软"信息的努力易于得到回报，信息生产者就有激励去收集这类信息。而在大银行中，复杂的组织结构使得信息生产者和贷款决策者往往是分离的，银行内部的信息传递链条较长，信息生产者向信贷决策者准确传递"软"信息的难度很大，因此信贷决策者难以依赖这些"软"信息进行决策，信息生产者收集"软"信息的努力难以得到高层管理者的认可和回报，因而大银行的职员收集客户"软"信息的激励就会很弱；而诸如借款企业的财务报表、抵押品的价值等"硬"信息则易于观察、易于由信息生产者向贷款决策者传递，信息传递过程中的信息损失也会较小，因此大银行的高层信贷决策者通常依赖这类信息进行决策，大银行职员收集客户"硬"信息的激励机会较强，所以大银行更适合向信息相对透明、易于提供"硬"信息的大企业贷款，而在向中小企业提供贷款方面缺乏信息优势。而小银行能够提供较强的收集潜在借款者的"软"信息的激励，而且小银行一般是区域性的，便于同区域内的中小企业建立长期的银企关系。因此，小银行在高度依赖"软信息"的中小企业融资中具有比较优势。

（3）金融的导向结构和产业结构。考虑到数据的可得性，在金融的导向结构和产业结构的对称点中，考察农业政策性金融占比和

农业产值占比之间的对称。农村的金融需求主要有以下特点：①农户收入和积累能力低，且农户收入具有明显的季节性；②农户居住相对分散，人口密度相对较低；③农户经营产业单一，分散风险的机会相对较少，一旦由于天气等原因导致农业歉收或是绝收，农户借款合同发生被动违约的可能性就较大；④在土地集体所有制的前提下，农户往往缺乏合适的抵押品；⑤农户的多数借款规模相对较小，因而借贷的交易成本可能较大。

农村金融的需求一般额度小，风险高。一方面，小额的贷款使得金融机构面临较高的单位成本，而缺乏合适的抵押品，以及农业生产的季节性和不确定性又使得金融机构面临较高的风险。对于金融机构来说，在提供农村金融服务时，存在着成本和收益的明显不对称，这导致了金融机构缺乏提供农村金融服务的激励机制。一般来说，市场性金融并不适合农业生产或是农业企业的融资，而是需要政策性金融的支持。因此，农业政策性金融与农业产值占比之间存在对称关系。

（4）金融的渠道结构和企业的规模结构。因为中小企业的金融需求普遍存在着信息不对称、交易成本过高和抵押担保难的问题，因此获得正规金融服务的难度较大。如前文所述，非正规金融在信息处理、担保和交易成本方面具有比较优势，各种形式的非正规金融都有自己特定的信息获取方式与合约实施机制，从而使得非正规金融在向信息不透明的中小企业提供融资中具有优势，因此金融的渠道结构和企业的规模结构之间也存在着一定的对称关系。

虽然分析了金融的渠道结构和企业规模结构这个对称点，但是在量化金融结构和经济结构的对称程度时，我们将不考虑该对称点，这主要是基于以下两个原因：①因为缺乏监管，非正规金融的估算存在很大的难度，要较为准确地估计非正规金融的规模几乎不可能。②一些非正规金融从某种意义上来说并不是合法的金融行为，其存在高利率等不规范行为。虽然非正规金融的存在可以在一定程度上缓解企业的融资难问题,但是在相关法律和监管缺失的情况下,也会带来一定的问题。因此,在得到规范前,非正规金融并不是一种合适的融资方式。

（二）金融结构与经济结构对称程度的量化：金融对称指数

关于金融结构和经济结构对称点的分析有利于我们了解两者之间具体的对称内容,但是要分析金融结构的现状还需要对两者的对称程度进行量化。为此,提出金融结构与经济结构的对称指数（简称金融对称指数）来量化金融结构和经济结构的对称程度。

金融结构与经济结构的完全对称意味着经济体中所有的不同特性的融资者都能得到最适合金融工具的服务。因此从理想状态来说,在完全对称情况下（即对称性金融）,某一特性融资者的占比应该和其最适金融工具的占比相一致,即在平面坐标系中存在着两者的完全对称点。因此,我们可以用两者在平面坐标系中的实际坐标偏离对称点的程度来表示对称指数的大小。如图 10-1,P 为某年某种融资者在经济结构中

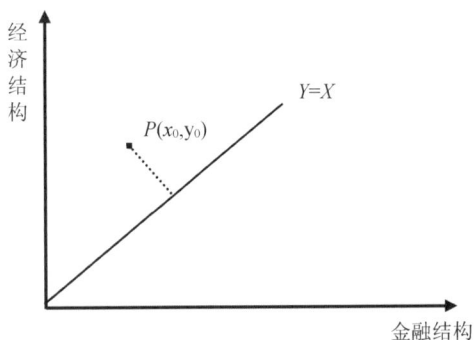

图 10-1 金融对称指数构建示意

占比和该种特性最适金融工具在金融体系中占比在平面坐标系的坐标点。因为直线 $Y=X$ 表示 $Y=X$ 所有点的集合轨迹,因此可以利用 P 点到直线 $Y=X$ 的距离 $D\left(D=\dfrac{|y_0-x_0|}{\sqrt{2}}\right)$ 表示对称的程度。如果 D 越小,表示两者的对称程度越高。为了使得对称指数的大小和对称程度成正比例关系,本文定义金融对称指数为 $\text{Index}=\dfrac{1}{D}$

$$=\frac{\sqrt{2}}{|y_0-x_0|}。$$

构建金融对称指数的几点说明：

一是金融对称指数只是一个相对指数，侧重于纵向时间序列和横向区域之间的比较，指数本身的数值不代表对称程度的大小。比如金融对称指数为100，并不能说明金融与经济完全对称；对称指数等于0，也不意味着金融与经济完全不对称。相对指数的意义在于不同主体之间的比较。

二是金融对称指数中指标的选取。金融与经济的对称是平面的对称，它包含了非常丰富的对称内容，即包括了许多对称点。本文选取的指标只是着眼于指标的重要程度和数据的可得性，并没有涵盖所有的指标，因此构建的金融对称指数只是在一定程度说明金融结构与实体经济结构的对称情况。

三是金融对称指数中指标权重的确定。在选取的指标中，不同指标之间可能存在互补关系，也可能存在交叉和重合，而且不同的指标在重要性方面也可能存在差异。因此在指数的计算中，很重要的一个内容是选择各个指标的权重。目前指标权重的确定方法，大致可分为客观赋权法和主观赋权法。主观赋权法主要是由专家根据经验主观判断而得到，如 AHP 法、Delphi 法等，这种方法研究较早，也较为成熟，但是客观性较差。客观赋权法的原始数据由各指标在评价中的实际数据组成，它不依赖于人的主观判断，因此此类方法客观性较强，如变异系数法。变异系数法直接根据指标实际观测值经过一定的数学处理后获得权重。变异系数法的步骤如下：首先，计算各指标的平均值和标准差，平均值反映指标的平均水平，标准差反映指标的绝对变异程度。指标 j 的平均值 $\bar{x}_j = \dfrac{\sum\limits_{i=1}^{n} x_{ij}}{n}$；标准

差为 $\sigma_j = \sqrt{\dfrac{\sum\limits_{i=1}^{n}(x_{ij} - \bar{x}_j)^2}{n}}$。然后计算各指标的变异系数：$v_j = \dfrac{\sigma_j}{\bar{x}_j}$；

然后根据各个指标的变异系数确定各指标的权重：$w_j = \dfrac{v_j}{\sum\limits_{j=1}^{m} v_j}$。利用变异系数法确定指标权重的原理是在尽量保持原有变量数据信息的前提下，对差异较大的变量赋予较大的权重，而差异较小的变量赋予较小的权重，使得最后得到的指数更能够体现差异性，以减小主观因素带来的影响。

在计算宁波市的金融对称指数之前，首先简要地分析宁波的金融结构。在与全国金融结构的比较上，宁波的金融结构主要呈现以下特点：

（1）间接融资市场发展相对滞后。上市公司的数量和证券市场融资额相对偏少，上市公司的数量和宁波市的企业数量相比，比例偏小，而且融资总额也较小。1990年以来，宁波市的融资结构基本上都低于全国水平，2007年宁波市直接融资额在金融体系融资总额中的占比仅为6%，远远低于全国的平均水平（27.4%）（表10-2）。宁波直接融资发展与其经济发展水平极为不适应，造成这种现象的主要原因在于宁波中小企业占据了绝对大的比重，一般难以满足上市条件，而且在创业板市场尚未推出的情况下，中小企业难以通过证券市场融资。

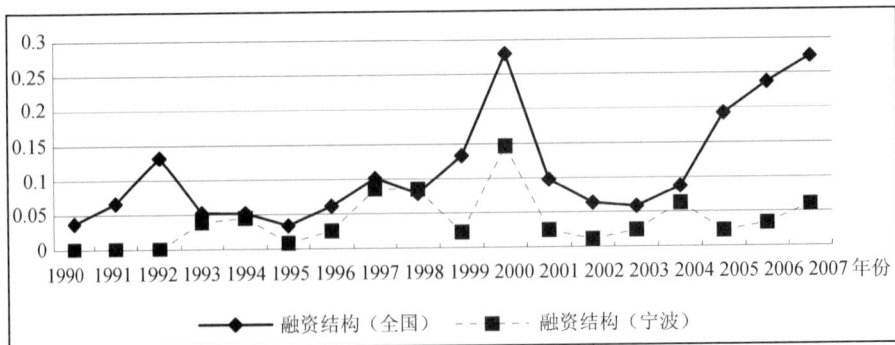

图10-2　宁波融资结构和全国的比较：1990—2007

（2）中小银行在银行体系中的地位突出。总体来看，特别是2002年以后，宁波中小银行贷款余额占比要大于全国的平均水平。

2007年年末,宁波中小银行贷款占比为49.2%,而同期全国的水平为43.9%(图10-3)。造成这种现象的原因:一方面,宁波经济的快速发展和良好的金融生态环境吸引了大批的股份制商业银行来宁波设立分支机构;同时,中小企业的发展又增加了金融的需求,促进了中小银行的发展,银行结构的这种变化反过来又对中小企业提供了金融支持。可以说,宁波以中小银行为主的银行结构在一定程度上适应了宁波以中小企业为主的经济特点。

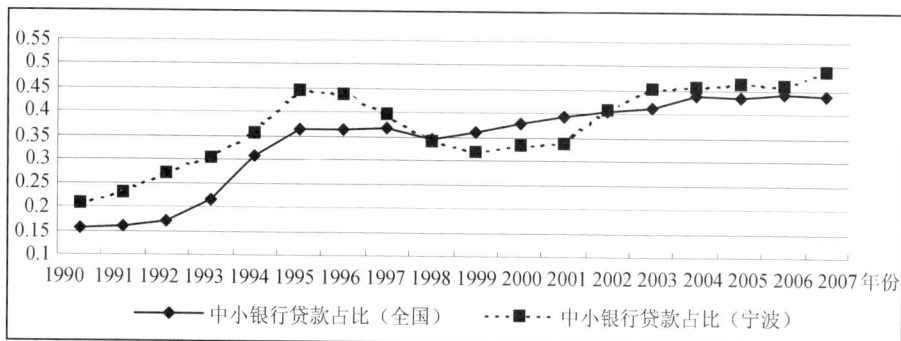

图10-3 宁波中小银行贷款余额占比和全国的比较:1990—2007

(3)民间金融市场较为发达。因为宁波市民营经济发达,民间资本雄厚,所以宁波市民间金融市场也较为发达。从相关的调查结果来看,宁波市民间金融市场主要表现为以下特点:①融资主体。从民间融资企业的行业分别上看,以制造业为主,占融资总额的60%左右;其次为商贸餐饮业,大约占融资总额的16%。从事民间融资的企业一般以中小企业为主。②借入资金类型。主要是向其他企业和个人借款,比例为50%左右;其次是向典当行、寄售商行等组织借款;其他还包括向股东或是职工筹款等。③民间融资的用途。主要是为了解决生产经营过程的短期资金需求,其中用于解决流动资金不足的大约在70%左右,用于更新固定资产及投资新项目的占20%左右。④民间融资的交易方式。以相互信任为基础,不需要抵押担保,手续简便,是以相互信任为基础的"关系型借贷"。

根据前文对金融结构和经济结构对称点的分析,基于宁波的数

据,我们可以计算出宁波市金融对称指数的变化情况。在本章中构建的金融对称指数的指标体系中包括了以下 3 个指标:融资结构和产业结构(对称指数Ⅰ),银行结构和企业规模结构(对称指数Ⅱ),金融导向结构和产业结构(对称指数Ⅲ)。

因为我们构建的金融对称指数只侧重于时间序列上的比较,以 1990 年为基期,该年各项分指数都为 100(因此总指数也为 100)。据此我们可以计算出 1990 年以来,宁波市各年以 1990 年为基期的金融对称指数值(表 10 - 1)。

表 10 - 1　1990 年以来各项对称指数变化情况

年份	对称指数Ⅰ	对称指数Ⅱ	对称指数Ⅲ	总指数
1990	100	100	100	100
1991	103.2	100.3	107.9	104.5
1992	96.8	114.6	127.2	107.9
1993	161.4	125.26	144.6	153.1
1994	683.4	106.4	220.5	489.1
1995	80.5	157.9	223.1	132.3
1996	93.1	175.3	305.9	167.8
1997	215.6	170.4	572.7	326.2
1998	90.3	99.0	416.4	195.3
1999	32.3	96.3	394.5	153.3
2000	77.4	96.7	440.6	195.2
2001	20.3	125.8	453.7	167.4
2002	16.4	134.6	505.2	182.3
2003	15.6	149.5	619.2	219.5
2004	18.6	122.6	903.5	310.1
2005	15.6	125.4	971.6	330.5
2006	15.3	127.8	1119	377.5
2007	17.3	136.3	1663	553.5
平均值	102.96	125.78	516.1	
标准差	155.52	24.84	415.3	
变异系数	1.51	0.20	0.81	
指标权重	59.9%	8%	32.1%	

从 1990 年以来宁波市金融对称指数变化情况看,总体表现为上升的趋势,从 1990 年(基期)的 100 上升到了 2007 年的 553.5,这说明宁波市金融结构与经济结构的对称程度日渐提高。从金融对称指数的走势看,主要可以分为以下几个阶段:

第一阶段:1990—1994 年。该阶段金融对称指数呈现上升趋势。在该阶段中,对称指数Ⅱ和对称指数Ⅲ基本保持了稳定的上升,而对称指数Ⅰ则波动较大。其中,1994 年的金融对称指数有一个明显的上升,主要原因在于直接融资占比(5.19%)和高新技术产业的占比(4.19%)保持了较高的对称程度。

第二阶段:1995—1997 年。金融对称指数在 1994 年的高位下降后,进入一个上升阶段。在该阶段,除了对称指数Ⅱ在 1996 年和 1997 年间有一个小幅度的下降外(从 175.3 下降到 170.4),其他分指数基本保持了上升的趋势,这说明在该阶段金融结构和经济结构的对称程度得到了提高。

第三阶段:1997—1999 年。该阶段对称指数处于一个下降的阶段。从分指数来看,该阶段三项分指数都出现了下降,因此总指数也出现了下降,这说明在该阶段,宁波金融结构和经济结构的对称程度出现了下降。

第四阶段:2000—2007 年。该阶段除了 2001 年出现了暂时性的下降外,其余年份表现为稳步的上升。从分指数的走势看,对称指数Ⅲ的上升趋势较为明显,而对称指数Ⅰ和Ⅱ的走势则表现得较为平稳。

通过对宁波市 1990 年以来金融对称指数的分析,我们可以总结出宁波市金融结构和经济结构对称程度的变化情况。

总体上看,宁波市 1990 年以来的金融对称指数呈现为上升的趋势,但是在 2000 年以前的年份,指数在年际的波动较大,2000 年以后则基本保持平稳的上升。这说明 1990 年以来宁波市金融结构和经济结构的对称程度总体上得到了明显的提高,但是各年之间有波动。

从各项分指数的走势看,1990 年以来对称指数Ⅰ(融资结构和产业结构)明显下降,指数值由 1990 年基期的 100 下降到了 2007 年17.3;对称指数Ⅱ(银行结构和企业规模结构)则保持了基本的稳定,2007 年的指数为 136.3;对称指数Ⅲ(金融导向结构和产业结构)则表现为迅速上升,2007 年的指数为 1663。

从各项分指数的走势看,我们可以判断宁波市金融结构的变化。首先,直接融资发展缓慢,落后于高新技术产业的发展,融资结构和产业结构的对称程度下降;银行结构的变化基本上适应了经济结构的变化,对称程度虽然有一定程度的上升,但是中小银行的发展仍不能完全适应实体经济中中小企业的快速发展;金融的导向结构和产业结构(农业产值占比)的对称程度虽然得到了明显提高,但是主要原因是农业产值在生产总值的比值下降,而不是由于政策性农村金融的发展。

第三节　对称金融为什么可以提高 TFP?

从宁波市全要素生产率和金融对称指数走势的比较来看(图10-4),两者保持了基本一致,特别是 2000 年以后,保持了高度的趋同性。

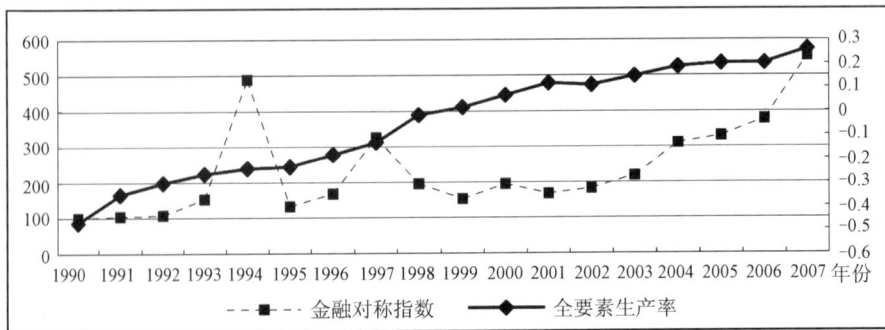

图 10-4　宁波市全要素生产率和金融对称指数的比较:1990—2007

为了更好地说明两者之间的关系,本文利用格兰杰因果检验来分析两者之间的关系。首先我们建立如下模型:

$$index = \alpha + \sum_{i=1}^{p} c_i tfp_{t-i} + \sum_{i=1}^{p} d_i index_{t-i}$$

$$tfp = \beta + \sum_{i=1}^{p} a_i index_{t-i} + \sum_{i=1}^{p} b_i tfp_{t-i}$$

其中,$index$ 表示金融对称指数,tfp 表示全要素生产率。上述两个方程中,第一个表示全要素生产率是否是金融对称指数的格兰杰原因,第二个表示金融对称指数是否是全要素生产率的格兰杰原因。由于金融对称指数和全要素生产率都是时间序列,因此首先必须要对变量进行平稳性检验和协整检验。

(1)变量的平稳性检验。我们利用 ADF 检验变量的平稳性,为了保持全要素生产率和金融对称指数在量纲上的一致,在实证分析中我们将基期 1990 年的金融对称指数调整为 1,其他年份的对称指数也进行相应的调整,实证结果如表 10-2 所示。

表 10-2　变量平稳性检验结果

变量	检验形(C,T,K)	ADF 检验值	临界值
tfp	$(C,T,0)$	-2.16	-4.62^{*} -3.71^{**}
Δtfp	$(C,0,0)$	-4.21	-3.92^{*} -3.07^{**}
$index$	$(C,T,0)$	-2.89	-4.62^{*} -3.71^{**}
$\Delta index$	$(C,0,0)$	-4.83	-3.96^{*} -3.08^{**}

注:(1)检验类型(C,T,K)中 C 表示常数项,T 表示趋势项,K 表示滞后阶数;
　　(2)滞后阶数根据赤池信息准则确定(AIC);
　　(3)* 表示在 1% 的显著水平下的临界值,** 表示在 5% 的显著水平下的临界值;
　　(4)本书利用的计量软件是 Eviews 5.0。

从检验结果看(表 10-2),在 5% 的显著水平以内,tfp 和 $index$ 存在着单位根,都是非平稳的。而在 1% 的显著水平下,tfp 和 $index$ 的一阶差分 Δtfp 和 $\Delta index$ 都是平稳的,这两个变量都是一

阶单整，即 $I(1)$。

（2）协整检验。本文利用 E - G 两步法来判断两者之间是否存在协整关系，先将金融对称指数（$index$）和全要素生产率（tfp）进行协整回归，得到如下结果：

$$tfp = -0.348 + 0.137 index$$

然后对回归方程的残差（e_t）进行平稳性检验，如果 tfp 和 $index$ 不是协整的，则它们的任一个线性组合都是非平稳的，因此残差也将是非平稳的。我们仍采用 ADF 法检验残差的平稳性，结果如表 10 - 3 所示。

表 10 - 3　残差 e_t 的单位根检验结果

变量	ADF 统计值	检验类型（C,T,K）	临界值
e_t	-1.9152	$(C,0,0)$	-1.9628^* -1.6061^{**}

从统计结果（表 10 - 3）可以看出，残差 e_t 在 1% 的显著水平下是非平稳的，但是在 5% 的显著水平上是平稳的，这说明金融对称指数和全要素生产率之间在 5% 的显著水平上存在着协整关系。也就是说，它们之间的某种线性组合是平稳的，两者之间存在着某种因果关系。

3. 格兰杰因果检验。从格兰杰因果检验结果看（表 10 - 4），假设 H_1（$index$ 不是 tfp 的格兰杰原因）可以被拒绝，而假设 H_0（tfp 不是 $index$ 的格兰杰原因）不能被拒绝，这说明宁波市的金融对称指数是全要素生产率的原因，金融对称指数的提高可以提高全要素生产率。

表 10 - 4　格兰杰因果检验结果

假　　设	观测值	F 统计值	概率	结论
H_0：tfp 不是 $index$ 的格兰杰原因	17	1.0326	0.327	接受 H_0
H_1：$index$ 不是 tfp 的格兰杰原因		4.034	0.064	拒绝 H_1

宁波市金融对称指数 1990 年以来总体上表现为上升的趋势,从分指标的情况来看,虽然直接融资的发展滞后于高新技术产业,这在一定程度上制约了高新技术产业的发展,但是宁波中小银行的发展基本上适应了宁波市中小企业的发展,银行结构也和宁波的经济结构基本相适应。同时,农业政策性金融和农业产值的对称程度(对称指数Ⅲ)的提高虽然是由于农业产值比重的下降引起的,但是这也意味着第二产业和第三产业与市场性金融的对称程度提高。因为随着市场化改革的推进,第二产业和第三产业中企业的市场化程度也不断提高,也就更加需要市场性金融提供的金融服务。因此,金融结构和经济结构对称程度的提高,意味着更多的不同特性的融资者能够得到最适金融工具的服务,金融体系在动员储蓄、配置资金方面的效率更高,要素生产率也得到了提高,在相同要素投入量的情况下,有利于促进经济的增长。

第四节　如何提高金融对称指数?

从实证分析结果看,1990 年以来,宁波市金融对称指数总体呈现上升的趋势,这表明宁波的金融结构和经济结构的对称程度逐步提高。但是对称指数中的各项分指数却呈现出了不同的变化趋势。其中金融导向结构和产业结构(农业产值占比)的对称指数不断上升;融资结构和产业结构的对称指数逐年下降;银行结构和企业规模结构的对称指数则保持了基本的稳定。通过对金融对称指数和全要素生产率之间关系的实证分析可以发现,金融对称指数是全要素生产率的格兰杰原因,这表明金融结构与经济结构对称程度的提高,可以提高全要素生产率,进而促进经济增长。

(一)大力发展直接融资,推进私募股权市场的发展

对宁波的分析结果表明,相比较间接融资的快速发展,宁波的

直接融资市场发展明显滞后，融资结构和产业结构的对称程度偏低。宁波作为经济发达地区，面临着从传统产业向高新技术产业升级的任务，因此需要大力发展直接融资市场。同时，国家要适时推出创业板市场，以利于宁波市中小企业的上市融资。宁波作为长江三角洲私募股权基金的试点地区，民营经济发达，民间资本雄厚，可以积极鼓励民营资本成立风险投资基金，丰富金融市场，充分发挥风险投资基金在产业结构优化中的作用。

（二）积极发展本地法人银行机构，继续扩大中小银行在银行体系中的比重

一是为小法人金融机构创造制度环境。发展民营金融机构，鼓励开办区域性的商业银行，加强国内金融机构与外资金融机构的合作，吸引民间资本对城市商业银行、城市信用社以及农村信用社等机构进行改革，发展具有产权结构优势、低交易成本优势、市场效率优势、信息优势和经营灵活适应性强的民营银行。二是政府给予强力支持，创造有利于小法人银行业金融机构发展的外部环境。在业务经营上，金融管理部门对小法人银行机构在提高内部控制水平和服务质量的基础上增加机构数量给予指导与支持，以扩大小法人银行机构在地区金融服务的覆盖面。在业务范围方面，应该给予小法人银行机构公平参与各项市场竞争机会。

（三）构建符合宁波特点的农村金融体系

大力发展新型融资性机构，支持"三农"发展。小额贷款公司、村镇银行等新型机构的出现，在改进农村金融服务、培育竞争性农村金融市场方面发挥了积极的作用。2008年5月，中国人民银行和中国银监会联合下发了《关于小额贷款公司试点的指导意见》。根据指导意见，2008年8月宁波市出台了《宁波市小额贷款公司试点管理暂行办法》，办法对小额贷款公司的试点工作做了相关的规定，允许每个县（市、区）成立一家小额贷款公司，并对贷款的规模、对象、资金来源等

情况做了详细的规定。宁波市小额贷款公司的试点也在全市展开,继续推进农村信用社改革,充分发挥农村信用社在支持"三农"发展中的重要作用,进一步巩固农村信用社改革所取得的阶段性成果,推进农村信用合作资源的有效整合,以"保持县(市)社法人地位稳定"为原则,组建符合宁波农村实际、真正体现信用合作范畴的相关组织模式,继续支持农发行、邮储银行等分支机构的改革,促进这些金融主体的发展壮大,并成为支持"三农"发展的重要力量。

(四) 规范非正规金融市场,引导民间金融有效服务于实体经济

正确界定非正规金融和非法金融。要针对民间融资的特征,按照《合同法》的有关要求,制定有关民间融资的管理办法或条例,科学界定民间融资与非法集资的界限,并对民间融资主体双方的权利义务、交易方式、契约条件、期限利率、税务征收、违约责任和权益保障等方面加以明确,将民间融资法制化,为规范民间融资行为构筑一个合法的活动平台,引导民间金融走上正常的运行轨道。构建适合非正规金融有序发展的管理机制:一是构建非正规金融的管理机制,明确民间融资管理部门、管理办法、发展条件、风险控制措施和救助办法,使民间融资在法律框架内健康发展;建立金融管理部门、相关管理部门和民间融资管理部门的协调联动机制。二是强化对民间融资活动的指导,引导民间融资公开登记,并发挥其支持经济发展的积极作用,积极推动民间融资向规范化的方向发展,完善借贷手续,借助法律对民间借贷的合同或借据加以规范;对借贷合同实行公证,明确规定只有经过公证的合同或借据才受到法律保护,减少因借贷行为不规范而带来的不必要的经济纠纷。三是构建非法金融活动打防并举的长效机制,加大对高利贷、地下钱庄等非法融资行为的惩处力度,净化民间金融市场,加快推进《放贷人条例》的出台。《放贷人条例》允许符合条件的自然人、法人通过登记注册程序成为不吸收公众存款,以自有资金专门从事放贷活动的合法主体,有利于在信贷市场上形成贷款零售商群体,解决中小企业融资难问题。

第十一章 金融反锁定论

第一节 结构调整为什么这么难?

一、对宁波产业结构变动情况的观察

关于宁波产业升级问题,民间和决策层的讨论一直没有停止过。虽然对于具体的产业转型方向,不同学者的看法和意见存在一些分歧,但是对于目前以劳动密集型产业为主、附加值低、缺乏创新的经济结构难以维持持续的增长,必须要做出调整的看法是基本一致的。而在各级政府的经济发展规划中,产业的升级转型都被列为是核心任务,政府也通过一系列政策措施来推动产业的升级。但是从实际情况看,效果却并不明显,产业转型的任务显得非常艰巨。宁波市的产业结构现状也说明了产业升级的困难:一方面,虽然宁波三次产业结构中第三产业的比重得到了提高,但是第二产业的比重却变化很小;另一方面,工业结构中的技术密集型产业占比较低,而资本密集型和劳动密集型产业占比变化较小。

(一) 三次产业结构中第二产业的比重变化很小

从改革开放以来宁波市三次产业结构的变化情况看,虽然第一产业和第三产业的产值比重出现了较为明显的变化(如图 11-1 所示,第一产业占比从 1978 年的 32.33% 下降到了 2008 年的 4.22%,第三产业的比重从 1978 年的 19.63% 提高到了 2008 年的 40.36%),但是第二产业比重的变化却极为有限,仅变化了 7.4 个百

分点,特别是 20 世纪 90 年代以来,第二产业的占比仅变化了 1.4 个百分点。因此,从总体上看,宁波的三次产业结构变化并不显著,只是在第一产业和第三产业之间变化较大,而第二产业的变化很小。而宁波目前正处于工业化的中后期,产业结构演变的规律应该是第二产业的占比逐渐下降,而第三产业的产值比重居于支配地位。

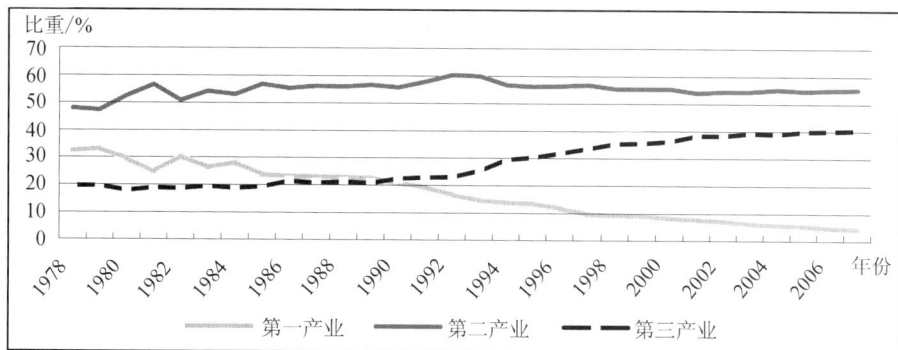

图 11-1　改革开放以来宁波市三次产业结构(产值比重)变化情况

数据来源:《宁波统计年鉴(2009)》。

(二)工业内部结构变化较小

如图 11-2 所示,劳动密集型行业的比重总体上表现为下降的趋势,从 1989 年的 49.8% 下降到了 2004 年的 41.4%,但是其占比在 2004 年以后却出现了上升。技术密集型行业的比重则是出现了上升,从 1989 年的 10.5% 上升到了 2008 年的 19%。而资本密集型行业的占比则保持了相对的稳定,比重几乎未发生变化(1989 年为

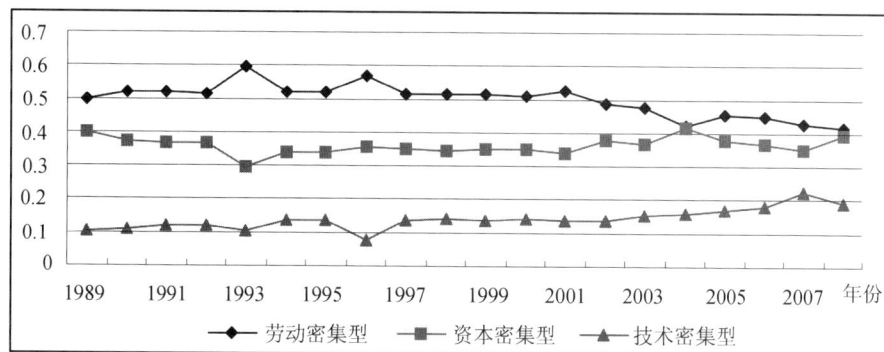

图 11-2　宁波市规模以上工业企业结构(增加值)变化情况:1989—2008

数据来源:《宁波统计年鉴》(1990—2008)。

39.7％,2008 年为 39.6％）。因此,从工业内部结构看,相比较三次产业结构,宁波市工业结构的变化较为大,主要表现在技术密集型产业的占比得到了提高。但是从总体情况看,一方面,工业结构的技术密集型产业占比仍然偏低;另一方面,劳动密集型产业和资本密集型产业的比重变化并不大。因此,工业内部结构的调整也并不明显。

通过对宁波市三次产业结构和工业结构的分析,我们可以发现改革开放以来宁波的产业结构总体上未发生实质性的变化,即三次产业结构中以第二产业为主,工业结构中以资本密集型和劳动密集型产业为主,产业升级未能达到预期的目的,而显得非常困难。这是从定性的角度考察了宁波产业发展中出现的锁定现象。

二、 对宁波产业锁定的量化分析

如何度量产业锁定的程度? 为此,构建产业锁定效应系数来量化产业锁定。产业锁定反映了产业结构的变化很小,统计指标中的标准差能够很好地反映变量变动的大小。为了比较不同变量变化率的大小,以变异系数这个指标来反映某个变量单位均值上的离散程度,用公式可以表示为 $C.V = \dfrac{\sigma}{\bar{x}}$,其中 $C.V$ 表示变异系数,$\bar{x}$ 表示变量的平均值,σ 表示变量的标准差。依据变异系数的概念,我们引入产业锁定效应系数(以下简称锁定效应系数)用于衡量产业锁定效应的变化情况。我们将锁定效应系数定义为 $LEC = \dfrac{1}{M_n(C.V)}$,其中 LEC 表示锁定效应系数,$M_n(C.V)$ 表示变量的 n 年移动变异系数,即某年产业结构的锁定效应系数等于该年前 n 年(包括该年)产业结构变异系数的倒数。下面选择 5 年移动变异系数作为锁定效应系数的计算标准,锁定效应系数被定义为产业结构的变化大小。产业结构变化越小,锁定效应系数就越大;反之,锁定效应系数就越小。

（一）基于三次产业结构的锁定效应系数

因为在宁波市的三次产业中，第二产业的变化最小，因此以第二产业为准，计算三次产业结构的锁定效应系数变化。因为锁定效应系数具有移动的概念，因此某年的锁定效应系数值并不是指当年的产业锁定情况，而是表示该年前5年（包括该年）的锁定情况。

表11-1和图11-3分别给出了基于三次产业结构的锁定效应系数的具体值和变化趋势。从计算结果可以看出，锁定效应系数的变化总体呈现五个阶段，即1982—1990年（上升阶段）、1991—1996年（下降阶段）、1997—1998年（上升阶段）、1999—2001年（下降阶段）、2002—2008年（上升阶段）。但是从总体上看，1982年以来基于三次产业结构的锁定效应系数表现为一个上升的过程，系数值从1982年的13.70上升到了2008年的200.00，增加了13.6倍。这说明改革开放以来，宁波市第二产业比重的变化越来越小，基于三次产业结构的锁定效应系数越来越大，产业锁定的效应也越来越大。

表11-1　宁波市产业锁定效应系数变化情况（基于三次产业结构）

年份	第二产业占比（%）	$M_5(C.V)$	$LEC(1)$
1982	50.95	0.073	13.70
1983	54.29	0.067	14.93
1984	53.09	0.039	25.64
1985	56.86	0.046	21.74
1986	55.43	0.042	23.81
1987	56.25	0.027	37.04
1988	56.00	0.026	38.46
1989	56.61	0.010	100.00
1990	55.80	0.008	125.00
1991	57.92	0.015	66.67
1992	60.41	0.033	30.30
1993	60.02	0.035	28.57
1994	56.77	0.034	29.41
1995	56.25	0.032	31.25

续表

年份	第二产业占比（%）	$M_5(C.V)$	$LEC(1)$
1996	56.45	0.035	28.57
1997	56.88	0.027	37.04
1998	55.49	0.010	100.00
1999	55.46	0.011	90.91
2000	55.55	0.012	83.33
2001	54.02	0.018	55.56
2002	54.56	0.013	76.92
2003	54.54	0.012	83.33
2004	55.34	0.011	90.91
2005	54.77	0.009	111.11
2006	55.09	0.006	166.67
2007	55.29	0.006	166.67
2008	55.42	0.005	200.00

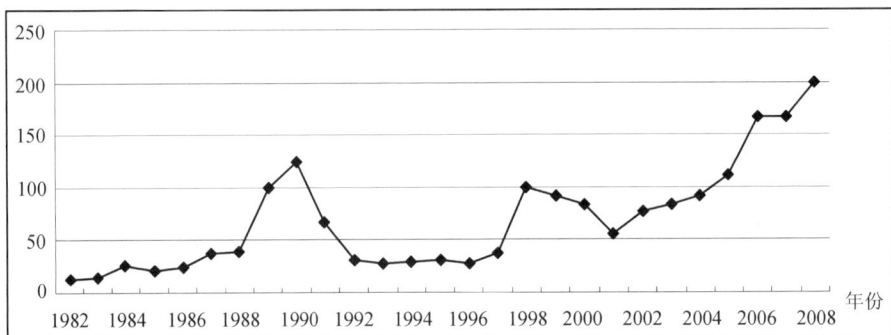

图 11-3　宁波市产业锁定效应系数变化趋势（基于三次产业结构）

（二）基于工业结构的锁定效应系数

在工业内部结构中，产业的锁定是指资本密集型和劳动密集型产业的占比变化较小，特别是劳动密集型产业的比重过高，不利于产业的转型升级。因此，本章以工业结构中的劳动密集型产业为准，计算基于工业结构的产业锁定效应系数。基于数据可得性，基于工业结构的锁定效应系数的区间为 1993—2008 年。

表 11-2 和图 11-4 分别给出了宁波市基于工业结构的锁定效应系数的具体值和变化趋势。与三次产业结构的锁定效应系数相比，工业结构的锁定效应系数的波动更大：在 1993—1998 年间，锁

定效应系数出现了上升,而后出现下降,但在 2004 年以后,锁定效应系数又表现为上升的趋势。这说明相比较三次产业结构,宁波市的工业结构调整更加明显,主要表现为技术密集型产业的上升和劳动密集型产业的下降,这也是符合结构调整的整体方向。但是,2004年以后,锁定效应系数表现为上升趋势,这说明工业结构的锁定现象也越来越明显。

表 11-2 宁波市产业锁定效应系数变化情况(基于工业结构)

年份	劳动密集型占比(%)	$M_5(C.V)$	$LEC(2)$
1993	59.79	0.074	13.51
1994	52.12	0.068	14.71
1995	52.14	0.067	14.93
1996	53.43	0.064	15.63
1997	51.23	0.065	15.38
1998	51.56	0.016	62.50
1999	51.56	0.017	58.82
2000	50.78	0.02	50.00
2001	52.72	0.014	71.43
2002	48.44	0.031	32.26
2003	47.70	0.042	23.81
2004	42.30	0.081	12.35
2005	45.20	0.082	12.20
2006	45.10	0.053	18.87
2007	42.86	0.048	20.83
2008	41.39	0.039	25.64

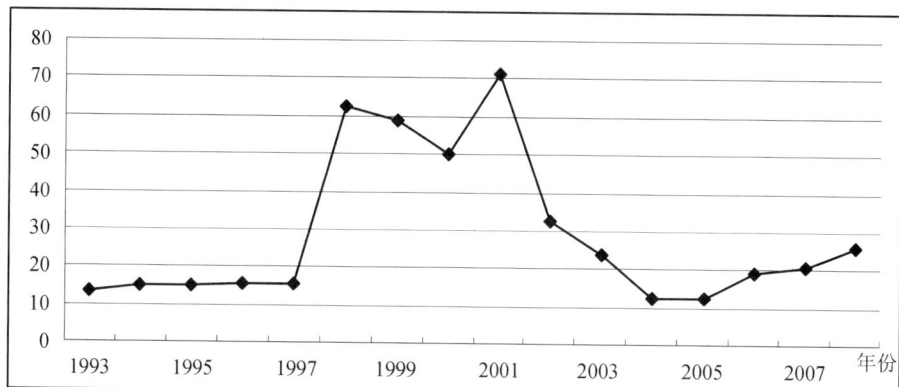

图 11-4 宁波市产业锁定效应系数变化趋势(基于工业结构)

第二节　导致产业锁定的原因是什么？

（一）从供给、需求和政策等方面分析，影响产业锁定的因素涉及经济发展"动力源"的方方面面，而这些影响因素之间也存在紧密的关系，是相互关联、相互影响的

资本投入在产业间的分布是影响产业结构的直接原因，所以资本投入在产业间的锁定是导致产业锁定的最直接的因素，发生产业锁定的直接原因在于资本在产业上的投入存在边际报酬递增的情况，而需求、技术和政策等最终都是通过影响资本在产业间的配置而对产业锁定产生影响。资本投入的锁定是劳动力投入锁定的先导，在影响产业结构的因素中，首先是资本在产业间完成配置，然后引导劳动力在产业间完成配置。所以，资本投入在产业间配置的锁定一定程度上导致了劳动力投入配置的锁定。技术锁定一定程度上表现为劳动力投入的锁定，生产技术一部分是被劳动者所掌握和利用的。因此，技术的锁定在一些方面表现为劳动者的技能锁定而难以在产业之间发生转移。

（1）资本投入锁定。改革开放后，因为我国拥有丰富的劳动力，发展劳动密集型产业符合当时我国的比较优势，因此，当时我国的非公共投资部分（包括民间投资和外商直接投资）相当大的一部分都集中在资本密集型和劳动密集型的制造行业。从图11-5可以看出，宁波历年来实际利用外资主要集中在第二产业，占比基本保持在80％左右。因此，对于制造业来说，由于具备良好的基础条件，在这些行业可能存在边际报酬递增的情况，增加在该行业的投资获得的收益可能更大，从而导致资本投入在产业间发生锁定。

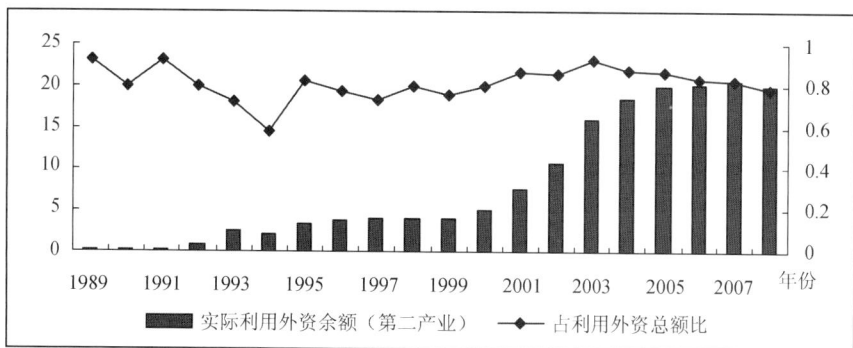

图 11-5　宁波市第二产业实际利用外资变化情况：1989—2008

数据来源：《宁波统计年鉴》(1989—2009)。

　　为了更加详细地说明宁波的资本投入在产业间存在的锁定情况，我们具体分析各个产业之间资本存量的结构关系，因为每年的固定资产投资额是增量概念，难以说明资本投入情况，这里我们利用永续盘存法来估算资本投入在三次产业中的分布。永续盘存法用公式可以表示为 $K_t = I_t + (1 - \alpha_t)K_{t-1}$，其中，$K_t$ 表示第 t 年的资本存量，K_{t-1} 表示第 $t-1$ 年的资本存量，I_t 表示第 t 年的投资，α_t 表示第 t 年的折旧率，本章的折旧率定为 9.6%。关于初始资本存量，中国人民银行宁波市中心支行课题组(2008)曾经估算出 1990 年宁波三次产业的资本存量分别为 42.37 亿元、116.3 亿元和 46.8 亿元。据此，我们可以测算出宁波三次产业中的资本投入配置情况。

　　表 11-3 给出了 1990—2008 年间根据永续盘存法估算得出的宁波市三次产业中资本投入占比情况。从表中可以看出，1990 以来第二产业资本投入的占比基本保持在 55% 左右，其变异系数也是最小的，仅为 0.048，远低于第一产业和第三产业的变异系数。这说明第二产业中资本投入的占比变化相对很小，存在着锁定的情况，该结论也和第二产业产值比重保持稳定相一致。

表 11-3　宁波市分产业资本投入占比变化情况(1990—2008)

年份	第一产业(%)	第二产业(%)	第三产业(%)
1990	20.62	56.60	22.78
1991	18.57	56.25	25.18

年份	第一产业（%）	第二产业（%）	第三产业（%）
1992	14.99	60.63	24.39
1993	11.91	62.31	25.77
1994	9.60	62.29	28.12
1995	7.46	62.16	30.38
1996	5.96	62.68	31.36
1997	4.85	63.81	31.33
1998	3.93	64.73	31.34
1999	3.31	64.22	32.47
2000	2.88	62.56	34.55
2001	2.41	59.02	38.57
2002	2.11	58.37	39.52
2003	1.70	59.75	38.55
2004	1.30	60.87	37.83
2005	0.95	64.96	34.09
2006	0.79	65.83	33.38
2007	0.64	60.09	39.27
2008	0.58	56.13	43.29
平均值	6.02	61.2	32.78
标准差	6.25	2.97	5.81
变异系数	1.03	0.048	0.177

在工业结构的资本投入分布上，因为在《宁波统计年鉴》中有关于工业企业固定资产净值的统计，我们可以利用该指标作为工业结构中分行业资本投入的数据。（工业企业数据中1997年以前的为乡及乡以上独立核算的工业企业，1997年以后的工业数据为规模以上工业企业数据。）

表11-4给出了工业内部结构的分行业资本投入（固定资产净值）数据。从表中可以看出，在劳动密集型、资本密集型和技术密集型三大行业中，资本密集型行业资本投入的变化最小，其变异系数为0.058，其次是劳动密集型行业，变异系数为0.097。这种变化情况也和工业内部的产值结构变化相一致。

表 11 - 4 宁波市工业结构分行业固定资产净值占比变化情况(1990—2008)

年份	劳动密集型行业(%)	资本密集型行业(%)	技术密集型行业(%)
1990	51.12	38.85	10.03
1991	47.73	39.91	12.36
1992	47.11	40.1	12.79
1993	49.56	39.51	10.92
1994	49.59	37.15	13.27
1995	46.50	38.18	15.32
1996	49.08	35.27	15.64
1997	49.22	36.90	13.88
1998	52.59	32.82	14.59
1999	49.24	37.06	13.71
2000	46.63	40.13	13.24
2001	46.61	39.84	13.59
2002	47.85	39.31	12.84
2003	46.33	38.18	15.49
2004	42.02	39.82	18.16
2005	42.09	37.91	20.00
2006	42.21	34.46	23.33
2007	38.85	34.32	26.83
2008	34.48	36.78	28.74
平均值	46.25	37.71	16.04
标准差	4.49	0.022	5.18
变异系数	0.097	0.058	0.323

　　(2)劳动力投入锁定。改革开放后,我国大力发展劳动密集型产业,劳动力主要集中在劳动密集型产业中,这导致了劳动力的技能被限定在这些产业上而难以发生改变或者因改变需要重新学习而需要支付较高的成本。另一方面,因为资本在产业上的投入具有先导性,即资本投入的改变会导致劳动投入也发生改变,所以资本投入的锁定在一定程度上会导致劳动力投入的锁定。同时,对于宁波来说,因为大量外来务工人员的存在,使得发展劳动密集型产业的投入成本显得更低。因此,会使得劳动力在产业间的分布也存在

锁定的情况。

表 11 - 5 给出了 1990—2008 年间宁波市劳动力在各产业间的配置情况。从表中可以看出，第二产业劳动力投入占比从 1990 年的 40.01% 提高到了 2008 年的 52.88%，但是其占比的变异系数仅为 0.098，远低于第一产业（0.334）和第三产业（0.217），而且 2002 年以后的变化很小，因此劳动力投入在第二产业中的变化也是最小的。

表 11 - 5　宁波市分产业劳动力投入占比变化情况（1990—2008）

年份	第一产业（%）	第二产业（%）	第三产业（%）
1990	44.95	40.01	15.04
1991	43.49	40.09	16.42
1992	46.06	37.74	16.19
1993	36.11	43.20	20.69
1994	35.95	42.93	21.12
1995	32.02	45.96	22.02
1996	32.39	45.92	21.69
1997	32.50	44.27	23.23
1998	32.14	42.68	25.18
1999	31.30	43.19	25.50
2000	30.73	43.62	25.64
2001	25.09	46.81	28.10
2002	24.69	51.52	23.79
2003	22.81	51.37	25.82
2004	20.10	50.92	28.98
2005	18.41	51.36	30.23
2006	16.47	52.16	31.36
2007	15.42	52.26	32.32
2008	14.66	52.88	32.46
平均值	29.23	46.26	24.52
标准差	9.76	4.55	5.31
变异系数	0.334	0.098	0.217

表 11 - 6 是劳动力在工业内部的配置情况。从表中可以看出，对于工业内部结构来说，劳动力投入在劳动密集型行业中的变化最小，

仅从 1990 年的 54.11％变为 2008 年的 54.40％,变异系数仅为 0.028。同时,资本密集型行业的变化也较小,占比从 1990 年的 35.66％下降到 2008 年的 30.16％,变异系数为 0.067。因此,在工业结构中,劳动力的投入也存在锁定的情况,并对产业的锁定产生了重要的影响。

表 11-6　宁波市工业内部分行业劳动力投入占比变化(1990—2008)

年份	劳动密集型行业(％)	资本密集型行业(％)	技术密集型行业(％)
1990	54.11	35.66	10.23
1991	54.90	34.75	10.35
1992	54.25	35.05	10.71
1993	54.18	33.24	12.58
1994	54.32	31.72	13.96
1995	53.51	31.64	14.84
1996	53.08	32.70	14.23
1997	53.37	31.86	14.77
1998	54.96	29.80	15.25
1999	55.68	29.39	14.93
2000	56.23	29.25	14.51
2001	57.50	29.78	12.72
2002	58.04	29.57	12.39
2003	58.21	28.77	13.02
2004	56.52	29.60	13.87
2005	55.75	30.49	13.76
2006	55.63	30.16	14.22
2007	54.64	30.39	14.97
2008	54.40	30.16	15.44
平均值	55.23	31.26	13.51
标准差	1.52	2.11	1.64
变异系数	0.028	0.067	0.121

（3）技术锁定。在进行技术锁定分析之前,我们首先要明确技术进步的衡量标准。对技术进步的测量与分解来源于索洛(Solow)模型,该模型假定投资率、人口增长率和技术进步率为经济增长的外生变量,在一个经济系统中的资本和劳动力投入得到其边际产

出,而产出增长扣除劳动力和资本贡献份额之后的残差就是技术进步的贡献。该残值反映了任何导致生产函数变动的因素,被称为全要素生产率(TFP)。基于索洛模型来测算全要素生产率,并以此作为技术水平来分析宁波市可能存在的技术锁定现象。

假设总的生产函数为

$$Y_t = \Omega(t)F(X_t) \qquad (11-1)$$

其中,Y_t 为产出,$X_t = (x_{1t}, \cdots, x_{Nt})$ 为要素投入向量,假设 $\Omega(t)$ 为希克斯中性技术系数,意味着技术进步不影响投入要素之间的边际替代率。同时,假设 $F(.)$ 为一次齐次函数,即关于所有投入要素都是规模收益不变的,$(4-3)$ 式两边同时对时间 t 求导,并除以 $(11-1)$ 式得

$$\frac{\dot{Y_t}}{Y_t} = \frac{\dot{\Omega}}{\Omega} + \sum_{n=1}^{N} \delta_n \left(\frac{\dot{x}_{n,t}}{x_{n,t}} \right) \qquad (11-2)$$

其中,$\delta_n = \left(\dfrac{\partial Y_t}{\partial x_{n,t}} \right) \left(\dfrac{x_{n,t}}{Y_t} \right)$ 为各投入要素的产出份额,由$(11-2)$ 式得

$$\frac{\dot{\Omega}}{\Omega} = \frac{\dot{Y_t}}{Y_t} - \sum_{n=1}^{N} \delta_n \left(\frac{\dot{x}_{n,t}}{x_{n,t}} \right) \qquad (11-3)$$

$(11-3)$ 式就是全要素生产率增长的索洛残差公式。各投入要素的产出份额 δ_n 往往需要通过估算总生产函数加以测算。在具体的全要素生产率估算中,一般采用两要素(资本和劳动力)的 C-D(柯布-道格拉斯)生产函数 $Y_t = AK_t^{\alpha}L_t^{\beta}$,其中 Y_t 为 t 时期的总产出,K_t 为 t 时期资本的投入量,L_t 为 t 时期劳动力的投入量,α 和 β 分别为资本的产出弹性和劳动力的产出弹性。在 C-D 生产函数下,全要素生产率增长率可以表示为

$$tfp_t = y_t - \alpha l_t - \beta k_t \qquad (11-4)$$

其中,$\alpha + \beta = 1$。在$(11-4)$式中 tfp_t, l_t, k_t 分别表示全要素生产率的增长率(技术进步率)、劳动力投入的增长率和资本投入的增长率。

因为经济增长中的技术进步在很大程度上表现为工业行业中

的技术进步,同时宁波吸引的外资也主要集中在第二产业,因此宁波在工业企业中发生技术锁定的可能性也更大。鉴于此,本章通过计算工业企业的技术进步来分析宁波市经济发展中可能存在的技术锁定现象。首选我们对 C - D 生产函数取对数,可以得到

$$\ln Y_t = \ln A + \alpha \ln L_t + \beta \ln K_{t-1} + \mu$$

因为 $\alpha + \beta = 1$,所以

$$\ln \frac{Y_t}{L_t} = \ln A + \beta \ln \frac{K_{t-1}}{L_t} + \mu \qquad (11-5)$$

根据(11 - 5)式,利用 OLS(普通最小二乘法),以固定资产净值作为工业企业的资本投入,从业人数作为其劳动力投入,样本区间为 1991—2008 年,我们可以估算出 $\beta = 0.74, \alpha = 0.26$。据此,我们可以估算出宁波市工业行业中全要素生产率的变化情况,即技术进步率(表 11 - 7)。

表 11 - 7　宁波市工业行业技术进步率变化情况(1991—2008)

年份	技术进步率(%)	年份	技术进步率(%)
1991	3.10	2000	1.80
1992	13.39	2001	15.45
1993	5.84	2002	−15.71
1994	−4.72	2003	2.78
1995	−8.53	2004	−5.67
1996	16.94	2005	−10.14
1997	−11.97	2006	−1.82
1998	8.10	2007	5.61
1999	−9.79	2008	3.47
1991—2008	0.22%		

从 1991—2008 年间宁波市工业企业的技术变化情况看,总体上的走势呈现有升有降,波动较大。但是从 1991—2008 年间的近 20 年,技术的进步率仅为 0.22%,这在一定程度上说明了在宁波的工业行业中存在着技术锁定的现象。技术进步是产业结构升级的关键因素,因此技术的锁定会直接导致产业结构也发生锁定。

（4）需求锁定。在国外需求方面，因为改革开放后我国的初始资源禀赋是丰富的劳动力，因此在全球的分工体系中，我国主要生产的是低附加值的劳动密集型产品，这也决定了我国的贸易结构是以出口低附加值的劳动密集型产品为主。从宁波市近5年的出口商品结构看，机电产品基本保持在50％以上，2008年更是达到了58.32％以上；而高新技术产品的出口量则明显较少，2008年宁波市高新技术产品的出口额的占比仅为13.59％（表11-8）。

表 11-8 近 5 年宁波市出口结构变化情况

年份	机电产品		高新技术产品	
	出口额（万元）	占比（％）	出口额（万元）	占比（％）
2004	853584	51.14	239745	14.36
2005	1186616	53.41	342418	15.41
2006	1557641	54.14	442000	15.37
2007	2202847	57.58	628234	16.42
2008	2701913	58.32	629477	13.59

数据来源：宁波市统计局网站（www.nbstats.gov.cn）。

从宁波市具体的出口商品种类看，占比居前的商品基本上都是劳动密集型产品。表11-9给出了2008年宁波市出口商品结构中居前5位的商品，其中服装及衣着附体，纺织纱线、织物及制品，塑料制品，灯具、照明装置及类似品都属于劳动密集型的产品，而船舶制造则属于资本密集型产品。

表 11-9 宁波市出口商品前 5 位（2008）

产品	总额（万元）	占比（％）
服装及衣着附体	320362	14.42
纺织纱线、织物及制品	178449	8.03
塑料制品	75781	3.41
船舶制造	50601	2.28
灯具、照明装置及类似品	45315	2.04

数据来源：宁波市统计局网站（www.nbstats.gov.cn）。

而在服务贸易方面，我国一直都处于逆差地位，并且逆差额逐年上升(图11-6)，2008年的服务贸易逆差额达到了118亿美元，这说明我国一直是服务贸易的逆差国，特别是一些生产性服务业，国内的发展水平较低而主要依靠国外的提供。

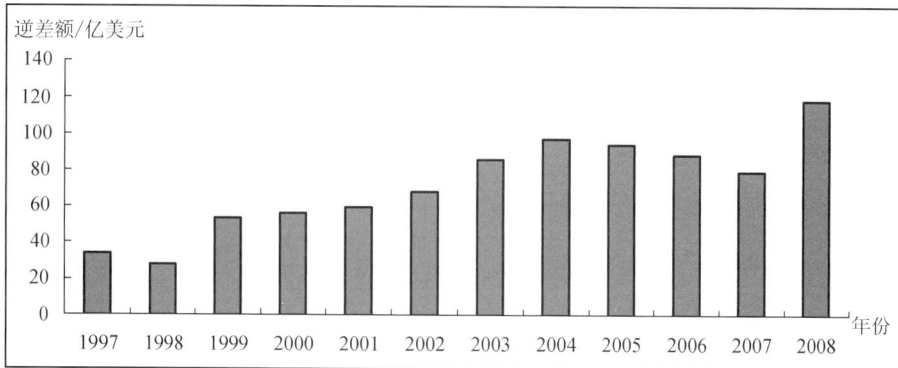

图11-6 中国服务贸易逆差额变化情况：1997—2008

数据来源：国家外汇管理局网站(www.safe.gov.cn)。

因此，从国外需求来看，一方面我国出口的商品主要集中在劳动密集型产品上，另一方面我国是服务贸易的逆差国，这就决定了我国在全球分工体系中的地位，这必然会对产业结构带来重要的影响。而宁波是典型的外向型经济区，对外依存度较高，因此国外需求将会对宁波的产业结构有着更加重要的影响。

在国内需求方面，虽然改革开放以来我国居民收入水平明显提高，但是总体水平仍然较低，衣着和食品等基本消费在总消费支出仍然居于主导地位，因此消费的总体层次明显偏低。因为我国是统一的市场，所以我国整体消费水平不高也会对宁波的产业结构产生影响。目前我国消费市场主要存在以下问题：

一是消费总额不足，消费率逐步下降。虽然我国总体消费水平不断提高，但是因为尚未建立起完善的社会保障体系等原因，消费率呈现逐步下降的趋势。从图11-7可以看出，宁波市农村居民消费率(农村居民生活消费支出/农村居民纯收入)和城镇居民消费率(城镇居民消费支出/城镇居民可支配收入)总体上都表现为下降的

趋势，特别是城镇居民，整体的消费率从 1980 年的 97.7％下降到了
2008 年的 62.8％。

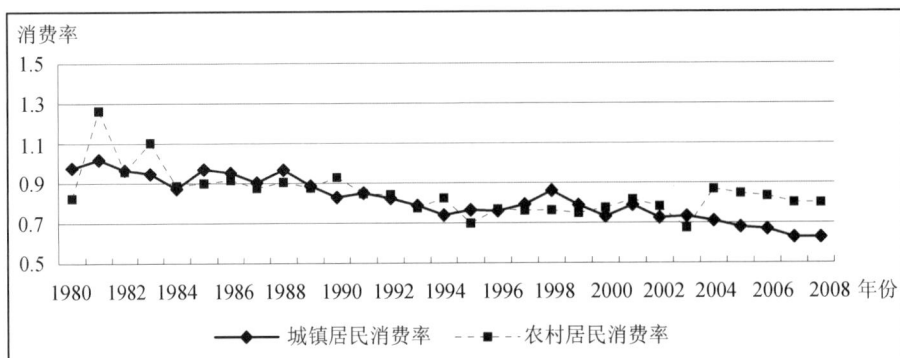

图 11-7　宁波市居民消费率变化情况：1980—2008

二是消费层次较低，恩格尔系数偏高。虽然随着经济的发展，
我国居民收入的水平明显提高，但是受制于整体的收入水平不高，
目前我国居民消费的整体层次仍然较低，消费品以满足基本的衣食
住行为主，食品和衣着的消费支出在总消费中是最重要的支出。从
宁波市居民的人均消费支出看，农村居民和城镇居民的扩展恩格尔
系数，2000 年以来基本都维持在 50％左右的水平，而近几年更是出
现了上升（表 11-10 和表 11-11）。

表 11-10　2000 年以来宁波市城镇居民人均消费支出构成　　单位：元

年份	消费支出	食品	衣着	扩展的恩格尔系数（％）
2000	7997	3184	620	47.57
2001	9463	3243	735	42.04
2002	9396	3447	754	44.71
2003	10463	3791	865	44.50
2004	11283	4174	972	45.61
2005	11818	4337	1134	46.29
2006	13147	4617	1347	45.36
2007	14009	5130	1311	45.98
2008	15817	5951	1715	48.47

表 11-11　2000 年以来宁波市农村居民人均消费支出构成　单位：元

年份	生活消费支出	食品	衣着	扩展的恩格尔系数（%）
2000	3929	1778	222	50.90
2001	4394	1909	249	49.11
2002	458	1944	270	49.11
2003	5194	2083	285	45.59
2004	6102	2485	360	46.62
2005	6623	2715	454	47.85
2006	7378	2994	522	47.66
2007	8062	3230	569	47.12
2008	9174	3751	678	48.22

数据来源：《宁波统计年鉴》(2001—2009)。

三是消费结构不合理，居民消费占比逐渐降低。从 2000 年以来宁波市消费结构看，政府消费的占比越来越高，居民消费的占比越来越小。政府消费占比从 2000 年的 28.9% 提高到了 2008 年的 42%；而在居民消费中，农村居民的消费占比则从 2000 年的 40.9% 下降到 2008 年的 28.3%。

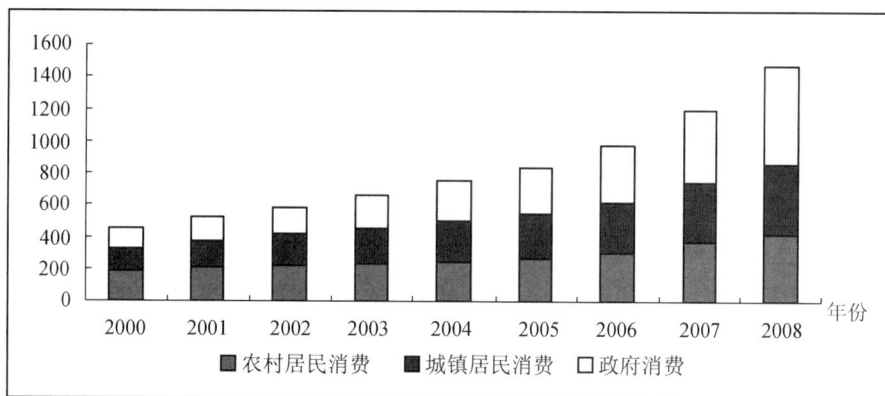

图 11-8　2000 年以来宁波市消费结构变化情况
数据来源：《宁波统计年鉴》(2001—2009)。

因此，宁波市在国内需求中存在的消费结构不合理、消费层次偏低等问题，对产业结构有着重要的影响，也直接导致了产业被锁定在低层次的结构上。

（5）政策锁定。对处于转轨阶段和实施赶超战略的我国，政策在经济发展中的作用显得尤为突出。如 2009 年年初，为了防止经济下滑，促进产业转型升级，国家就出台了包括纺织业、钢铁业、汽车业、船舶业、装备制造业、电子信息产业、轻工业、石化产业、物流业和有色金属业等十大产业振兴规划，并制定了相关的实施细则。虽然在产业转型过程中，产业政策对产业结构的升级发挥了重要的作用，政府通过政策来促进高新技术产业、第三产业的发展，但是在一定条件下，如在亚洲金融危机和次贷危机中，因为短期内难以实现有效的产业转型，出口受到的影响对经济增长产生了极大的负面影响，因此国家通过提高出口退税率的方法来促进出口，保持经济的增长，但是这也在一定程度上保护了落后的产业。在这种情况下，国家长期的政策目标就和短期政策目标之间存在着矛盾，而这种政策的制定显然不利于产业结构的升级。一旦政府的政策被锁定在达到短期目标上，就有可能给产业锁定带来影响。

表 11 - 12　我国纺织服装业出口退税政策历次调整

时间	调整内容
1995 年 7 月起	纺织品、服装出口退税率从 13％下调至 10％
1996 年 12 月起	纺织品、服装出口退税率从 10％下调至 6％
1998 年 1 月起	纺织品、服装出口退税率上调至 11％
1999 年 1 月起	纺织品、服装出口退税率由 11％上调至 13％
1999 年 7 月起	纺织品出口退税率由 13％上调至 15％；服装退税率上调至 17％
2001 年 7 月 1 日起	棉纱、棉布、棉制产品出口退税率由 15％上调至 17％
2004 年 1 月 1 日起	纺织品、服装出口退税率由 15％、17％下调至 13％
2006 年 9 月 15 日起	纺织品出口退税率由 13％下调至 11％
2007 年 7 月 1 日起	服装出口退税率由 13％下调至 11％
2008 年 7 月 30 日起	部分纺织品、服装的出口退税率由 11％提高到 13％
2008 年 11 月 1 日起	部分纺织品、服装、玩具出口退税率提高到 14％
2009 年 2 月 1 日起	纺织品、服装出口退税率提高到 15％
2009 年 4 月 1 日起	纺织品、服装出口退税率提高到 16％，与全额退税只差一个百分点

（二）宁波作为高度外向型的经济区，对外开放对产业结构有着更加重要的影响，或者可以说对外开放会直接影响宁波的产业结构，也可能是宁波产业锁定的一个重要原因

为了说明对外开放对宁波产业锁定带来的影响，我们通过建立向量自回归模型（Vector Autoregressive Model，VAR）来分析外国直接投资和对外出口对宁波产业结构的影响。VAR 模型采用多方程联立的形式，它的特点是不以严格的经济理论为基础，在模型中的每个内生变量都对全部内生变量的滞后项进行回归，从而估计全部内生变量的动态关系。本章的 VAR 模型包含了 3 个变量：产业锁定效应系数、出口总额/GDP、实际利用外资额/GDP。其中，产业锁定效应系数本章以基于三次产业结构的锁定效应系数表示，出口总额/GDP 和实际利用外资额/GDP 表示对外开放程度的大小。本文的模型建立如下：

$$LEC_t = \alpha_0 + \alpha_{1i} \sum_{i=1}^{m} LEC_{t-i} + \alpha_{2i} \sum_{i=1}^{m} fdi_{t-i} + \alpha_{3i} \sum_{i=1}^{m} xm_{t-i} + \varepsilon_t$$

$$(11-6)$$

$$fdi_t = \beta_0 + \beta_{1i} \sum_{i=1}^{m} LEC_{t-i} + \beta_{2i} \sum_{i=1}^{m} fdi_{t-i} + \beta_{3i} \sum_{i=1}^{m} xm_{t-i} + \mu_t$$

$$(11-7)$$

$$xm_t = \gamma_0 + \gamma_{1i} \sum_{i=1}^{m} LEC_{t-i} + \gamma_{2i} \sum_{i=1}^{m} fdi_{t-i} + \gamma_{3i} \sum_{i=1}^{m} xm_{t-i} + \nu_t$$

$$(11-8)$$

在模型中，LEC 表示基于三次产业结构的锁定效应系数。fdi 表示实际利用外资额/GDP，xm 表示出口总额/GDP，两者表示经济的对外开放程度。因为某年锁定效应系数表示该年前 5 年产业结构的锁定情况，因此 fdi 和 xm 我们选择 5 年的移动平均值。式中的 m 表示滞后期数，ε,μ,ν 表示模型中的随机误差项。模型中 3 个方程式分别表示某个变量对自身以及其他两个变量的回归。

（1）平稳性检验。在建立 VAR 模型时，我们需要对变量进行平稳性检验，这里我们利用 ADF（扩展的迪克-福勒）法来检验变量的平稳性。

表 11 - 13　变量 *LEC*、*fdi* 和 *xm* 的平稳性检验结果

变量	检验形式	ADF 统计值	临界值	平稳性
LEC	$(C,T,0)$	-1.45	-4.53^{*}；-3.67^{**}	否
ΔLEC	$(C,0,0)$	-3.53	-3.86^{*}；-3.04^{**}	是（5%）
fdi	$(C,T,1)$	-2.61	-4.57^{*}；-3.69^{**}	否
Δfdi	$(C,0,0)$	-4.53	-3.86^{*}；-3.04^{**}	是（1%）
xm	$(C,T,2)$	-2.55	-4.62^{*}；-3.71^{**}	否
Δxm	$(C,0,0)$	-3.42	-3.86^{*}；-3.04^{**}	是（5%）

注：（1）检验类型 (C,T,K) 中 C 表示常数项，T 表示趋势项，K 表示滞后阶数；
（2）滞后阶数根据赤池信息准则确定（AIC）；
（3）* 表示在 1% 的显著水平下的临界值，** 表示在 5% 的显著水平下的临界值；
（4）本书利用的计量软件是 Eviews 5.0。

从变量的平稳性检验结果我们可以看出，3 个变量在 5% 的置信区间内都是非平稳的变量，*LEC* 和 *xm* 的一阶差分在 5% 的置信区间内都是平稳的，而 *fdi* 的一阶段差分在 1% 的置信区间内是平稳的。所以 3 个变量在 5% 的置信区间内都是 $I(1)$，即一阶单整的，因此 3 个变量可以建立 VAR 模型。下面我们分别通过脉冲响应函数和方差分解来分析经济对外开放度对产业锁定产生的影响。

（2）脉冲响应函数。在 VAR 模型中，变量的冲击不仅直接作用于自身，而且还可以通过模型的动态结构传递到其他内生变量，最终又返回到自身，脉冲响应能够清楚地概括这种动态结构的性质。脉冲响应函数描述的是内生变量对误差冲击的反应。具体地说，就是在随机误差项上施加一个标准差新息（S. D. Innovation）的影响后对内生变量的当期值和未来值所带来的冲击。

图 11 - 9 表示锁定效应系数（*LEC*）的脉冲响应函数图。图中横轴表示冲击作用的滞后期数（单位：年），纵轴表示 *LEC*，曲线表示

LEC 的脉冲响应函数。图 11-9(1)表示 LEC 对 fdi（外国直接投资）的脉冲响应函数。从图中可以看出，在本章的样本区间里（1989—2008 年），在初期 fdi 受到一个标准差冲击后，LEC 的响应在前两期表现为负值，但是从第 3 期开始，LEC 对冲击开始出现正向响应，而且随着时间的推移，这种正响应表现得越来越明显。这说明外国直接投资的增加会对产业锁定产生影响，但是这个过程需要一个时滞，而这个时滞大约是 2 年左右。

图 11-9(2)表示 LEC 对 xm（出口）的脉冲响应函数。从图中可以看出，在初期 xm 受到一个标准差的冲击后，LEC 的响应从第 1 期开始就表现为正值，但是这种响应越来越小，从第 5 期开始正相应表现得越来越明显。

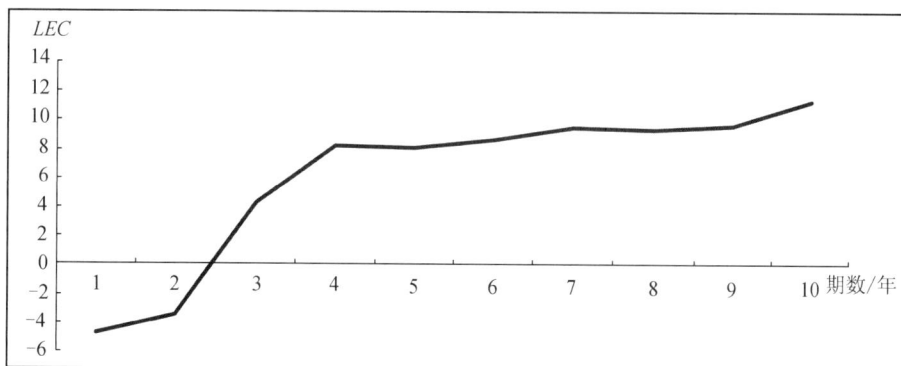

图 11-9(1)　LEC 对 fdi 的脉冲响应函数

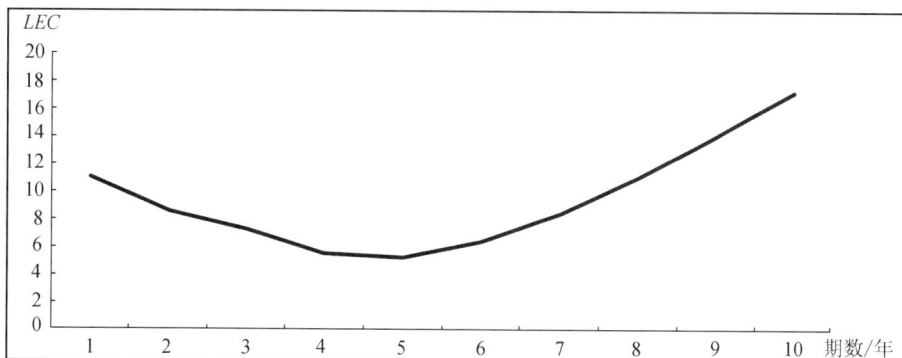

图 11-9(2)　LEC 对 xm 的脉冲响应函数

（3）方差分解。VAR 模型的另一个分析方法是方差分解，即把每个变量每期的预测误差的方差按其成因分解为各个内生变量相

关联的组成部分。方差分解能够很好地说明某一内生变量受其他变量的影响程度。

表 11-14 给出了 VAR 模型中 LEC 的方差分解结果。表中的第 1 列表示预测的时期，第 2 列表示预测的标准差，第 3 列表示 LEC 的预测方差中，由 xm 扰动引起的部分所占的百分比，第 4 列表示 LEC 的预测方差中由 fdi 扰动引起的部分所占的百分比，第 5 列表示 LEC 的预测方差中由自身扰动引起部分的百分比。从表中可以看出随着时间的推移，xm 和 fdi 对 LEC 预测方差的贡献率越来越大，在第 1 期 xm 和 fdi 对 LEC 预测方差的贡献为 28.66% 和 5.39%，而到第 10 期，贡献率分别达到了 46.79% 和 30.05%。方差分解的结果也说明了外国直接投资和出口对宁波产业锁定有着重要的影响。

表 11-14 LEC 的方差分解

时期	标准差	xm（%）	fdi（%）	LEC（%）
1	20.4586	28.6578	5.3940	65.9482
2	23.8264	33.9491	6.1062	59.9447
3	25.5068	37.6640	8.1983	54.1377
4	27.6595	36.0787	15.6832	48.2382
5	29.3809	35.0775	21.3859	43.5366
6	31.2954	35.0196	26.5401	38.4403
7	33.8323	36.1142	30.6068	33.2790
8	37.0602	38.8822	31.8985	29.2193
9	41.2671	42.8695	31.2280	25.9025
10	46.8231	46.7942	30.0530	23.1528

因此，通过建立 VAR 模型，利用脉冲响应函数和方差分解分析宁波市吸引外资和对外出口对宁波产业锁定的影响。分析的结果表明了两者确实对于产业锁定产生了重要的影响。造成这种结果的原因在于我国在国际分工体系中的地位，即吸引的外资主要集中在第二产业，而出口的商品主要集中在劳动密集型产品上。这说明

对外开放在促进宁波经济快速发展的同时,也影响了宁波的产业结构,是引起宁波产业锁定的一个重要原因。

(三)根据路径依赖理论,在产业的发展过程中,由于初始条件的制约,就可能出现产业锁定的情况,而使得产业的转型升级变得困难

我们用一个模型来分析由于路径依赖而存在的产业锁定现象。假设某个经济体(国家或地区)中存在两类产业 E 和 F,经济体中的不同投资者将在这两种产业中做出投资选择。依据其偏好的不同,可以将所有的投资者分为 R 和 S 两类,两类投资者的数量相等,其中 R 类投资者偏好产业 E,其对 E 和 F 的天然偏好(Natural Preference,即不受其他因素影响的偏好情况)分别为 eR 和 fR。S 类投资者偏好产业 F,其对 E 和 F 的天然偏好则分别为 eS 和 fS,其中 $eR>fR$,$eS<fS$。同时,我们假定投资者仅受过去投资选择的影响,而不考虑对未来投资者选择预期。

我们分别用 r 和 s 代表 R 和 S 在进行选择时的收益变化因子,那么任何一个投资者在选择 E 和 F 时所获得的收益可以用收益函数矩阵来表示(表 11-15)。

表 11-15　产业选择中的收益函数矩阵

	产业 E	产业 F
R 投资者群	$eR+rnE(n)$	$fR+rnF(n)$
S 投资者群	$eS+snE(n)$	$fS+snF(n)$

其中,$nE(n)$ 和 $nF(n)$ 分别表示在任一投资者做出选择之前选择产业 E 或 F 的投资者数量,$nE+nF=n$。在投资的收益不变、递减和递增的 3 种情况下,r 和 s 分别为零、正数和负数。该收益函数矩阵说明投资者选择的收益是其之前采用者数量的函数。

两类投资者在 E 和 F 之间根据自己的收益函数进行选择,但是在选择过程中存在着一个不确定因素,即决定不同种类的投资者进入市场的次序的历史事件。在选择的序列中，一个 R 还是 S 在第 n 个进入市场的概率是相等的（0.5）。在这里我们需要考察的是在不同的投资收益变化的情况下，微小的或是偶然的历史事件所引致的选择次序上的波动是否会对最终的结果（即最终两种产业所占的比例，也就是产业结构）产生不同的影响：

设产业 E 的比重为 xn，$nE(n)-nF(n)=dn$，则

$$xn=0.5+dn/2n,$$

情形一：投资收益不变。在这种情况下，$r=s=0$，由于 $eR>fR$，所以 R 将总是选择 E，而 S 总是选择 F。当一个 R 进入市场时，$nE(n)$ 和 dn 将分别减少 1，在这里 dn 是随机变化的。但是从长期来看，选择 E 或 F 的概率趋向 0.5，而 dn 则最终趋向 0。在收益变化的条件下，这个动态过程将得到修正。

情形二：投资收益递增。如果在一个新进入市场的 R 之前的投资者选择次序偶然导致 F 的收益足够大于 E 的收益时，尽管 R 天然偏好 E，但收益最大化将驱使他改变选择转向 F，即

$$d_n=nE(n)-nF(n)<\Delta R=(fR-eR)/r<0 \text{ 时，}$$

$$(11-9)$$

R 将转向选择 F；

当 $d_n=nE(n)-nF(n)<\Delta S=(fS-eS)/r<0$ 时，

$$(11-10)$$

一个新进入市场的 S 将转向 E。

用图 11-10 可以表示市场的最终选择，在投资收益递增的条件下，一旦 d_n 的随机运动进入由公式（11-9）和（11-10）给出的界限内，两类投资者都将选择同一类产业，也就是说市场过程将不再包括两种产业而将被"锁定"在某一种产业上。ΔR 和 ΔS 被称为"吸收界限"（absorbing barries），亦称为临界容量（Critical Mass）。总之，在收益递增系统下，市场过程表现为具有吸收界限的随机过程。

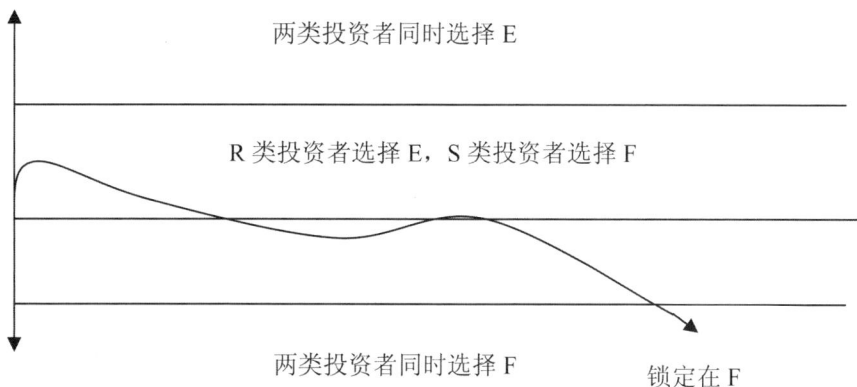

图 11 - 10　投资收益递增情况下投资者的选择：具有吸收界限的随机运动

情形三：投资收益递减。与收益递增相比，收益递减体现出正好相反的市场过程：

当 $d_n = nE(n) - nF(n) < \Delta R = (fR - eR)/r > 0$ 时，R 转向 F；

当 $d_n = nE(n) - nF(n) < \Delta S = (fS - eS)/r > 0$ 时，R 转向 E。

这意味着在收益递减的随机过程中，存在的是反射界限（reflecting barriers），一旦遇到 ΔR 和 ΔS，原来的市场格局将会发生变化。

在收益不变和收益递减区域中，由于只存在一个确定的结果，其他历史事件都被系统"遗忘"了，不对结果造成影响，因此不具有路径依赖的特性。但是，在收益递增系统中，情况显然不同，某些历史事件影响了投资者选择的次序，就可能导致产业 E 获胜，而另一事件则可能导致市场结果最终趋向 F。因此，收益递增系统是路径依赖的，市场结果将被微小的偶然事件所决定。

第三节　如何解除产业的锁定？

依据影响产业锁定的因素，在解除产业锁定的过程中需要实现以下变量的替代（表 11 - 16），才能解除产业的锁定，从而实现产业的转型升级。

表 11 - 16　解除产业锁定所需要替代的变量

影响因素	替代的方式	替代的条件	替代难度
资本投入	改变资本投入在产业间的配置结构	国际投资格局的变化、合理、有效的投融资体系	国际投资格局的变化短期内难以实现，构建合理的金融体系可以实现
劳动力投入	改变劳动力投入在产业间的配置结构	因为资本投入具有先导性，所以劳动力投入配置的改变的前提是需要资本投入的改变	依赖于资本配置的改变，同时需要强化学习和技能的提高
技术	技术进步	完善的区域创业创新体系	需要有效的金融体系支持
需求	改变需求结构，包括国内的消费结构和外贸结构	增加居民收入，改变消费习惯，建立完善的社会保障体系；改变国际分工的格局	需求结构的改变在短期内难以实现
政策	利用产业政策来促进产业的升级	对产业发展的定位准备；避免在长期目标和短期目标之间陷入矛盾	只具有宏观意义，需要金融、财政等政策的支持，同时权衡短期政策目标和长期政策的难度较大

　　根据以上分析，在解除产业锁定需要替代的各个变量中，金融体系是最为关键的因素。资本投入在产业间的分布是影响产业结构的直接原因，因此资本投入在产业间的锁定是导致产业锁定最直接的原因，而需求、技术和政策等最终都是通过影响资本在产业间的配置而对产业结构产生影响的。产业转型的实质就是使得生产要素在产业之间转移，将要素资源配置到那些技术含量高、生产率较高的行业中去。而在各种生产要素的转移中，资本具有先导性，只有实现资本在产业间的转移，才能引导劳动力等要素发生转移，从而实现产业的转型升级。金融体系的核心功能在于动员和配置资金，合理的金融体系能够有效地配置资金，将资金配置到生产率较高的产业中去。因此，在产业转型中充分发挥金融体系的作用至关重要。金融的资本导向效应能够促进产业水平的提升，市场化的金融部门对产业竞争力的敏感性极强，能够对产业发展中的投资收益、风险等因素予以甄别，从而确定最优的投资组合，促进产业的转型升级。

在产业的升级过程中,金融体系可以通过资金形成、资金导向、资金集中和风险管理等功能发挥作用。

(一)资金形成功能

在现代经济社会中,储蓄者和投资者分离是普遍现象,金融可以通过对储蓄者和投资者的重新安排,扩大金融总量,提高储蓄和投资的总水平,进而提高产业发展中资金和要素投入的绝对水平。

(二)资金导向功能

金融的资金导向功能是指金融机构为提高经营效率,根据资金运用的有偿性、竞争性原则,根据收益性、安全性、流动性原则对竞争性行业的投资项目进行评估,在资金价格的引导下,将储蓄资源配置到边际效率最高的产业和地区,体现市场配置资源的利益取向。金融的资金导向功能的有效发挥依赖于完善的金融市场,而在完善的金融市场中,资金价格主要由金融市场的资金供求关系决定,反映资金的实际成本或收益。如果商业性金融机构的利率没有真正市场化,资本市场中的证券价格包含的公司经营信息较少,金融体系就不能基于效率原则对投资项目进行评估和筛选,从而使得资金流向低效率的产业或是地区,不利于产业的健康发展。

(三)资金集中功能

金融发展可适应产业发展对资金的需求,有效提高生产的社会化程度和资金集中规模。通过金融发展产生具有多样化风险收益特征的金融工具、不同层次的金融市场、多种类的金融机构来满足具有不同特点的融资需求,加速优势企业的形成和发展,推动企业集团化、国际化的发展,并为集团内部提供联结纽带和控制手段,促进产业整合。在产业发展过程中,优势企业是那些能够优先采用先进技术,并能够将最新的科技成果转化为现实生产力的企业,它们对资本具有极大的吸引力,能够创造更大的市场需求,具有持续的增长能力,还可以有效带动相关基础产业和后续产业的发展。

（四）风险管理功能

金融体系的风险管理功能可促进资本的积累和长期资本投资，促进技术创新，并促使形成有利于产业结构调整的稳定的社会环境。首先，风险管理功能有助于公司治理的完善，减少信息不对称引发的道德风险；其次，金融体系提供的流动性风险管理机制可促进长期资本投资和技术创新的实现，有利于产业发展和产业结构的优化。高技术、高收益项目需要长期投资，但面临着储蓄者不愿放弃对储蓄的控制权的制约，而影响资本的形成。完善的金融市场能够降低金融工具交易的交易成本和市场的不确定性，降低流动性风险，鼓励储蓄者持有股票、债券、存款单等流动性资产，解决了储蓄者进行长期投资与保留流动性偏好及风险分散的矛盾，金融体系将这些流动性资产转化为长期资本，投资于非流动性产品的生产过程或高收益的项目，促进产业发展和技术创新。

金融体系在产业升级中能够有效发挥作用的前提是金融体系必须要和产业升级要求相适应，才能充分发挥配置资金、风险管理的功能。因为在实体经济中，不同产业属性的融资者，在风险特性、企业性质等方面具有不同的特性，而不同的金融工具在解决信息不对称、降低交易成本的途径有所不同，所以不同特性的融资者要求不同的金融工具来为其提供金融服务，要实现产业升级必须要拥有与之相匹配的金融体系。

第四节 金融如何反锁定？

在内生性金融体系下，基于产业锁定的前提，金融体系在产业升级中的作用可能失效。因为金融体系如果是内生性的，意味着金融体系的发展滞后于实体经济的发展，并由实体经济决定。这样就有可能

出现下面的情况：产业发展陷入路径依赖而被锁定在某一种模式上；由于金融的内生性，金融体系将会适应这种产业模式而也被锁定在某种模式下，从而出现金融和产业"双重锁定"的现象。在这种情况下，金融体系是适应现有产业模式需求的，因此现有产业将会得到更多的金融资源配置，从而促进该产业的继续发展，这又会反过来强化金融体系的锁定，从而形成一种恶性循环。因此，在内生性金融体系，由于产业的锁定，金融体系在产业转型升级中的作用将会失效。

改革开放以来，宁波市在产业发展过程中存在的锁定现象，使得产业的升级显得非常困难。同时，在金融体系内生性的条件下，产业的锁定导致了金融的锁定，而金融的锁定反过来又强化了产业的锁定，从而出现了"双重锁定"的现象。在这种情况下，金融体系在产业升级过程中难以发挥应有的作用。在产业发展陷入路径依赖而出现锁定的情况下，内生性的金融体系导致金融也发生了锁定，并且产业锁定和金融锁定会相互强化，形成恶性循环。因此，内生性的金融体系不能有效地发挥资本对于产业的甄别功能，在解除产业锁定，促进产业升级的过程中难以发挥作用。在这种情况下，必须要强化金融供给的外生性。

因此，宁波要实现产业的转型升级从而保持经济增长的可持续性，应该坚持以下总体思路：根据宁波的资源禀赋状况，确定产业升级的具体方向，然后依据产业转型升级的要求，重构金融体系，强化金融供给的外生性，构建与产业升级要求相适应的金融体系，在实现金融解锁的前提下，达到金融体系对产业结构的反锁定，从而实现产业的转型升级。

重构金融体系并不意味着将现有的金融体系推倒重建，而是一种诱致性的变迁，即在金融体系的发展过程中，强调金融供给的主动性，即依据产业结构转型、产业竞争力提高的目标要求，主动构建促进技术创新、结构升级的金融体系结构，充分发挥金融体系在产业发展中的巨大推动作用。

（一）金融机构要加强创新，积极开拓新兴行业的信贷支持模式

金融机构要改变传统的以抵押担保为主的经营模式，提高信贷资源的配置效率，充分发挥商业银行贷款的产业甄别功能。首先，宁波的金融机构要积极适应港口物流的发展需求，积极推进金融产品的创新，以物流金融的发展推进物流业的提升，积极创建与物流发展、商流发展相匹配的新的物流金融领域和范围，提供高效率、低成本的物流金融服务工具。其次，要大力发展应收账款质押业务，现有的银行贷款主要依靠不动产的抵押实现风险的管理，但是从宁波的实际情况看，大量的资产形态是应收账款，特别是对于一些中小企业和创新型企业，应收账款等动产所占的比例很大。据测算，宁波市以应收账款形式存在的沉淀资金大约在1500亿元左右，因此可以充分利用企业征信系统资源建立的以互联网为基础，全国集中统一、高效、便捷、低成本的应收账款质押登记系统，大力发展应收账款质押业务。最后，大力发展专利权质押贷款，根据《宁波市专利权质押贷款实施意见》的要求推进专利权质押贷款业务的开展，解决科技型和创新型企业的融资需求。

（二）大力发展总部型金融机构

发展总部型金融机构是宁波实现产业结构升级的战略选择。培育总部型金融机构，一方面能够有效地解决制造企业总部外迁后的产业替代和产业接续问题；另一方面，通过总部集聚，形成强大的服务需求，带动法律、会计、信息等现代服务业的发展，提升服务业水平，促进产业结构的优化升级。从现实情况看，宁波的总部型金融机构明显偏少，多是全国性金融机构的分设机构，因此应该进一步完善政策环境，大力发展和培育总部型金融机构，积极吸引国内外知名公司来宁波设立金融机构总部。

（三）积极发展消费信贷市场，提高居民消费层级

商业银行要发展多样化的消费信贷市场，跟随居民消费需求的

变化,创造新的消费信贷产品与工具,扩大消费贷款在全部贷款中的占比,通过消费信贷助推居民消费增长,促进消费升级,提高消费对产业升级的贡献,加大产业结构升级的内生动力。要积极发展高端的消费信贷市场,形成信贷支持动产消费的模式,改变目前以住房等不动产贷款为主的消费信贷模式,优化消费结构,以此带动产业结构的转型升级。

(四)优化融资结构,提高直接融资的比重

不同产业及不同类型的企业的融资及金融服务需求、投资经营的风险收益特征不同,要求有相应的资本市场类型和融资渠道,所以要充分利用多层次的资本市场体系,促进产业的转型升级。首先,支持不同类型的企业在主板市场上市,在支持传统制造业上市的同时,积极鼓励服务行业的企业通过资本市场融资。其次,积极发展私募股权基金市场,充分利用宁波作为长江三角洲私募股权投资试点地区的机遇。发展私募股权投资市场,首先要解决股权基金的资金来源问题,资金多元化是股权投资基金的发展趋势,因此除了政府资金外,应该充分吸收民间资金,还可以通过建立信用担保基金的方式引入保险资金、养老基金等社会资金。其次,在股权投资基金的投资方向选择上,紧密结合宁波市产业升级的具体方向,投向宁波市重点发展的成长性行业。同时,要完善区域性的产权流通市场和OTC市场,使得股权投资基金能够具有交易成本低、流动性高的退出渠道。从构建区域性创业创新的金融支持体系来看,创业板市场的推出具有非常重要的意义。创业板为高科技和新兴行业中的企业提供了融资平台,特别是解决了高科技中小企业的资金来源问题,同时也为私募股权投资基金提供了很好的退出渠道。因此,从宁波的实际情况看,一方面要充分利用创业板市场,培育和辅导具备一定条件的企业在创业板上市;另一方面,要加大证券公司等证券中介机构的组建和引进工作,加强对企业上市的服务工作。

（五）规范民间金融市场，理顺民营资本的投融资机制

合理、规范的民间金融市场作为正规金融体系的补充，在经济发展中发挥着重要的作用，但是缺乏监管、不合理的民间金融行为反而不利于地区产业的升级。因此，要规范民间金融行为。首先，政府要给予民间金融准确的定位，通过制度的完善，将其纳入监管当局的有效监管之下，并且给予其必要的保护和支持，依法维护金融交易各方的合法权益；在加强监管和改善管理的同时鼓励其发展，使它们的金融服务价格和质量得到改进与提高，并为其建立良好的服务体系，提高非正规金融市场的融资效率。其次，可以通过必要的制度创新，将那些已有一定规模，机构建立比较完善，财务制度比较健全，运营和管理比较规范的非正规金融合法化，并积极创造条件使其向规范化、正规化方向发展。

改革开放后，民营资本在宁波的经济发展过程中发挥着极为重要的作用，在产业转型的过程中，民营经济应该也完全能够发挥更加重要的作用。首先，要完善民营资本的投融资机制，逐步形成政府投入为引导、民间资本投入为主体、金融信贷与风险投资为支撑的民间资本投融资体系。鼓励民营资本建立风险投资基金，引导社会资金投向高技术创业企业，允许其对具有开放潜力及上市前景的企业进行上市前的股权投资。其次，放宽民营经济进入金融业的门槛，在小额贷款公司、村镇银行试点的基础上，支持民间资本进入金融行业。筹建区域性的投融资公司、民间银行和私营银行，促使民间金融合法化和正规化，使民间资本作为资本金注入民营企业进行技术创新，切实将民间融资从体外循环纳入体内循环。限制民间资本进入房地产和股票等具有投机性的市场，充分发挥民间资本在促进产业结构升级中的重要作用。

金融部门可以联合科技部门通过金融创新来拓宽民营企业的融资渠道，尽快建立专门为民营科技企业提供金融服务的中小型商业银行，吸收民间资本入股；积极引导有条件的民营科技企业发行

企业债券,尤其注重短期债券的发行;重点推动达到一定规模的高科技民营企业上市;允许民间组织建立互助性担保基金,以及企业集资建立行业内互助性担保基金等,这样可以有效弥补产业升级的资金缺口。

(六)优化外资和贸易结构,强化对外开放在产业升级中的正面作用

对外开放虽然在宁波的经济发展中发挥了极为重要的作用,但是由于吸引外资的结构和贸易结构不合理,一定程度上也对产业结构产生了负面影响,所以要优化外资结构和贸易结构,强化对外开放在产业升级中的正面作用。首先,要建立具有诱导性的外资引进的金融配套体系,如对于投资于传统落后产业的外资或是外国企业,在信贷支持、证券市场融资等方面予以严格的限制,鼓励金融机构重点支持那些科技含量高的外资企业。其次,积极发展贸易信贷市场。一方面,加强对高科技、新兴行业产品出口的信贷支持,努力开拓这类产品的国际市场,逐步改变我国以劳动密集型产品为主的贸易结构,发挥对外开放对我国产业结构升级的正面作用。另一方面,金融机构要重点支持国内企业从外国引进先进技术,解除技术锁定,促进国内的技术进步。

(七)依据产业升级的要求,构建多政策相结合的配套体系

合理的金融体系是产业升级中非常关键的要素之一。只有在有效的金融体系下,资本才能充分发挥甄别功能,从而实现资本在产业间的转移,促进产业的升级。但是,产业的转型升级是一项复杂的系统工程,其涉及到很多因素,仅仅依靠金融体系是远远不够的。因此,在强化金融供给外生性,构建合理有效的金融体系的同时,还需要依靠产业、财政、土地、环保、自主创新等政策,构建全方位的产业升级配套体系。

第十二章　贷款效率论

第一节　如何观察贷款效率？

　　宁波市作为我国东部沿海城市，经济金融相对发达，金融发展环境优越，银行数量众多，金融创新活跃，这更加有效地增强了贷款资金的投放量。2012 年年末，全辖本外币各项贷款余额 11961.02 亿元，较 1980 年增长 1113.73 倍，增长率是全国平均水平的 4.4 倍。随着贷款规模的快速增长，贷款效率问题成了经济学界研究的重要主题。按新古典经济学派理论，在市场经济机制下，"看不见的手"总是可以实现资源的最优配置，供求会自动达到均衡。然而，由于现实社会中存在信息不对称，加上贷款资源本身稀缺性的特点，借贷双方无法做到完全理性。一方面，政府或监管部门出于对经济增长、增加就业和防范通货膨胀等方面的考虑，会直接或间接地干预贷款资金的流向。另一方面，银行由于自身经营模式或管理能力的限制，其贷款资金也很难实现最优配置。这就导致贷款资金并不能完全根据"逐利性"原则自由流向营利能力强、投入产出效率高的企业或行业，贷款对经济的推动作用大打折扣。2002—2012 年间，宁波市贷款余额增长率为 669.51%，是地区国内生产总值增长率的 1.9 倍，而同期全国贷款余额增长率仅为国内生产总值增长率的 1.15 倍。这说明宁波市贷款增长对经济增长的推动效应并没有完全发挥出来，贷款总体利用效率有待进一步提高。

　　贷款效率是一个综合性指标，从贷款投入与经济增长的关系加以界定。首先是贷款的产出效率,衡量的具体方法为一定的贷款投入所带来多少的经济产出。其次,仅从贷款投入产出的情况来衡量贷款效率显然是不够的。贷款作为一种资源,在各个行业之间如何分配将最终影响贷款对经济发展的作用大小,因为如果高回报行业不能有效吸引贷款资金的流入,贷款同样不能发挥出对经济推动的最大功效。要使整个经济达到最大增长,必须实现贷款在各个行业的最优配置,这就是贷款配置效率。贷款配置效率的提高意味着在贷款总量不发生变动的情况下,贷款资源从低回报行业流向高回报行业,贷款总体边际收益提高,从而推动贷款总体产出效率的提升。其衡量的具体方法是高回报行业是否能有效吸引贷款的流入。

随着宁波地区国民经济的快速发展,贷款余额也呈加速增长态势。2002—2012 年的 10 年间,宁波市贷款余额从 1554.36 亿元增长到 11961.02 亿元,增幅高达 669.51%,高于浙江省平均增幅 92.61 个百分点,高于全国平均增幅 288.21 个百分点。贷款余额年平均增长率为 22.64%。同时,新增贷款呈波动上升趋势。至 2009 年,受全国大幅增加贷款规模等刺激经济增长政策的影响,新增贷款在当年高速增长,达到历史峰值的 1901.13 亿元,此后呈小幅回落趋势。总体来看,新增贷款的增长速度明显低于贷款余额的增长速度(图 12 - 1)。

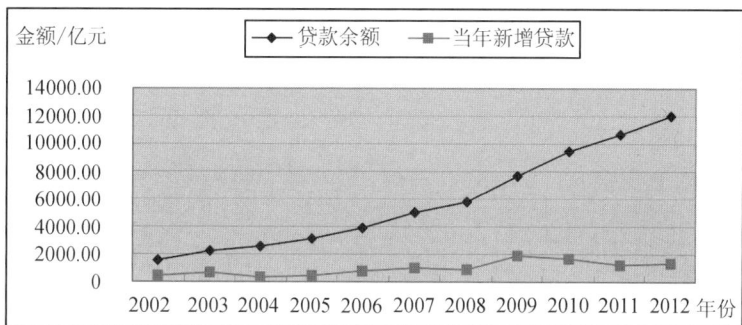

图 12 - 1 宁波市贷款规模变化走势(2002—2012)

从期限结构来看，贷款可分为短期贷款、中长期贷款、融资租赁、票据融资和各项垫款，而短期贷款、中长期贷款是贷款的主要组成部分。2002—2012 年间，宁波市短期贷款与中长期贷款的存量规模均呈逐年递增趋势。短期贷款从 1013.79 亿元增长至 6760.27 亿元，增幅为 566.83%，年平均增长率 20.89%；而长期贷款从 425.65 亿元攀升至 4790.07 亿元，增幅为 1025.35%，年平均增长率为 27.39%，其所占比例也从 27.38% 提高到 40.05%（图 12-2）。可见，近 10 年来，中长期贷款增速明显快于短期贷款增速，反映出宁波市银行业金融机构放贷偏好的转变。

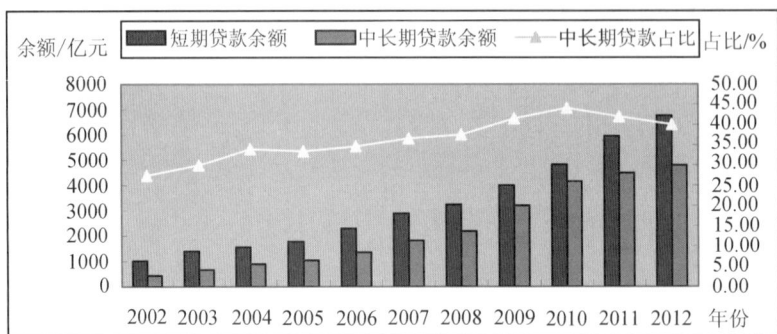

图 12-2　宁波市贷款结构变化走势(2002—2012)

宁波市经济金融发展的一个突出现象是贷款增速远高于 GDP 增速，造成贷款/GDP 值快速上升，其中 2009 年出现大幅跃升，比值从 2008 年的 1.47 上升至 1.83 后持续高位运行。

从纵向比较看，宁波市贷款/GDP 值 2002—2012 年这 10 年来呈明显上升趋势。其中，宁波市 GDP 从 1453.34 亿元增加到 2012 年的 6582.21 亿元，名义增长 352.90%；而同期金融机构本外币贷款余额则增长 669.51%，远高于 GDP 的增速，导致贷款/GDP 值持续上升，从 1.07 上升至 1.82。特别是 2009 年以后，由于贷款投放的大幅增长和经济增长放缓，比值出现快速增长（图 12-3）。

从横向比较看，在与省内其他 5 个相关城市的比较方面，2012 年宁波市的贷款/GDP 值居第 3 位，低于杭州（2.32）和温州（1.92）

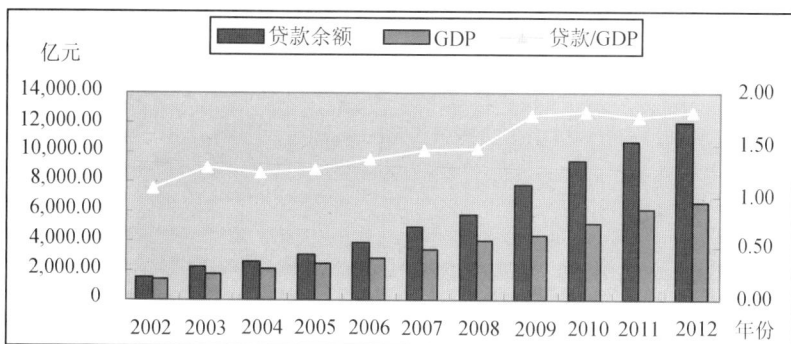

图 12-3　宁波市贷款/GDP 值变化情况(2002—2012)

(表 12-1)。选取其他 4 个计划单列市以及长江三角洲地区的苏州和无锡等 6 个省外城市比较,宁波在 7 个城市中,贷款/GDP 值则最高,比最低的无锡高出 0.76,甚至高于将金融业作为支柱产业、总部型金融机构较多的深圳(表 12-2)。

表 12-1　宁波市贷款/GDP 值与省内部分城市的比较(2012)

地区	本外币贷款余额(亿元)	GDP(亿元)	贷款/GDP 值
杭州	18090.9	7803.9	2.32
温州	7013.0	3650.1	1.92
宁波	11961.0	6524.7	1.82
绍兴	5129.2	3620.1	1.42
台州	3893.2	2927.3	1.33
嘉兴	3670.5	2884.9	1.27

表 12-2　宁波市贷款/GDP 值与省外部分城市的比较(2012)

地区	本外币贷款余额(亿元)	GDP(亿元)	贷款/GDP 值
宁波	11961.0	6524.7	1.82
厦门	5107.4	2817.1	1.81
深圳	21808.3	12950.1	1.68
大连	9111.7	7002.8	1.30
苏州	14877.8	12011.7	1.24
青岛	8632.8	7302.1	1.18
无锡	8024.0	7568.2	1.06

第二节 贷款效率为什么下降？

（一）为定量测算一段时期内宁波市的贷款产出效率,需要对贷款和 GDP 指标进行计量分析

（1）数据选取与指标说明。选取各地区年度国内生产总值 GDP 作为衡量经济增长的指标,选取各地区年末贷款余额作为衡量贷款的指标,样本的时间跨度为 2000—2012 年。为充分比较宁波市与其他地区的贷款产出效率,本书选取了全国和浙江、江苏两省以及与宁波经济、地理位置相近的上海市、杭州市、南京市和与宁波同为计划单列市的深圳市、大连市、青岛市和厦门市,加上宁波市共 11 个地区的年度相关数据。所有变量单位均为"亿元"。同时,为获得经济增长与贷款的线性趋势,并消除时间序列中可能存在的异方差,本书对以上数据序列进行了对数处理。

（2）序列的平稳性检验。从直观上的观察,所有行业的贷款与产值的时间序列都存在整体向上的时间趋势和一定截距,故进行同时包含常数项和趋势项的 ADF 单位根检验。检验结果显示,所有变量均为一阶单整时间序列。

（3）回归分析。以各地区 GDP 与贷款余额的对数序列建立线性回归模型,采用最小二乘法（OLS）估计,并利用 AR 对序列进行相关性修正,得到估计结果如表 12-3 所示。

表 12-3 各地区贷款产出效率系数估计结果（2000—2012）

地区	系数估计值	标准误差	R^2 值	T 值	P 值	排序
全国	0.918160	0.044616	0.982245	4.087233	0.0000	
江苏省	0.848943	0.042744	0.982584	19.86093	0.0000	
浙江省	0.764604	0.029779	0.986523	10.12829	0.0000	

地区	系数估计值	标准误差	R^2 值	T 值	P 值	排序
深圳市	0.983098	0.074515	0.998722	13.19328	0.0000	1
南京市	0.970576	0.063360	0.986825	10.39603	0.0000	2
大连市	0.912781	0.047978	0.990125	19.02487	0.0000	3
上海市	0.889703	0.074790	0.981752	11.89063	0.0000	4
青岛市	0.777126	0.032548	0.994582	23.87657	0.0000	5
杭州市	0.756951	0.069517	0.979821	10.88877	0.0000	6
宁波市	0.716846	0.037187	0.994256	19.27687	0.0000	7
厦门市	0.645981	0.050675	0.994892	12.74818	0.0000	8

所有方程的判定系数 R^2 均十分接近 1，方程的所有系数也在 1% 的置信水平下显著，方程回归效果很好。

（4）E-G 两步法协整检验。由于所有指标均为一阶单整序列，为避免"伪回归"的出现，需进行协整检验。由于各行业贷款产出效率的估计均为双变量模型，故采用恩格乐-葛兰杰检验（E-G 两步法）对上述各地区 GDP 与贷款的对数指标进行线性回归后所生成的残差进行不包含常数项和趋势项的 ADF 单位根检验。检验结果显示，所有的回归残差在 10% 的显著水平上均通过显著性检验，故可以排除"伪回归"现象的发生。

（5）结果分析。方程系数估计值表示贷款产出效率，由于采取的是对数形式，贷款产出效率为贷款余额的 GDP 弹性，即意味着贷款余额每增加 1%，可以促进其 GDP 增长的百分比。回归结果显示，宁波市的贷款产出效率为 0.717，既低于全国平均水平 0.918，也低于江苏省平均水平 0.849 和浙江省平均水平 0.765。在与其他 7 个相近城市的比较中，也仅比厦门市的 0.646 高，排在倒数第 2 位，这再次印证了宁波市贷款的产出效率较低，贷款投入对经济产出的推动作用比较有限的现状。

（二）贷款在各行业间没有得到有效配置是造成宁波市贷款产出效率不佳的重要原因

我们构建计量模型来对宁波市贷款的配置效率进行定量测算，通过分析贷款资金在行业间的具体配置情况来检验贷款产出效率高的行业是否能有效获得贷款支持。

（1）测量方法和理论模型。目前，学界对资本配置效率的主要测度方法一般有3种：一是流动性指标法，即选择具有代表性的表示资本流动性的指标来衡量资本的配置效率。二是生产函数法，即通过生产函数形式，计算出不同用途的资本边际收益，再根据资本边际收益的变化判断资本配置效率的高低。三是托宾Q法，它是通过计算企业的投资预期收益来衡量资本配置效率。

上述3种方法各有利弊，但有一个通病，即都不能直接计算出配置效率的数值，也就无法直观地观察出资本配置效率高低。2000年，美国Jeffrey Wurgler教授从资本对赢利能力的敏感度的角度出发，开创性地采用各工业行业投资对增加值的弹性作为衡量资本配置效率的指标，提出了直接衡量资本配置效率的方法。这种方法的基本思路是资本具有逐利性，若资本根据市场机制的作用流向高收益的领域，并从低收益的领域撤资，则意味着资本配置效率的提高。Jeffrey Wurgler教授创建的模型如下：

$$\ln \frac{L_{i,t}}{L_{i,t-1}} = a + \eta \ln \frac{G_{i,t}}{G_{i,t-1}} + \varepsilon_{i,t}$$

其中，L表示贷款数量；i表示不同行业；t表示时间；a为常数，表示自发资金投入的大小，即不受产值变化影响的资本投入部分；ε为随机扰动项；η为贷款配置效率，它表示不同行业产值的变化对贷款的吸引力度，即产出贷款弹性，值越大，意味着该领域贷款资金投入对收益变化越敏感，资金向高回报领域的投入越高，即贷款的配置效率越高。

Jeffrey Wurgler模型可以通过资金的流量和流向来直接测度

资金配置效率值,而且也可以应用于一段时期的变动趋势动态分析,其结果更加直观和精确,故采用此模型进行效率研究。

（2）数据选取与指标说明。选取各行业产值的对数作为衡量经济增长的指标,选取各行业贷款余额的对数作为衡量贷款投入的指标。

（3）回归分析。首先分析宁波市贷款在各行业间的总体配置效率,基于合并模型,并利用 AR 对序列进行相关性修正,得到估计结果如下:

$$\ln \frac{L_{i,t}}{L_{i,t-1}} = 0.054079 + 0.070260 \ln \frac{G_{i,t}}{G_{i,t-1}} + \varepsilon_{i,t}$$

T 值 　　（2.688860）　　（1.229512）

P 值 　　（0.0076）　　　（0.2200）

检验结果显示,判定系数 $R^2 = 0.164585$,F 值为 1.511699,DW 值为 2.155186。方程拟合优度低,而方程系数的 P 值也只有 0.22,同样没能通过显著性检验,贷款变动与产值变动相关的概率只有 78%,只能认为两者呈现弱相关性。可见,从总体上看,全市经济增长主要还是依靠贷款投放量简单增长的结果,全市贷款配置效率不高。

再分析宁波地区贷款配置效率的动态变化,基于 Pool 面板数据变系数模型对各季度的贷款产出效率进行动态回归,为消除任意序列自相关和误差项时期异方差,在回归估计时使用 White period 方法计算系数协方差。回归结果显示,50% 以上的参数通过了显著性验检。

（4）结果分析。从经济学意义上分析,贷款配置效率的高低与多种因素相关,但总体来看,其变化趋势与宏观经济环境和货币、信贷和产业政策有较密切的关系。

2007 年第二季度到 2009 年第三季度间,宁波市贷款配置效率不理想,经济增长主要是依靠粗放型的贷款绝对投放量的增加来推动。2008年以前，由于宏观经济过热，通货膨胀压力增大，中央采取了大量"适度从紧"的货币政策，仅2007年一年间，中央连续六度加息，一年期存贷款利率分别从2.79%和6.39%增加至4.14%和7.47%。同时，央行10次上调存款准备金率，2008年上半年又连续6次上调，使存款准备金从9.5%增加至17.5%，增幅达85%。从2008年下半年开始，受国际金融危机的影响，实体经济出现疲软，为防止国民经济出现大幅度下滑，我国又采取包括降低存贷款利率，下调存款准备金，取消商业银行信贷约束和扩大贷款投入量等一系列刺激经济增长的措施。可能正是由于这个时期国家对信贷市场的行政干预过多，导致宁波市贷款配置效率下降。

2009年第四季度至2012年第一季度间，宁波市贷款配置状况得到了明显改善，贷款资源的配置优化有效地推动了区域经济的集约型发展。从2009年第四季度开始，一方面，国民经济企稳回升，国家对信贷市场的干预减少，信贷政策保持了较好的持续性和稳定性；另一方面，宁波市金融深化加速推进，各类贷款创新业务密集推行，使得宁波市贷款配置状况出现明显好转。此外，股份制银行和城商行等中小商业银行出现了新一轮网点扩张趋势，村镇银行、小额贷款公司、农村资金互助社等新型农村金融组织也加速成立，使得宁波市信贷市场多层次、多区域的竞争日益加剧，充分的市场竞争也进一步推动了宁波市贷款配置效率的提高。故这段时间内，贷款配置优化对经济的助推作用得到了显著增强。

2012年第二季度起，宁波市贷款配置效率再度出现下降。从2012年开始，受国内外政治经济因素影响，宁波市经济运行遭遇一定困难，全市GDP增速回落，外贸进出口不景气，银行的信用风险、流动性风险增大，银行资产质量下降明显。截至2012年年末，银行业五级分类不良贷款余额为144.65亿元，全年共新增49.93亿元，增幅达52.7%，反弹势头超过2009年。全辖存款波动加大、稳定性下降，辖内银行业机构流动性管理压力上升。

上述分析表明,宁波市总体贷款配置效率并不理想,下面需要进一步测算贷款产出效率不同的各个行业实际获得贷款资金的情况,以便能探析宁波市贷款资金在行业间的流向趋势。

(三)由于贷款产出效率不同所引致的行业间资金流向分析

第一产业:农、林、牧、渔业(以下简称"农业");第二产业:工业(包括制造业)、建筑业;第三产业:交通和运输业(以下简称"交通运输业");批发和零售业(以下简称"批发零售业");住宿和餐饮业(以下简称"住宿餐饮业");金融业;房地产业;其他非营利性服务业(以下简称"非营利性服务业");其他营利性服务业(以下简称"营利性服务业")。

数据选取与指标说明。同样选取行业产值的对数作为衡量经济增长的指标,选取行业贷款余额的对数作为衡量贷款的指标,所有变量单位均为"亿元"。

回归分析。以各行业产值与贷款余额的对数序列建立线性回归模型,采用最小二乘法(OLS)估计,对 DW 值过高或过低的回归方程,利用 AR 对序列进行相关性修正,得到估计结果如表 12 - 4 所示。

表 12 - 4　宁波市各行业贷款产出效率系数估计结果

行业简称	系数估计值	T 值	P 值	R^2 值	排序
住宿餐饮业	1.120137	9.606914	0.0000	0.707112	1
工业	1.005138	10.15829	0.0000	0.804865	2
建筑业	0.829766	8.496245	0.0000	0.621738	3
交通运输业	0.736815	5.761040	0.0000	0.884494	4
房地产业	0.618408	2.660254	0.0140	0.441392	5
批发零售业	0.602836	7.249884	0.0000	0.873152	6
非营利性服务业	0.469270	1.937763	0.0640	0.130584	7
营利性服务业	0.401370	4.674809	0.0001	0.741485	8
金融业	0.121907	6.002732	0.0000	0.488282	9
农业	0.028142	0.078731	0.9379	0.000737	10

回归结果显示,除农业和非营利性服务业外,其余变量均在1%显著水平上通过了 t 检验,而其他非营利性服务业在15%的显著水平上通过了 t 检验,故可以认为其他非营利性服务业的贷款与产值间呈现弱相关性。

再计算2007年第一季度起贷款余额变动情况,反映出宁波市行业的贷款产出效率与其所获得的贷款支持力度并没有良好的匹配关系。贷款产出效率排在前3位的是住宿餐饮业、工业和建筑业,其贷款余额增幅仅分别排在第5、8、6位;而贷款产出效率排在倒数第2、3位的是金融业和营利性服务业,其贷款余额增幅却排在前2位;只有农业的贷款产出效率和贷款余额增幅均为最低。根据各行业的贷款产出效率和贷款余额增幅绘制成"宁波市行业间贷款资金配置效率"(图12-4),以便能更加直观地观察两者间的对应关系。为排除各行业因基数不同而引起的贷款增幅差异过大,图中采用虚拟变量的形式,根据各行业贷款产出效率和贷款余额增幅的排序对虚拟变量进行赋值,排序最高的赋值10,排序最低的赋值1,如住宿餐饮业的贷款产出效率为10,贷款余额增幅为6。

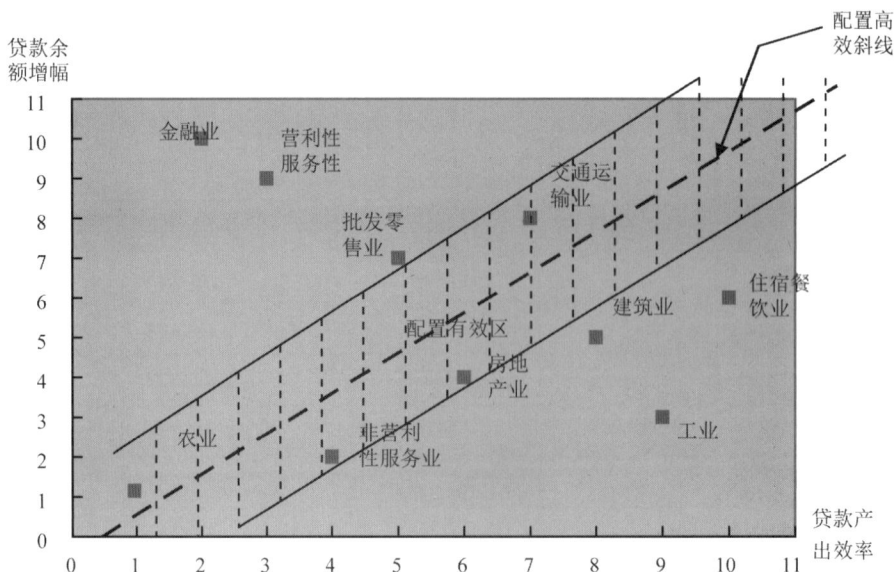

图12-4　宁波市行业间贷款资金配置效率

图 12-4 中横轴代表行业的贷款产出效率,可表示贷款投入后的产出收益率;纵轴代表行业的贷款余额增幅,可表示获得贷款资金的支持力度。显然,"配置高效斜线"代表行业的贷款产出效率与贷款增幅完全吻合,贷款资金配置最有效。而"配置有效区"代表行业的贷款产出效率与贷款增幅大体吻合,贷款资金配置基本有效。而在其余区域,则代表了贷款产出效率高的行业不能获得更多的贷款资金支持,或者贷款产出效率低的行业获得了过多的贷款资金支持。也就是说,其余区域的行业的贷款资金配置不理想。从图中可以清楚地看到,在配置最有效的"配置高效斜线"上,只有农业一个行业,而在配置相对有效的"配置有效区"内,也只有交通运输业、批发零售业、房地产业和非营利性服务业4个行业。其他5个行业均落在其余区域,即根据其贷款产出效率,它们所获得的贷款资金过多或过少。

经过多年的经济发展,宁波市已形成了以纺织服装、机械基础件、家用电器、模具、文具、轻工等为主的制造业,以及住宿餐饮业、建筑业等优势传统产业集群,这些行业虽然产品技术含量较低,市场竞争充分,但发展时间长,市场基础雄厚,专业化程度高,而且贷款主要用于企业的流动资金,投入产出周期短,故其贷款产出效率也较高。住宿餐饮业的贷款产出效率最高,达到 1.12,即意味住宿餐饮业的贷款余额每增加 1%,可以促进其产值增长 1.12%;产出效率紧随其后的是工业的 1.01 和建筑业的 0.83。但由于这些行业以中小微企业为主,缺乏有效抵押品,贷款风险较高,所以并没有得到银行充足的贷款资金支持,其贷款余额增幅较小。

交通运输业一直是宁波的一个支柱性行业,近年来,宁波市综合交通运输网络发展较快,启动或完成了杭州湾跨海大桥、象山港跨海大桥、甬台温铁路、杭甬运河、绕城高速公路等一大批项目,初步形成以港口、市区为中心,以铁路、高速公路、国省道主干线为骨架,海、陆、空多种运输方式协调发展的综合交通运输网络。2012

年,港口货物吞吐量 45303 万吨,集装箱吞吐量 1567 万标箱,公路总里程已达到 10661 千米,其中高速公路 463 千米。因此,交通运输业的贷款产出效率较高,贷款资金支持力度也较强。但在现代物流业方面,宁波市物流企业提供的物流服务层次比较低,一般仅能提供某项或某几项单环节物流活动,且整体上企业规模较小,从业人数有限,对仓储的运作设备和信息技术方面的投资相对缺乏,对各种资源的整合能力不足,故现代物流业发展相对滞后,制约了宁波交通运输业贷款产出效率的进一步提高。

房地产业和批发零售业的产出效率并不是十分理想,0.618 和 0.603 的贷款产出效率值分别排在第 5、6 位,其贷款增速分别排在第 7 位和第 4 位。房地产行业是一个高投入高产出的行业,随着近年来国家对房地产行业的宏观调控力度不断增大,导致其贷款增速和产值增速双双下降。批发零售业虽然在第三产业的各行业中,无论是企业数量、从业人数,还是贷款投入和产值,都占绝对优势,但行业竞争主体过多,多数企业规模过小,经营设施、运行效率、人才素质、管理水平等综合实力不强,其产品普遍为低档次、低附加值、以模仿为主的消费品,而高档次、高技术、自主创新的投资品较少,从而难以建立自己的核心竞争力与品牌优势,实现规模经济效益。同时,信息网络缺乏、现代物流业发展相对滞后也进一步制约了宁波批发零售业的发展壮大。

非营利性服务业和营利性服务业的贷款产出效率相对较低,分别为 0.469 和 0.401。非营利性服务业主要包含的科学研究、水利、环境、公共设施管理业、卫生和教育等均属于政策保障性行业,这些公益性行业关系国计民生和社会稳定,本身并不以营利为目的,贷款回报的要求低。同时,其贷款余额增幅也较小,主要是保障基础性发展的贷款资金投入。而营利性服务业主要包括信息软件服务业、租赁和商务服务业以及文化与娱乐业等,这些行业一般属于资金密集型或技术密集型行业,宁波私营经济占比高,企业规模小,原

材料、粗加工和初级产品比重大,高科技含量、高附加值、最终产品过少,对在研发、人才、品牌等方面投入不足,导致电子信息、软件、现代生物、新材料、高效节能及新型环保等高新技术产业发展相对滞后,贷款投入后对行业经济产出的正向作用并不明显,贷款产出效率较低。同时,营利性服务业中的租赁业存在不少政府投融资平台公司,2010年年底宁波市银监局统计的全市309家政府投融资平台企业中,租赁业有78家,占比25.2%,而政府性贷款较多用于基础设施投资。基础设施建成后一般不具有再生产能力,因此,这些政府性贷款对GDP产出的乘数效应较小。然而,政府性贷款又多带有行政色彩,并非完全依靠市场手段主导,贷款不是完全根据"逐利性"原则流向产出高的区域或企业,故虽然营利性服务业贷款产出效率较低,但贷款余额增长却很快。

金融业(仅指小额贷款公司、担保公司、典当行等非银行金融企业)是除农业外贷款产出效率最低的行业,只有0.122。分析原因,一是对于小额贷款公司、担保公司、典当行等非银行金融企业来说,主要是依靠自有资金进行经营,其贷款绝对量很小,故贷款对于产出的作用十分有限。二是近年来,各类非银行金融企业迅猛发展,社会对非银行金融企业的巨大发展潜力的预期助推了贷款资金的流入,加之宁波市金融业贷款本身的绝对量很小,致使近年来其贷款增长速度过快。但这些非银行金融企业的金融创新能力和风险防范能力却没有跟上贷款投入的步伐,其营利能力比较有限,导致贷款投入很难及时有效转化为产值产出。

农业的贷款产出效率最低,且回归结果没有通过 t 检验。这说明近年来,宁波市农业贷款投入对产值产出的推动作用十分有限。探其可能的原因,一是由于采用的是季度数据,而农业产值的季节性因素影响过大,使其回归估计中表现为不显著。二是宁波市农业目前劳动生产率仍然较低、品种单一、品质不高、受自然条件影响大、生产不稳定,使贷款对其产值的推动作用不显著。三是农业生产的风险和不确定性较大，信息不对称现象较为严重，使贷款流向与涉农企业的经济效益发生了偏离。四是由于农业在国民经济中的基础性作用，其政策性贷款、专项性贷款占比较高，这些贷款主要是为保障基础农业的发展，回报率要求并不高；另一方面，农业贷款的增幅也最小，反映出"三农"贷款资金支持力度还有待进一步提高。

第三节　有哪些因素影响了贷款配置效率？

宁波市贷款配置效率不佳影响了贷款产出效率的提高，那么，又有哪些因素影响了贷款配置效率？

（一）理论假设

假设 1：金融产权制度完善有利于贷款配置效率提高。

功能主义者认为，银行贷款配置效率是所有权安排的函数。关于贷款资金配置效率中的所有权效应问题，存在两种对立的理论观点。发展观点的基本思想是，国有银行是克服市场失灵的有效制度安排，它可提高贷款资金的配置效率。而政治观点认为，国有银行导致贷款配置的政治化，降低了贷款资金配置效率。新自由主义、金融发展理论、金融深化和新金融发展理论等大都支持政治观点。从现实上来看，20 世纪 80 年代以来，一些发展中国家开始金融深化和金融自由化改革，发达国家也放松了对银行的国家控制，金融自由化在一定程度上促进了资本流向具有较高边际预期收益的项目。

根据政治观点和实践经验，假设银行产权制度的完善对贷款配置效率的提高能起到积极的正向推动作用。

假设 2：货币政策对贷款配置效率产生影响。

根据凯恩斯观点，当经济过热时期，央行一般会采用紧缩性的货币政策，提高利率及存款准备金率，控制贷款规模。在银行方面，

由于贷款规模受限,放贷会更加谨慎和理性,这将有利于配置效率的提升。但在企业方面,由于经济高涨,投资热升温,企业为了获取贷款,可能会采取各种非正常手段"寻贷"。逆向选择与道德风险将上升,这又不利于贷款的有效配置;当经济萧条时期,央行往往采用扩张性的政策刺激经济。一方面,萧条的经济形势会使银行惜贷,这会促进贷款的有效配置,但银行为完成贷款指标,可能会放松对贷款的风险防范;另一方面,经济不景气增加企业的违约风险,贷款质量可能下降,这又不利于贷款最有效的配置。因此,货币政策对贷款配置效率的影响还要取决于市场信息的完善程度、政府政策偏好以及银行的风险控制能力。

假设3:商业银行经营方式对贷款配置效率产生影响。

首先,是商业银行规模发展方式,一些银行因为资金和门槛限制,采取小规模的专业发展策略,但更多的银行为在同业竞争中占据主动,采取了积极的规模扩张策略。银行规模扩大,有利于技术水平进步,增加信息渠道,分散经营风险,从而提高贷款配置效率,但规模过大,又容易产生内部资源浪费,增加管理成本,甚至滋生腐败,这又容易造成资源配置不当。其次,是银行的风险偏好,高收益高风险偏好的银行可能更容易将贷款投向新兴、高科技行业领域,可以使高回报率的企业获得更多的贷款资金,贷款配置效率将会提升,但因此也可能产生更多的不良贷款。第三,是银行的贷款限期结构,不同限期结构的贷款主要投向的领域不同,其政府的干预程度也会不一样,这对贷款的配置效率也会产生一定的影响。

根据上述分析,本文假设银行规模适度、风险控制能力强,中长期贷款占比高将有利于贷款配置效率的提高。

假设4:放松金融市场管制有利于贷款配置效率提高。

和金融产权制度完善一样,金融市场管制的放开也是金融自由化的结果之一。管制的放开意味着金融约束减少,对贷款资金流动的主导权从政府"看得见的手"转移给市场"看不见的手",贷款可以根据市场需求和"逐利性"原则自由流动。我国对金融市场的管制主要体现在：一是对利率的控制，二是对市场准入的控制。从 20 世纪 90 年代后期开始，央行正式启动了中国利率市场化改革，其中，对贷款利率控制从 1998 年扩大贷款利率浮动幅度到 2004 年取消贷款利率上限再到取消贷款利率上限，实现了完全市场化。而在市场准入方面，我国从 20 世纪 70 年代末期开始逐步放开对外资银行的市场准入限制。2006 年 12 月，国务院和银监会分别颁布了《中华人民共和国外资银行管理条例》和《中华人民共和国外资银行管理条例实施细则》，取消了所有对外资银行所有权经营权设立形式的限制，允许外资银行向中国客户提供人民币业务服务，给予外资银行基本国民待遇。

同样根据政治观点，本文假设对金融市场管制的放松将有助于提高贷款配置效率。

假设 5：融资结构的优化有利于贷款配置效率提高。

金融结构论者认为良好的直接融资和间接融资比例有助于提高储蓄投资的转化率和货币政策的传递效率，有效降低信息中介成本，从而使资本真正配置到具有成长潜力的行业中去。其主要原因在于：一是直接融资市场通过其独特的资金聚集机制，为区域内的支柱产业、新兴产业注入新的生产要素，扶持瓶颈产业部门，促进产业结构的优化。优势产业因为在资本市场获得的资源而迅速壮大，从而也吸引贷款资源向其倾斜配置。二是金融结构的发展会引起银行、证券公司等金融中介的竞争加强，这会激发银行的赢利欲望，激励银行将贷款配置到高盈利的行业中去。

综上所述，本文假设融资结构中直接融资比例上升将有助于贷款配置效率的提高。

（二）实证分析

（1）数据选取与指标说明。金融产权制度方面，主要指标应是银行中国有股权所占的比重，但宁波市商业银行大部分不是法人银

行,国有股权的占比数据无法取得。考虑到目前银行中的"三大政策性银行"(国家开发银行、进出口银行和农业发展银行)以及"四大国有银行"(工商银行、农业银行、中国银行和建设银行)国有股权比重占绝对优势地位,而其他股份制商业银行和城商行以及村镇银行等中小银行国有股比例相对较低或已经全部退出,故选用国有股权比重高的 7 家银行贷款占比作为衡量金融产权制度的近似替代指标,记作 X_1。

货币政策方面,选取一年期贷款基准利率(以下简称"贷款利率")、法定存款准备金率(以下简称"存款准备金率")以及贷款利率和存款准备金率调整的总次数作为衡量指标,分别记作 X_2,X_3,X_4。如果贷款利率和存款准备金率在一个季度中间发生调整,本书将以实际天数为权重采取加权平均的方法计算出该季度的平均数值。此外,从 2008 年 9 月 25 日起,央行再次实行差别存款准备金率制度,为简化统计,本书以大型金融机构与中小型金融机构的存款准备金率的算数平均值代替平均存款准备金率。

商业银行经营方式方面,选取全市银行业金融机构资产规模和营业网点数作为衡量其规模的指标,分别记作 X_5 和 X_6;以不良贷款率作为衡量其风险控制能力指标,记作 X_7;以中长期贷款余额占比作为贷款结构指标,记作 X_8。

在市场管制方面,以外资银行贷款占比作为衡量市场准入指标,记作 X_9。选取虚拟变量 X_{10} 表示利率市场化程度,并根据央行对贷款利率管制放松政策的实行时间为该变量赋值。

在融资结构方面,选取直接融资额(包括企业债券融资额加上非金融企业境内股票融资额)对社会融资规模占比作为衡量直接融资比例的指标,记作 X_{11}。

(2)序列的平稳性检验。首先对所有指标的时间序列 ADF 单位根检验,结果见表 12 - 5。

表 12 - 5　各变量 ADF 单位根检验结果

变量	t 统计量	1%临界值	5%临界值	10%临界值	滞后阶数
η	-6.168246^{***}	-3.711457	-2.981038	-2.629906	0
X_1	-4.440254^{***}	-3.724070	-2.986225	-2.632604	0
X_2	-2.74404^{*}	-3.724070	-2.986225	-2.632604	0
X_3	-3.821083^{***}	-4.374307	-3.603202	-3.238054	0
X_4	-3.94977^{***}	-4.356068	-3.595026	-3.233456	0
X_5	-5.326829^{***}	-4.394909	-3.612199	-3.243079	1
X_6	-5.478847^{***}	-4.374307	-3.603202	-3.238054	1
X_7	-3.625327^{***}	-4.374307	-3.603202	-3.238054	1
X_8	-3.726268^{***}	-4.394309	-3.612199	-3.243079	1
X_9	-5.177896^{***}	-4.394909	-3.612199	-3.243079	1
X_{10}	-4.305435^{***}	-4.3943909	-3.612199	-2.243079	1
X_{11}	-3.095416^{***}	-3.724070	-2.986225	-2.632604	0

注：符号 $*$、$**$、$***$ 分别表示在 10%、5%、1%的水平下显著。

从检验结果来看，配置效率 η 与 X_1，X_2，X_3，X_4，X_{11} 在 1% 或 5% 或 10% 的显著性水平上不存在单位根，可以认为这 6 个变量为平稳时间序列，其余 6 个变量为非平稳的时间序列。再进一步对差分序列进行检验，发现这 6 个变量均为一阶单整时间序列。

（3）分项式分布滞后模型分析。考虑到需要估计的自变量过多，而时间样本数较少，且由于是季度数据，各影响因素对贷款配置效率的影响很可能存在一定的时间滞后，因此本书将建立阿尔蒙多项式分布滞后模型对各因素对贷款配置效率的影响程度进行估计。该模型最主要的问题是确定模型的滞后长度和多项式次数，通过试错法对不同滞后长度和多项式次数的多个模型进行估计，并通过方程判定系数 R^2 以及 AIC 准则和 SC 准则对这些模型进行比较，从而确定最终合适的模型。由于变量 X_5—X_{10} 为一阶单整时间序列，故取一阶差分进行估计，结果见表 12 - 6。

表 12 - 6 各变量最优多项式分布滞后模式估计结果

变量	模型滞后长度	多项式次数	R^2	AIC 准则	SC 准则
X_1	2	1	0.189528	0.992657	1.188999
X_2	4	2	0.544717	0.753898	1.001862
X_3	4	2	0.196601	1.327232	1.575196
X_4	3	2	0.457619	0.742401	0.968743
$D(X_5)$	4	2	0.355422	1.174801	1.423497
$D(X_6)$	4	1	0.171801	1.330283	1.529239
$D(X_7)$	4	3	0.203533	1.481691	4.680126
$D(X_8)$	3	2	0.369628	1.024952	1.271823
$D(X_9)$	4	3	0.106707	1.524204	1.684579
$D(X_{10})$	4	2	0.264577	1.257851	1.452156
X_{11}	2	2	0.381456	1.245723	1.387915

注：$D(X)$ 表示变量 X 的一阶差分。

根据确定的各变量最优多项式分布滞后模式，进行无约束限制的模型估计，结果见图 12 - 5 至图 12 - 15。

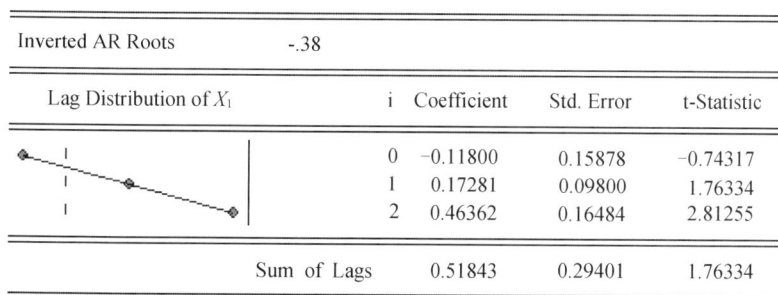

Inverted AR Roots		-.38			
Lag Distribution of X_1		i	Coefficient	Std. Error	t-Statistic
		0	−0.11800	0.15878	−0.74317
		1	0.17281	0.09800	1.76334
		2	0.46362	0.16484	2.81255
	Sum of Lags		0.51843	0.29401	1.76334

图 12 - 5 X_1 与配置效率 η 建立多项式分布滞后模型估计结果

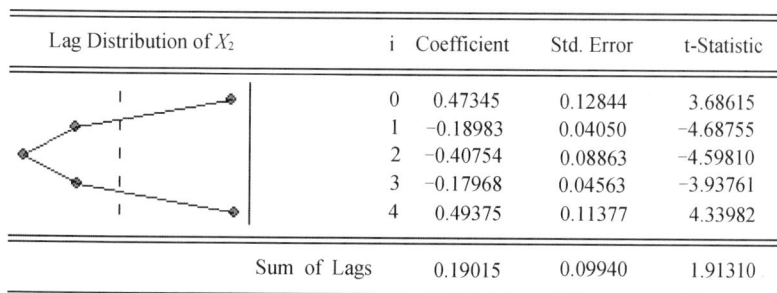

Lag Distribution of X_2		i	Coefficient	Std. Error	t-Statistic
		0	0.47345	0.12844	3.68615
		1	−0.18983	0.04050	−4.68755
		2	−0.40754	0.08863	−4.59810
		3	−0.17968	0.04563	−3.93761
		4	0.49375	0.11377	4.33982
	Sum of Lags		0.19015	0.09940	1.91310

图 12 - 6 X_2 与配置效率 η 建立多项式分布滞后模型估计结果

Lag Distribution of X_3	i	Coefficient	Std. Error	t-Statistic
	0	0.04545	0.05975	0.76067
	1	−0.04269	0.02522	−1.69256
	2	−0.06531	0.04624	−1.41253
	3	−0.02241	0.02637	−0.84989
	4	0.08601	0.05111	1.68276
Sum of Lags		0.00103	0.04094	0.02528

图 12 - 7　X_3 与配置效率 η 建立多项式分布滞后模型估计结果

Lag Distribution of X_4	i	Coefficient	Std. Error	t-Statistic
	0	0.03229	0.03714	0.86945
	1	−0.09042	0.02477	−3.65029
	2	−0.05958	0.02494	−2.38893
	3	0.12479	0.03612	3.45523
Sum of Lags		0.00708	0.05581	0.12682

图 12 - 8　X_4 与配置效率 η 建立多项式分布滞后模型估计结果

Lag Distribution of $D(X_5)$	i	Coefficient	Std. Error	t-Statistic
	0	−1.1E-05	4.0E-06	−2.82090
	1	−6.5E-06	2.6E-06	−2.51721
	2	−2.6E-06	2.0E-06	−1.30895
	3	8.0E-08	1.2E-06	0.06665
	4	1.7E-06	9.6E-07	1.78192
Sum of Lags		−1.9E-05	8.0E-06	−2.32056

图 12 - 9　$D(X_5)$ 与配置效率 η 建立多项式分布滞后模型估计结果

Lag Distribution of $D(X_6)$	i	Coefficient	Std. Error	t-Statistic
	0	−0.00300	0.00214	−1.39806
	1	−0.00261	0.00170	−1.53587
	2	−0.00223	0.00146	−1.51922
	3	−0.00184	0.00154	−1.19758
	4	−0.00146	0.00188	−0.77389
Sum of Lags		−0.01113	0.00732	−1.51922

图 12 - 10　$D(X_6)$ 与配置效率 η 建立多项式分布滞后模型估计结果

Lag Distribution of $D(X_7)$	i	Coefficient	Std. Error	t-Statistic
	0	0.62868	1.12661	0.55803
	1	−0.61257	0.98368	−0.62273
	2	−0.88122	0.65681	−1.34166
	3	−0.16896	0.97001	−0.17419
	4	1.53253	1.02380	1.49691
Sum of Lags		0.49845	1.25819	0.39617

图 12 - 11　$D(X_7)$ 与配置效率 η 建立多项式分布滞后模型估计结果

Lag Distribution of $D(X_8)$	i	Coefficient	Std. Error	t-Statistic
	0	34.5166	13.2221	2.61052
	1	−36.5444	15.2316	−2.39924
	2	8.60613	10.1447	0.84834
	3	2.70363	9.75431	0.27717
Sum of Lags		9.28197	13.0311	0.71229

图 12-12 $D(X_8)$ 与配置效率 η 建立多项式分布滞后模型估计结果

Lag Distribution of $D(X_9)$	i	Coefficient	Std. Error	t-Statistic
	0	0.56950	2.65233	0.21472
	1	1.57977	2.51175	0.62895
	2	1.67190	2.30162	0.72640
	3	1.20178	2.56574	0.46840
	4	0.52529	2.75075	0.19096
Sum of Lags		5.54824	8.89239	0.62393

图 12-13 $D(X_9)$ 与配置效率 η 建立多项式分布滞后模型估计结果

Lag Distribution of $D(X_{10})$	i	Coefficient	Std. Error	t-Statistic
	0	1.06404	0.45507	2.33819
	1	0.32146	0.29663	1.08371
	2	0.01250	0.32317	0.03866
	3	0.13714	0.30403	0.45107
	4	0.69540	0.47966	1.44975
Sum of Lags		2.23053	1.34514	1.65822

图 12-14 $D(X_{10})$ 与配置效率 η 建立多项式分布滞后模型估计结果

Lag Distribution of X_{11}	i	Coefficient	Std. Error	t-Statistic
	0	0.01314	0.00998	1.31763
	1	0.00668	0.01017	0.65703
	2	0.00156	0.01059	0.14715
Sum of Lags		0.02138	0.01629	1.31218

图 12-15 X_{11} 与配置效率 η 建立多项式分布滞后模型估计结果

（4）结果分析。根据以上多项式分布滞后模型的估计结果，国有银行贷款占比 X_1 对贷款配置效率在当期和滞后两期的影响方向相反。从系数来看，在当期国有银行贷款占比提高 1 个单位，贷款配置效率将会下降 0.118 个单位，但系数估计值并没有通过显著性检验。在接下来的第 2 期和第 3 期，贷款配置效率上升至 0.173 和 0.464 个单位，而且系数估计值的 T 统计量分别通过了显著性检验。所以综合来看，指标 X_1 与贷款配置效率正相关，即可以认为，国有股产权占比越高，贷款配置效率越高，这与我们假设 1 不相符合。分析原因：一是 3 家政策性银行贷款占比过小，对效率的影响主要还是取决于工商银行、农业银行、中国银行、建设银行四大银行的贷款，而宁波市四大银行对贷款资金的分配是比较合理的。二是在市场信息和渠道尚不完全的前提下，信息不对称会影响贷款配置效率，而"国有银行"贷款占比越大，反而使银行间资源共享这种外部经济发生的可能性增大。三是由于采用了国有银行的贷款余额作为替代指标，可能并不能完全反映国有股产权占比的作用和效果。

贷款利率 X_2 对贷款配置效率的影响当期为正，滞后的第 1—3 期又出现了负面影响，滞后的第 4 期又呈正向作用，所有各期的系统估计值均通过了显著性验检。反映出贷款利率的提高对于宁波市贷款配置状况改善作用方向是先正后负再正，波动性较大。而存款准备金率 X_3 对贷款配置效率的影响效应与贷款利率十分相似，当期为正，接下来的 3 期为负，第 5 期又为正，但只有在滞后第 1 期、第 2 期和第 4 期时与贷款配置效率呈现一定的相关性。结果与假设 2 中货币政策对贷款配置效率的影响要取决当时宏观经济和市场的多方面外生因素的假设相符。从两个模型系数估计值的总数均为正可以看出，近年来贷款利率和存款准备率调整有助于宁波市贷款配置的优化，而且利率变化的影响作用更为显著。

利率和存款准备率调整总次数 X_4 与贷款配置效率的影响是当期为正，滞后第 1—2 期为负，滞后第 3 期转为正，但当期的系数估计值没有通过显著性检验。说明宏观货币政策的频繁调整，在短期内会降低贷款配置效率，但经过一定时滞期后，又会提高贷款配置效率。原因可能是货币政策变动一开始会对银行投放贷款产生一定的制约作用，为应对货币政策的调整，银行不得不改变经营策略，贷

款配置效率下降。但经过一定时间的适应后,银行会根据新的货币政策调整贷款结构,反而有助于贷款配置的优化。

银行资产规模 X_5 的变动在当期和滞后第 1、2 期均对贷款配置效率产生负效果,滞后第 3 期和第 4 期转为正效果,但滞后第 3 期系数估计值没有通过显著性检验,说明银行资产规模的增加在短期内是不利于贷款配置优化的。而营业网点数 X_6 的增长在全部 5 期内均不利于银行贷款配置优化,而且当期和滞后的前 3 期 X_6 的变动与贷款配置效率呈现弱相关性,即在 15% 的显著水平下通过了检验,说明由于营业网点数增加会造成贷款配置效率下降。原因是如果银行业金融机构规模过度扩张,网点布局不尽合理,反而会造成要素内部流动受阻,信息传递不畅,内部管理成本上升,资源配置不当,进而不利于贷款配置效率的提高。因此,银行采取精简机构和合理扩张的策略,会在一定程度上提高贷款配置效率。

不良贷款率 X_7 指标的变动在当期和之后的 4 期的系数估计值均没有通过显著性检验,说明目前宁波银行业不良贷款率与贷款配置效率之间没有直接相关关系。但仅从系数来看,总体正面效果大于负面效果,即银行为了提高贷款配置效率以获得更高的回报,要以不良贷款率升高为代价,这与假设 3 基本相符。作为银行经营的"三性"原则,赢利性、流动性和安全性历来存在相互冲突的关系,如何能更好地找到兼顾"三性"的平稳点,是目前银行需要努力探索的重要问题。

中长期贷款占比指标 X_8 的提高对贷款配置效率的影响,在当期和滞后第 1 期一正一负,且效果大小十分相近,此后效果弱化,显著性也迅速下降。故从总体来看,中长期贷款变动对贷款配置效率的影响主要取决于其他因素。分析原因,一方面,中长期贷款涉及金额较大,时间较长,银行对其投放比较慎重。另一方面,中长期贷款政府干预较多,在市场化程度尚不完善的情况下,又会导致贷款流向与赢利性原则相违背。

外资银行贷款占比指标 X_9 的变动对贷款配置效率的影响虽然在各期均为正,但系数都没有通过显著性检验,说明目前两者间没有相关关系。这与假设 4 不相符。分析可能的原因,虽然近年来,宁波外资银行贷款占比持续增长,但其绝对量依然很小,最高时也不到全市贷款总余额的 0.0035%。过小的市场份额,一是不能对宁波市贷款市场的配置状况起到显著作用;二是无法通过增加竞争压力迫使内资银行改进经营策略,优化贷款配置。

放松利率管制指标 X_{10} 的变动在当期和之后的 4 期,其系数均为正,当期的估计值在 5% 的显著水平上通过了显著性检验,滞后第 4 期的估计值在 15% 的显著水平上也能通过显著性检验。可见,利率管制的放松的确有利于贷款配置效率的提高,这与假设 4 吻合,其他 3 期系数估计值没有通过显著性检验,主要是虚拟变量 X_{10} 的值在考察时间内变动频率过小,故相关性效果还不是特别明显。

直接融资额占比指标 X_{11} 在各期,以及总的影响系数均为正,但所有系数估计值均没有通过显著性检验。只是当期系数与总体系数在 20% 显著水平上能通过显著性检验,这说明两者之间还是存在一定的弱正相关性。即股票、债券市场的发展壮大对提高贷款配置效率能起到一定的促进作用,但效果并不明显。这反映出宁波市目前直接融资市场发育还不够完善,规模较小,机制不健全,资本市场的发展变化无法通过企业和银行传导至信贷市场。

第四节 如何提高贷款效率?

(一) 规模适度增长,调整考核体系,注重协调发展

银行规模过大或过小都会在一定程度上制约贷款配置效率的提高。近年来,宁波市部分银行因规模扩张过快和网点布局不科学,一定程度上造成了贷款资源配置的不尽合理。因此,各银行要

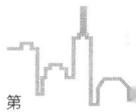

根据自身现有的规模和条件,科学合理地规划发展。对于规模较大的银行,如国家开发银行、四大国有银行、宁波银行等,应适当控制规模增速,进一步调整机构布局,整合、压缩、撤销一些区域重叠和效率低下的营业网点,高度认识集约经营与规模经济的关系,转变"市场占有份额至上"的经营理念,摒弃单纯通过增加网点数量和员工人数来获得存、贷款规模增长的粗放型经营模式,建立以提高净资产收益率等经济效率指标为核心的经营目标体系。对于像宁波银行这样规模较大的独立法人资格银行,在异地开设分支机构时,可以考虑在政策环境允许的情况下,选择理想的地区,与当地新兴的小型城市商业银行或农村商业银行进行并购重组,这样既可以有效分摊成本,又能迅速融入当地金融环境,突破发展初期瓶颈,实现规模经济效应。

对于规模中等的银行,如浦发银行、中信银行、光大银行、兴业银行等,应保持适当的规模增速,但又不能过快。可以有效利用自身资金实力雄厚,人才队伍素质较高,金融创新能力、业务拓展能力和风险管理能力较强的特点,大力推进多元化的混业经营策略,有效扩大中间业务范围,加强跨行业合作,不断寻求银证、银保合作的新途径,通过业务的多元化来实现效益的提升。

对于规模较小的银行,如广发银行、深发展银行以及大部分城市商业银行和外资银行,应保持相对较快的网点增速,但要注意规避进入金融服务已经饱和或金融消费选择对象已经固化的区域,将有限的资源集中用于具有潜在赢利区域的新网点建设上,提高机构覆盖面,实现资源的有效配置。在经营方式上,应注重技术更新,加强对外宣传,树立企业形象,扩大品牌影响力,拓宽客户基础,为实现贷款配置优化创造有利条件。

此外,2012年年末,宁波市保证金存款占比达11.9%,说明目前部分银行为追求存贷款考核指标而通过将部分已发放的贷款转为定期存款或保证金存款的方式将贷款停留在金融体系内空转,从而使贷款在账面上虚增，并没有投放到实体企业中去。因此，监管部门应督促银行尽快调整"存贷款规模至上"的考核体系，同时要加强对银行相关业务的检查和处罚，严格限制存贷款的虚增行为。当然，随着我国利率市场化改革的不断推进，银行也将逐步失去虚增存贷款指标的主观意愿。

（二）发展优质农业，完善农业保障，优化信贷环境

近年来，宁波市农业的贷款产出效率较低，贷款投入后没有带来有效的产出，但农业在国民经济中的基础地位又决定了必须投入充足的贷款以保证其健康发展。故解决问题的关键在于发展优质高效农业，逐渐完善农业贷款与经济增长的互动机制。因此，要大力发挥政策扶持导向作用，充分发挥宁波市海洋渔业优势，研发和推广科技含量高、高附加值和高综合收益的农业生产项目，提高农业经济效益。

同时，要加快农业保障体系建设，为农业发展提供良好信贷环境。银行对农业提供贷款比较谨慎，主要原因有三方面：一是农业生产本身不确定性较高；二是农村居民自身的人身、财产安全保障性较弱；三是农村地区信息不对称性更高。所以，应加快农业保险保障体系建设。一是要加快以政府财政性资金投入或补贴为基础的政策性农业保险公司或经营政策性农业保险业务的商业保险机构建设，并通过财政投入、税收优惠、完善立法等多种措施鼓励大型农业龙头公司和农业协会创办农业担保公司，促进农业信用担保机构的发展与壮大，为农业生产提供风险保障。二是要建立适合农村土壤的互助保险组织。2011年9月，由宁波慈溪市龙山镇政府财政及农村集体经济组织共同投入营运资金建立的慈溪市龙山镇伏龙农村保险互助社正式开业，成为我国首家农村保险互助社，其业务范围是短期健康医疗保险、意外伤害保险和家庭财产保险。可以此为契机，进一步加强和推广农村保险互助社的建设。三是要继续加强宁波农村信用体系建设。2009年，宁波率先在象山县开展农村信

用体系建设试点。下一步,要加快完善农户信用档案数据库,争取尽快实现农户信用记录的全覆盖;加强对信息采集和评定工作的管理与指导,不断提高信息采集质量,推广余姚市"道德银行"信贷模式和象山县"文明诚信家庭"信用贷款模式,不断增强农户及涉农企业的信用意识。

最后,要完善农业信贷组织体系。一是进一步深化农信社改革,打破区域限制,允许和鼓励有条件的农信社开展对外投资活动,加快推进农业生产集中度高、农村经济发达地区的农信社由合作制向股份制的改革,逐步取消资格股,实现股权结构的相对集中,消除"内部人"控制问题;二是稳步扩展农业发展银行的业务范围,增强商业化经营,逐步实现政策性经营与商业性经营的有效结合;三是进一步转变农业银行经营管理体制和机制,探索适应县域经济特点的服务新模式,加强农业贷款产品创新;四是加快培育村镇银行、小额贷款公司、农村资金互助社等新型农村金融机构,进一步拓宽农业贷款渠道,满足农业发展多样化、多层次的金融需求。

(三)加强信贷引导,防范金融风险,保持政策稳定

加强政策引导,提高贷款配置效率。人民银行应发挥窗口指导作用,利用再贴现、再贷款等政策工具,引导金融机构加大对贷款产出效率高而贷款投入相对不足的行业(如住宿餐饮业、工业、建筑业)的贷款投入。特别是要引导银行用长远的战略性眼光来看待一些成长性好、发展潜力大,但生产周期较长、投入产出见效较慢的高新技术型企业或产业项目的贷款需求。市政府可以通过对一些具有巨大发展前景的行业或区域给予资金投入、税收和创新等方面的支持,以引导贷款资金在这些地方的配置。监管部门应适当降低新设银行的准入门槛,允许和鼓励民营银行和外资银行的设立;同时,进一步规范银行经营行为,营造公平的市场竞争环境,不断增加宁波市银行业的良性竞争程度,以外部竞争压力促使商业银行努力提高贷款配置效率。

注重金融风险的防范，维护区域金融稳定。监管部门应注重贷款运行监测和综合分析，特别是要加强对流向异地和民间借贷市场的贷款的跟踪监测，及时了解贷款资金的流向和对本地经济的支持情况，以便能针对性地出台措施防范政策调整风险、贷款集中风险和短期流动性风险。人民银行和银监局要建立良好的金融监管协调机制，健全金融信息共享平台，完备金融监管合作、协调框架，规范和明确监管协调行为。

正确处理好宏观调控和市场机制的辩证关系。要提高贷款配置效率，并不意味着完全不需要行政干预。在目前市场机制不完善，银行经营行为短期化还比较普遍的情况下，政府及监管部门适度进行宏观调控能有效避免信息不对称问题和逆向选择问题，提高贷款配置效率。政府应在产业政策上发挥宏观导向作用，以产业政策指导金融机构贷款投向，防止低水平重复投资和低效率的盲目投资。而监管部门应更加注重对贷款期限结构的合理调控，短期贷款调整灵活，对经济增长的即期作用更快，但更容易发生信息不对称和逆向选择；而中长期贷款虽然对经济增长的实效较长，但政府干预较多，且可能存在相当的时滞性。因此，要根据当前区域经济发展形势和产业结构调整升级要求合理控制。如在宏观经济存在较大通胀压力时，就需要适度加大中长期贷款的投放比例。此外，要加强对农业贷款的规模调控。农业生产弱质性导致了其基础建设方面无法有力吸引贷款资金的流入，因此，应在确保农业贷款总体规模和关系国计民生的重要农作物等贷款总量的基础上，减少对农业贷款的直接干预，充分发挥市场机制的作用，提高农业贷款的总体功效。

货币政策本身对于贷款的配置效率影响基本是中性的，但过于频繁地变动货币政策在短期内还是会对贷款配置产生负面影响。由此可以推断，保持政策的连续性、稳定性，利用市场手段自动调节贷款资金流向，可以优化贷款资金的配置。对于像工业、批发零售

业、住宿餐饮业和营利性服务业等市场竞争充分,市场机制相对健全的行业,应尽量减少政策调控,特别是减少这些行业中政府投融资平台公司的数量并压缩其贷款规模,让贷款按"逐利性"原则自由流动。而对于像房地产业这样生产周期长,高投入高产出,且对政策十分敏感的行业,信贷政策的稳定显得更为重要,信贷政策的剧烈变动可能会引起区域房地产行业的整体下滑,从而影响全市宏观经济的稳定。因此,应实施平稳的信贷政策,才能有效防范短期内因房地产市场波动而造成的信用风险。

(四)加快金融创新,优化融资结构,完善金融市场

银行对于具有良好发展潜力但风险较大的小微、民营、高新技术企业的惜贷行为,是贷款不能得到有效配置重要原因之一,而扩大贷款抵(质)押品范围,可以有效缓解这一难题。近年来,宁波地区各类创新性抵(质)押贷款不断推出,如海域使用权抵押贷款、"两权一房"抵押贷款、林权抵押贷款、排污权抵押贷款、船舶抵(质)押贷款、渔业捕捞许可证质押贷款等,但目前试点范围较小,受益群体面窄。应尽快扩大试点范围,并进一步完善多元化的贷款产品,鼓励引导更多贷款资金向潜力性行业和新兴产业倾斜,以推动产业结构转型升级。

扩大企业直接融资渠道,优化融资结构,有助于提高贷款配置效率。目前,宁波市直接融资占社会融资规模比重仍然偏低,因此,应健全和完善全市资本市场体系,引入和发展推动三板市场发展的做市商,并逐步将其交易范围由流通股票扩展到中小企业股权。积极稳妥地发展地方债券市场,加强债券发行、交易和信息披露的制度建设,推进企业信用评级体系的市场化运作,建立健全资产抵押、信用担保等偿债保障机制,推进债券发行的市场化,允许各类市场主体发行和投资债券,大力发展中小企业集合票据等债务融资工具,简化发债手续,优化操作流程。建立发行利率、期限、品种的市场化选择机制,激发企业发行债券的潜在需求。培育和壮大期货公

司（目前宁波市只有杉立期货一家法人机构），推动期货市场发展，重点扶持市内期货企业做大做强，并推动宁波本地优势突出的农产品或新型建材进入期货市场。提高证券公司经纪业务水平，打造包括资信评级机构、资产评估机构以及专业律师和会计事务所在内的中介服务机构体系。支持和推动有实力有条件的企业在主板市场、创业板市场和三板市场上进行融资，并进一步提高上市公司质量，鼓励已上市公司进行并购重组，稳定上市公司的赢利能力。大力推动风险投资业发展，并引入政府、金融机构、民间资本和海外资金等多种融资主体，制定支持风险投资的金融财政税收优惠政策，建立风险投资补偿机制，为高新技术企业的产业化起到孵化和促进作用。最后，是顺应金融发展趋势，针对高新技术产业，积极实施资产证券化，以企业营运项目的未来预期现金流或高新技术企业的贷款本身为支持，面向资本市场发行资产支持证券，在降低银行贷款风险压力的同时，为高新技术产业企业提供强大的资金支持。

（五）合理统筹规划，注重结构升级，提升产业竞争力

部分行业贷款产出效率较低，反映出这些行业发展滞后，如果仅仅从产出的角度优化贷款资金配置，可能会进一步阻碍"低回报行业"的发展。因此，应在优化贷款资金配置的基础上，通过产业优化升级，增强各行业赢利能力和市场竞争力，从而全面提升宁波市整体贷款产出效率。

结合宁波区域特色，以推动专业化集聚和强化专业市场建设为目标，合理制定产业发展战略规划，促进宁波市"三大产业集群"（即传统产业集群、高新技术产业集群和临港产业集群）的协调发展，注重现代工业园区建设，着力提高产业集聚水平。推进和完善产业升级服务体系，包括科技咨询服务、投资保险服务、成果认证服务、产业融资服务、产业策划服务、创业教育培训服务、产业孵化服务等服务平台，并通过财政、税收、信贷、法规等多种手段，鼓励和保护产业升级。

加快高新技术产业发展，并利用高新技术改造传统产业。加快开发具有先导作用和能大幅度提高产业附加值的高新技术产业，建立一批具有技术密集、资本密集和高经济效益等特征的高新技术产业基地，并以信息化带动工业化，将高新技术及其产品渗透到传统产业，增加传统产品的技术含量；运用电子信息、现代生物、新材料、高效节能及新型环保等高新技术，改造机械、化工、纺织丝绸、轻工食品、建筑建材等传统产业，同时增强企业自主品牌创新意识，促使企业的生产经营向高技术、高附加值方向延伸，形成传统产业与高新技术产业协调升级的良好互动机制。

大力发展现代物流业，以高效的产品配送网络促进各行业的优化发展。应依托宁波港口优势，构建口岸物流、制造业物流和城市配送物流相结合的现代物流体系，建立健全物流公共信息平台和物流集疏运网络。培育壮大物流企业，通过合理的兼并重组扩大企业规模，并推动传统运输、仓储等企业向第三方物流企业转型。加快电子口岸、综合运输、物流资源、交易平台等信息平台建设，以信息化推进现代物流业的快速发展。

后　记

　　本丛书缘起于浙江大学金融研究院 2014 年特聘高级研究员年会上各位特聘高级研究员的提议,建议编撰系列丛书,系统呈现浙江金融二十年(1992—2012 年)的发展历程。随后经全省金融系统的通力协作,共同努力,历时三年才最终完成,作为反映我省金融改革开放历程的重要文献,向改革开放四十周年献礼。

　　本丛书由蔡惠明、谢庆健、陈国平三位担任主编。三位主编从本书主题的确定、参与撰写具体人选的确定、大纲的确立和修改到丛书版式和格式的确定等方面均亲力亲为,多次组织各种研讨会和协调会,为本书的顺利出版倾注了大量的心血。

　　作为金融改革与发展的前沿地区,在宁波金融业 1992 年至 2012 年的改革发展中,宁波金融既有独到的经验、观察与体会,也经历了痛苦的过程。从历史事件看,这二十年已经逝去,但一切历史都是思想史,从这个意义上说,宁波金融改革发展中形成的思想和智慧,依然是现实的剖面。

　　《宁波金融改革发展二十年(1992—2012)》是"浙江金融改革发展历史回顾"丛书的第三卷。本卷能够顺利出版,完全是宁波市金融系统通力协作的成果。在中国人民银行宁波市中心支行、宁波银监局、宁波证监局、宁波保监局、宁波市金融办的大力支持下,宁波市金融业联合会具体承担了本卷的编写工作。

　　宁波正在推进的"港口经济圈"建设和"名城名都"建设,是适合国家"一带一路"和长江经济带发展战略要求的重大举措。无论是宁波的改革发展,还是国家层面上"一带一路"和长江经济带发展战略的实施,都需要历史文化的支撑。正如习近平总书记说的那样:"一项没有文化支撑的事业难以持续长久。"宁波金融改革发

展二十年所蕴含的开放的思维、合作的精神、创新的动力，以及不偏离实体经济原点的经营之道，为我们当代金融人争做改革开放的排头兵、创新发展的先行者提供了可遵循的规律和可借鉴的经验。